中国式装备制造业空心化
形成机理与突破路径

王英　等著

科学出版社
北京

内 容 简 介

建立起强大的装备制造业，是提高中国综合国力、实现经济持续发展的根本保证。由全球价值链低端嵌入粗放发展模式所造成的空心化，却日益成为中国装备制造业产业安全和产业升级的瓶颈制约。本书首先以全球价值链分工理论为基础，结合对于中国装备制造业产业竞争力、国际竞争力、全球价值链地位的分析，指出中国装备制造业发展中存在的问题；然后从中国式装备制造业空心化内涵、空心化形成机理、空心化程度判定、空心化演化轨迹、空心化突破路径等角度，对全球价值链中国装备制造业发展的问题及其解决方案进行深入研究，并提出相关对策建议；最后以中国航空装备制造业为典型案例，对本书所揭示的机理、构建的模型及提出的突破路径进行检验与应用。

本书对于从事产业经济学和国际经济学领域的研究者、企业管理者、相关政府部门的政策研究人员具有一定的参考价值，也可作为高等院校相关专业的本科生、研究生的参考读物。

图书在版编目（CIP）数据

中国式装备制造业空心化形成机理与突破路径/王英等著. —北京：科学出版社，2018.7

ISBN 978-7-03-056073-5

Ⅰ. ①中⋯　Ⅱ. ①王⋯　Ⅲ. ①制造工业–工业发展–研究–中国　Ⅳ. ①F426.4

中国版本图书馆 CIP 数据核字（2017）第 314726 号

责任编辑：陈会迎 / 责任校对：贾伟娟
责任印制：吴兆东 / 封面设计：无极书装

科 学 出 版 社 出版
北京东黄城根北街 16 号
邮政编码：100717
http://www.sciencep.com
北京虎彩文化传播有限公司 印刷
科学出版社发行　各地新华书店经销

*

2018 年 7 月第 一 版　开本：720 × 1000　1/16
2018 年 7 月第一次印刷　印张：11 3/4
字数：240 000

定价：88.00 元
（如有印装质量问题，我社负责调换）

前　言

众所周知，装备制造业是为经济建设和国防安全提供各类技术装备的战略性基础产业，是制造业的核心组成部分，装备制造业的发展水平也是衡量一个国家和地区科技进步与综合竞争力的重要标志（綦良群和李兴杰，2010）。中华人民共和国成立以来，装备制造业在促进经济增长、吸纳就业、优化产业结构、推动技术进步等方面一直起着举足轻重的作用。国家对装备制造业的发展也日趋重视，在进入 21 世纪的短短十余年中，连续出台了《国务院关于加快振兴装备制造业的若干意见》（2006 年）、《装备制造业调整和振兴规划》、《高端装备制造业"十二五"发展规划》等一系列纲领性文件。建立起强大的装备制造业，是提高中国综合国力、实现经济持续发展的根本保证。

经过改革开放近 40 年的快速发展，中国装备制造业取得了令人瞩目的成就，形成了门类齐全、具有相当规模和技术水平的产业体系。中国装备制造业的发展离不开国内工业的快速增长，也离不开发达国家跨国公司主导下的全球分工网络。在发展水平与发达国家差距较大的情况下，通过技术引进、进出口、国际直接投资等方式，中国装备制造业多方位融入了全球价值链，通过开放、引进、消化吸收等各种合作途径获得学习和成长的机会，不断缩小与发达国家的差距。这种模式使中国装备制造业保持多年高速增长态势，产值和出口规模均位居世界前列（陈爱贞，2012）。从总量规模看，中国已跻身世界装备制造业大国行列。

2008 年金融危机以后，全球经济发生了一系列的调整和变化，进入一个增速放缓、调整转型、竞争加剧的时期。后金融危机时代，发达国家回归实体经济，提出了"再工业化战略"。利用其在全球价值链中的主导地位，发达国家一方面加大对本国装备制造业的支持力度，加快发展高精尖装备、关键核心部件、装备制造服务业等附加值高的产业链核心环节；另一方面则将加工组装环节向成本更低的发展中国家转移。虽然中国装备制造业多方位融入了全球价值链，但却是以资源能源的大量消耗和廉价劳动力的压榨掠夺为代价，融入的是全球价值链的低端，处于低端锁定的尴尬地位。在全球经济形势发生重大变化的背景下，这种粗放融入模式的弊端不断显现。近年来中国装备制造业领域所出现的跨国公司大量撤资、国际竞争力下降、对外技术依存度趋高等现象，都说明空心化正日益成为中国装备制造业最大的风险隐忧。

一般意义上的产业空心化主要由对外直接投资的迅速发展而导致，显见于美国、日本等发达国家。虽然近年来中国对外直接投资发展迅速，根据 Dunning（1981）的划分标准，应当仍然处于以引进外资为主的第三阶段，因而并不具有一般意义上产业空心化形成的先决条件，显然也无法照搬国际上通行的产业空心化理论。中国装备制造业空心化的内涵、表现和形成机理都具有特殊性，明确中国式装备制造业空心化的内涵，揭示全球价值链下中国式装备制造业空心化的形成机理，分析中国装备制造业复杂系统空心化的演化轨迹，可以为破解中国装备制造业发展中的空心化制约问题提供新思路。

本书是国家自然科学基金面上项目"全球价值链视角下中国式装备制造业空心化的形成机理与突破路径研究"（批准号：71373121）的最终成果，具有较高的学术价值，它丰富了本领域的研究，在很多理论研究和实证研究方面都具有开创性；并且其研究的结论和所提出的对策建议对于促进中国装备制造业在全球价值链中的健康发展也具有借鉴意义。

本书的研究目标主要有四个：①对中国装备制造业在全球价值链中的地位进行测度，在此基础上构建本土企业与跨国公司全球价值链分工模型，总结出中国装备制造业全球价值链的典型嵌入模式，作为中国式装备制造业空心化内涵及形成机理分析的基础；②明确中国式装备制造业空心化的特殊内涵，挖掘空心化的根源和核心因子，揭示中国式装备制造业空心化的形成机理，为正确把握装备制造业发展中的空心化制约问题提供参考；③构建空心化判别指标体系和评价模型，分析中国装备制造业空心化的演化轨迹，揭示中国式装备制造业空心化的演变规律及趋势，为设计空心化破解政策提供实证依据；④构建冲突分析图模型，对中国装备制造业全球价值链升级中的冲突问题进行识别与分析，在此基础上从消费者偏好角度构建灰色博弈模型，分析两竞争企业技术水平和生产要素依赖度的不确定性对企业市场份额的影响，得到中国本土装备制造业企业的发展方向及突破路径，为制定科学合理的中国装备制造业发展政策提供决策依据和参考。

本书的特点主要体现在以下四个方面：①紧密围绕中国装备制造业发展中的瓶颈问题进行研究。关注中国装备制造业全球价值链低端嵌入粗放发展模式的弊端和不可持续性，结合中国装备制造业进一步发展的核心制约——空心化问题，确定了本书的题目，视角独特，选题新颖。②以整体的视野和思路开展空心化制约问题研究。将中国装备制造业产业链和价值链作为一个整体性的系统，从明确中国式装备制造业空心化的内涵入手，对空心化的形成机理、演化轨迹、突破空心化的路径设计等进行研究，研究深入系统。③注重吸收经典模型的思想方法并根据研究需要进行改进。以问题为导向，选择合适的理论、方法和模型，并按照实际研究工作需要对经典的博弈论、信息熵等模型进行改进拓展和综合应用，确保了研究的科学性。④本书逻辑体系严密，内容丰富翔实，将理论分析和实证分析有机结合，可读性强。

　　需要指出的是，由于无法得到企业层面的数据，目前还无法对于中国式装备制造业空心化问题进行更加全面细致的分析。此外，由于对于中国式装备制造业空心化形成机理及其突破路径研究尚处于起步阶段，可以借鉴的资料相对比较有限，再加上作者研究水平的限制，书中的有些问题仍然需要进一步的深入探讨。把本书奉献出来，是对目前研究工作的一个总结，但更希望求教于各位专家和读者，使我们的研究工作更加深入，也更加具有实际意义。

目　　录

第1章 绪　论

1.1　概　念　界　定

1.1.1　装备制造业

装备制造业主要是指在制造业中专门提供生产设备的产业，是国民经济与国家基础建设和国防事业中的关键产业。世界其他国家包括国际组织并没有提出"装备制造业"这个概念。"装备制造业"的正式出现，见之于1998年中央经济工作会议明确提出的"要大力发展装备制造业"。因此，"装备制造业"可以说是中国特有的概念，与国外相关行业分类中的"设备制造""机械制造""资本货物制造"等概念较为相近，主要是指资本品制造业，是为满足国民经济各部门发展和国家安全需要而制造各种技术装备的产业总称。

关于装备制造业概念的界定主要有两种层面上的定义：一是从国民经济三大类产业划分角度出发，装备制造业主要是指国民经济第二产业中的资本品制造业以及为其提供基础部件和零部件的相关行业；二是从产业的重要性角度出发，装备制造业是为国民经济各行业提供技术装备的战略性产业，装备制造业具有高度的产业关联度、强大的就业吸纳能力、密集的技术资金储备，是各行业产业转型升级、技术创新进步的重要保障和国家综合国力的集中体现。

从内涵来看，装备制造业是覆盖金属制品业、机械电子制造业的融合电子、材料、冶金等相关产业的全部企业，是对国民经济发展和国家安全产生巨大影响的提供技术装备产业的总称。具体可以分为三个方面：一是基础机械制造业；二是机械电子基础件制造业；三是国民经济各部门所需的重大成套技术装备制造业。装备制造业的带动能力强，涉及行业广，其发展水平决定了其他产业的整体竞争力以及运行的质量和效益，同时也是保障国家国防安全的基础产业。

《国民经济行业分类》（GB/T 4754—2017）将装备制造业划分为：黑色金属冶炼和压延加工业，有色金属冶炼和压延加工业，金属制品业，通用设备制造业，文化、办公用机械制造业，专用设备制造业，汽车制造业，铁路、船舶、航空航天和其他运输设备制造业，电气机械和器材制造业，计算机、通信和其他电子设备制造业，仪器仪表制造业11个细分行业。但在研究中，考虑到数据的可得性等因素，目前应用最为广泛的分类方法将装备制造业划分为金属制品业、通用设备制造业、专用设备制造业、交通运输设备制造业、电气机械及器材制造业、电子及通信设备制造业、仪器仪表及文化办公用机械制造业 7 大类 185 小类，这也被称为装备制造业的"七分法"（崔万田，2004）。本书所采用的装备制造业范围和分类亦参照这一方法。

1.1.2　产业空心化

产业空心化理论形成于 20 世纪 60 年代，当时美国为了绕开欧洲市场的关税壁垒，以汽车、电机等产品为主导，向西欧国家直接投资，使西欧国家的这些行业迅速发展，最终导致美国对西欧国家的出口减少，反过来却要进口西欧国家的产品。据此，一些美国学者认为，美国出现了产业的"空心化"。产业空心化一词最早出现于布鲁斯通和哈里逊在 1982 年合著的《美国的脱工业化》一书，并认为产业空心化是一国在基础生产能力方面出现了广泛的资本撤退。随后，学界关于产业空心化形成了广义和狭义两个方面的概念。从狭义上看，由于对外直接投资的增加，制造业向外转移，导致本地产业萎缩，形成产业空心化，如日本学者认为海外投资就是产业空心化的根源；从广义上看，产业空心化是指由于第三产业比重的增加，第二产业比重相对降低而导致的非工业化现象，是产业演进的结果。目前已有的产业空心化研究对概念的定义为"制造业为主的众多生产资源和资金从国内流向国外，导致一系列生产行业在国内发展出现滞后，对整体经济发展起到的作用力降低，从而造成在本土市场中物质生产行业与其他行业之间的发展不平衡"。

综合国内外学者的观点，产业空心化主要有三种不同的含义：一是指经济活动由跨国公司的母公司转移到国外子公司并由此导致母国经济活动减少的过程；二是将其与"逆工业化"等同起来，认为这是产业结构调整引起的长期发展趋势；三是认为产业空心化是一种外部性现象，跨国企业把生产基地转移到海外后，其自身利益与社会利益的矛盾，造成国内制造业生产下降、就业减少、产业衰退，进而对本国经济增长和发展产生不良影响（Hewings et al.，1998；Hsu and Liu，2004）。上述三种含义尽管存在区别，但都明确指出，产业空心化是与跨国公司及其对外投资行为密切相关的，主要是由对外直接投资的迅速发展转移本国产业而导致的。

1.1.3　中国式产业空心化

虽然近年来中国对外直接投资发展迅速，但仍然处于以引进外资为主的第三阶段，因而并不具备一般意义上产业空心化形成的先决条件，也无法照搬国际上通行的产业空心化理论。但这并不意味着中国就没有产业空心化问题，近年来中国装备制造业领域所出现的跨国公司大量撤资、国际竞争力下降、对外技术依存度趋高等现象，正说明中国出现了另类空心化，称为中国式产业空心化。与发达国家由产业对外转移所造成的空心化不同，本书认为，中国式产业空心化是中国装备制造业嵌入全球价值链低端所形成的产业链脆弱性，或者说，中国以资源能源的大量消耗和廉价劳动力的压榨掠夺为代价，主要通过加工贸易与吸收外商直接投资（foreign direct investment，FDI）方式嵌入全球价值链低端所造成的低下的产业安全性和产业升级能力。

为了进一步明确中国式产业空心化的含义，可以从形成原因、本质、表现、衡量指标四个方面将其与传统意义上的产业空心化（以下简称传统的产业空心化）进行比较，如表 1.1 所示。

表 1.1 中国式产业空心化与传统的产业空心化的比较

序号	比较内容	中国式产业空心化	传统的产业空心化
1	形成原因	嵌入全球价值链低端	对外直接投资
2	本质	产业链脆弱性	传统制造业衰退
3	表现	产业安全性低下，产业升级能力弱	制造业份额减少，替代性进口
4	衡量指标	全球价值链嵌入深度和全球价值链产业价值的综合比较	制造业产值占国内生产总值（gross domestic product，GDP）比重、逆进口比重、失业率等

1.2 全球价值链分工理论

1.2.1 全球价值链的概念

全球价值链（global value chain，GVC）是指为实现商品或服务价值而连接生产、销售、回收处理等过程的全球性跨企业网络组织，涉及从原材料采集和运输、半成品和成品的生产与分销，直至最终消费和回收处理的整个过程。其理论基础可以追溯到 Porter（1985）的企业价值链理论和 Kogut（1985）的价值增值链思想。Porter 认为公司的价值创造过程主要由基本活动（含生产、营销、运输、售后服务等）和支持性活动（含原材料供应、技术、人力资源和财务等）等两部分完成。这些活动在公司价值创造过程中相互联系构成了公司的价值链条。Kogut 认为"价值链基本上就是技术与原料和劳动融合在一起形成各种投入环节的过程，然后通过组装把这些环节结合起来形成最终商品，最后通过市场交易、消费等最终完成价值循环过程"。

在此基础上，Gereffi（1999a）对经济全球化背景下的产业转移和分工实践给予了足够关注，提出了全球商品链（global commodity chain，GCC）的概念，并根据领导者的类型，将其划分为"生产者驱动"的全球商品链和"消费者驱动"的全球商品链（Gereffi，1994），并且进一步提出了全球价值链的概念。

Gereffi 主张从价值链的角度分析全球化过程，将经济网络中的商品和服务看做价值链的治理体系，着重突出价值链的发展和运作对发展中国家企业在参与全球贸易合作和产业竞争过程中的重要意义，以及对国家经济发展政策制定的重要意义，因为价值链的形成过程伴随有企业的不断参与，以获取必要的技术能力和服务支持。这一认知为分析国际性生产的地理和组织特征提供了一种基于网络的新方法，以揭示全球产业的动态性特征，考察价值的创造和分配机制。生产者驱动型价值链分工通过跨国公司对外直接投资形式来控制全球生产供应链的垂直分工体系。在这种类型的价值链分工中，因为规模经济、技术壁垒等因素，生产的进入壁垒很高，所以拥有技术优势的跨国公司通过对外直接投资，在全球范围寻找某一价值模块的最佳生产、创造基地，而发展中国家则是跨国公司进行加工制造的最佳投资方向。一般资本和技术密集型产业的价值链，如汽车、飞机制造等，大多属于生产者驱动型价值链。采购者驱动型价值链是拥有强大品牌优势和国内销售渠道的经济体通过全球采购和贴牌加工等生产方式组织起来的跨国商品流通网络，传统的劳动密集型产业，如服装、鞋类、农产品等大多属于这种价值链（Henderson，1998）。

Sturgeon 和 Lee（2001）则从三个维度对全球价值链进行了界定。首先从地理分布来看，全球价值链必须从全球性的角度来定义，突破以国家为主体的地域限制；其次是从组织规模来看，全球价值链必须包含商品或服务的生产性活动的所有主体；最后是从生产性主体来看，全球价值链必须具有一体化的企业、领导厂商以及各部件供应商等。同时 Sturgeon 根据上述内容对价值链和生产网络的区别进行了简单的陈述，认为价值链主要是对商品和服务的一系列生产性过程的描述，包括生产、交货、消费和后续服务等；而生产网络主要是对一大批具有相关性企业之间的关联程度和本质的描述。

之后，联合国工业发展组织（United Nations Industrial Development Organization，UNIDO）在 2002—2003 年度工业发展报告《通过创新和学习参与竞争》中对全球价值链的内涵作了初步的概括，认为全球价值链是一种全球性的跨企业网络组织，通过连接一系列包括生产、销售和后续服务等活动过程来实现商品或服务的价值。整个过程涉及从最初的原材料采集和运输、半成品和成品的生产与分销，直至最终的产品回收处理，包括所有参与者和生产销售等活动的组织及其价值利润分配，并且通过自动化的业务流程和供应商、合作伙伴以及客户的链接，以支持机构的能力和效率。

　　治理、升级、租金来源及分配是全球价值链理论的三个核心。全球价值链的治理是指价值链的组织结构、权力分配，以及价值链中各经济主体之间的关系协调；全球价值链的升级主要研究不同国家在全球价值链上如何进行地位的提升，包括升级的机制、类型和路径等；租金是经济学中用以指代用来支付给资源所有者的超出该资源用作其他用途所能获得的收益的那部分利润，其源于资源的稀缺性。在全球价值链理论中的租金概念是指超额利润，用以描述"参加者因为控制了特定的资源从而能够通过利用和创造对竞争者的进入壁垒而免于竞争的现象"（Kaplinsky and Morris，2001）。全球价值链中租金的来源如技术能力、组织能力、技能和营销能力等核心能力等。租金在全球价值链的众多价值环节中分配不均匀，通常情况下，有大量竞争者集中的环节（如生产环节）通常被分配较少的租金，而竞争者数量较少的环节（如设计研发、营销环节）通常被分配较多的租金。

1.2.2　全球价值链分工利益

　　随着经济全球化进程的推进，通过价值链全球性空间布局实现国际分工协作生产日益成为主流生产形式。全球价值链分工主要有产业间分工、产业内分工和产品内分工三种形式。产业间分工以比较优势理论和要素禀赋理论为基础，是传统国际分工的主要形式；全球物流网络与技术的成熟促进了产业内分工和产品内分工的发展，使其日渐成为全球价值链的主要分工形式。

　　全球价值链促进了各国经济的共同发展，给人类带来共同的开放红利，总体上实现了各国的互利共赢（UNCTAD，2013）。参与全球价值链能够获得技术知识和鼓励创新（Altenburg，2006），因而成为发展中国家的重要发展战略（Orhan，2014）。但全球价值链各环节所产生的附加值存在较大差异，会造成企业分工利益的不同（图 1.1）。全球价值链中的利益分配具有不平衡性，决定一国在全球价值链分工交换中所获得的利益的，不是进口和出口什么，而是参与了什么层次的国际分工，以什么样的要素、什么层次的要素参与了国际分工，对整个价值链的控制能力有多少（张二震和马野青，2004）。发达国家和发展中国家在技术等因素方面上的差距，造成两者在价值链分工地位中的不同，利益获取也有很大差异，呈现出不公平性分配（Giuliani et al.，2005）。发达国家总体处于全球价值链的高端，掌握高附加值的关键环节，可以通过多元化途径获取更多的收益（UNCTAD，2013），发展中国家在全球价值链中则被外国跨国公司所掌控，容易形成"低端锁定"效应。从现实情况来看，发达国家利用其资本、技术及营销网络的优势，控制了进入壁垒较高的设计、品牌、营销等高端环节，在价值链中居于主导地位，在分工中获得较高利益；发展中国家则主要以廉价劳动力和资源环境为代价，通过加工、组装、生产等环节嵌入全球价值链的低端，在价值链中处于从属地位，在分工中获得较低收益（江静和刘志彪，2007）。

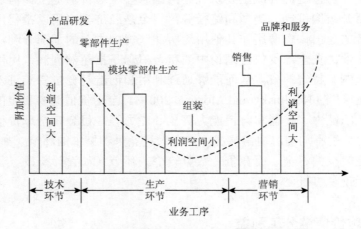

图 1.1　全球价值链分工环节与利益

　　由此可见，全球价值链的形成实际上是发达国家的跨国公司将自身失去竞争力的价值环节片段化并重组到发展中国家去，其本身专注于高附加值的战略价值环节的过程，进而形成了发达国家集聚高附加值环节和发展中国家集聚低附加值环节的二元结构（张少军和刘志彪，2009）。并且，跨国公司通常通过外包和对外直接投资将自身失去竞争力的价值环节片段化并重组到发展中国家，也就决定了发展中国家主要通过代工和吸收 FDI 两种方式嵌入了全球价值链（刘晓红，2008）。正如卢福财和罗瑞荣（2010）所指出的，改革开放近 40 年来，中国通过引进制造业的跨国转移，以加工贸易方式进入全球价值链分工，成功地参与了国际分工，逐步成为世界级制造大国。对于中国加工贸易（张松林和武鹏，2012）和 FDI（曾蓓和崔焕金，2011）的进一步观察也证实了这一点。

1.2.3　全球价值链分工与发展中国家产业升级

　　发展中国家通过嵌入全球价值链的方式，不仅可以进入更大范围的市场参与全球化竞争，而且有可能利用全球价值链获得升级的机会。在全球价值链中，发展中国家的升级可以分成工艺升级、产品升级、功能升级和链条升级四种模式，这一升级规律在东亚产业集群升级案例研究中得到了佐证（Humphrey and Schmitz，2002）。尽管许多国家的工业是近些年才发展的，但其增长速度很快，主要是因为这些国家从一开始的基础型环节便往全球价值链中的高附加值环节迈进，快速完成了产业升级与调整，避免过多的浪费，提高了产业发展效率（Arash and Stephan，2011）。

虽然发展中国家嵌入了全球价值链的低端，但也可以通过获取技术进步和市场联系提高竞争力，融入增加值更高的活动中，实现产业升级。Gereffi（1999b）深入分析了亚洲和墨西哥的服装产业价值链，提出产业升级是价值链内部从低到高的附加值活动的转变，在微观上体现为单个企业提高其能力转向全球价值链分工中更具盈利能力的资本和技术密集环节的过程。Humphrey 和 Schmitz（2002）将全球价值链中的产业升级分成工艺流程升级、产品升级、功能升级和链条升级四种类型。Ernst（2003）则将全球价值链中的产业升级分成产业间升级、要素间升级、需求升级、功能升级和链接上的升级五种类型。同时，全球价值链中的产业升级原因也是多种多样的，如获取全球价值链高附加值、将本土企业转型为全球企业、将全球价值链的治理模式从层级型向市场型过渡（Gereffi et al.，2003a）、从低端道路嵌入向高端道路嵌入转型、远离市场竞争压力（刘林青和谭力文，2006）、提高技术和市场进入能力（Humphrey and Schmitz，2004）等。国内不少学者的研究肯定了参与全球价值链分工对于中国产业升级的积极作用。例如，刘志彪（2005）指出，中国制造业在参与国际竞争中走"国际代工"道路，是一种内生性的自然选择，从原始设备制造商（original equipment manufacturer，OEM）、原始设计制造商（original design manufacturer，ODM）转向原始品牌制造商（original brand manufacturer，OBM），是企业实现产业升级的跳跃性革命；卢洋和梅阳（2007）指出，地方产业集群发展到一定阶段后容易出现集群锁定、集群升级能力缺失、企业转移等现象，嵌入全球价值链中，对克服集群负效应，推动集群向附加值更高的环节升级或是跃迁起到积极的作用，对单一的企业更是如此；赖磊（2012）认为，发展中国家或地区产业在加入全球价值链之后，通过与领先企业（主企业）的互动，接受其技术、知识的扩散以及支持就可以帮助发展中国家或地区产业顺利实现阶梯式升级。

全球价值链下的产业升级也有多种途径，如增加熟练劳动力的单位投入需求（Reeve，2006）、开展高层次的国际分工合作（唐海燕和张会清，2009）、增加固定投资量（陈晓华等，2011）、提升制度质量（Tebaldi and Elmslie，2013）、增加研发投入（Fang et al.，2015）、发展生产性服务业（白清，2015）、提升劳动力市场的有效性（Marel，2015）、引进 FDI（Tuijl，2014）和开展对外直接投资（刘斌等，2015）等。

1.2.4　全球价值链分工与发展中国家产业空心化

前面已经指出，发达国家和发展中国家在全球价值链中的分工利益存在非均衡性。处于全球价值链高端的发达国家及其跨国公司，作为国际产业转移的组织者和治理者，利用自身的市场势力，对发展中国家进行纵向压榨，获得了大部分的分工和贸易利得（张少军和刘志彪，2009）。在这样的发达国家主导的全球价值链中，发展中国家受到种种制约，很难顺利实现价值链的攀升。发达国家的领导企业不可能与价值链上其他企业分享他们的能力，发展中国家由于自身技术和市场能力上的差距，广泛地出现了被"俘获"现象，在全球价值链中陷入"低端锁定"，同时众多发展中国家参与全球价值链，会进一步加剧劳动密集型环节的竞争，从而带来利益的减少，甚至会出现"悲惨的增长"效应。对典型行业（服装、家具、电子等）的研究发现发展中国家在全球价值链驱动中一般局限在工艺升级和产品升级层面，而高级的功能升级和产业链升级则难以发生（Schmitz，2004），原因在于，为了防止低端企业对其的垄断地位和利益产生威胁，发达国家会利用技术专利和标准体系等产生技术势力和国际需求市场终端通路与品牌控制的市场势力的融合，构筑对发展中国家产业升级的"结构封锁"（Schmitz，2002）。一个典型的例子是，巴西 Sinos 谷 20 世纪 60 年代嵌入美国制鞋业主导的产业链，在产业链上，美国买方负责产品设计和物流，Sinos 谷主要负责生产过程，在嵌入全球价值链的过程中，巴西企业提高了生产能力，但领导企业不会与本地生产商分享高附加值活动，如设计、品牌、营销、价值链协调等知识（Bazan and Navas，2004）。

　　从中国的具体情况来看，企业主要以低端模式参与俘获型全球价值链，弱化了中国产业发展的主动性，企业被纵向压榨（张晔，2006；刘志彪和张杰，2009），由此产生的结果是，中国企业在全球价值链的很多领域中并没有产生自己的"经济租"，反而深陷"低端锁定"，沦为了跨国公司的代加工工厂、初级原材料供应者或低端产品制造者，在价值链中只能获取整体利润的较少份额（钱方明，2013）。此外，外资主导的分工网络具有封闭性，为强化自己主导的全球生产网络优势，跨国公司会实施战略隔绝机制以避免关键知识向生产网络外的企业扩散。在全球化进程中外资企业利用成本优势获得产业升级，本地企业则面临较高的升级障碍，难以得到有效提升（王益民和宋琰纹，2007；Crespo and Fontoura，2007）。Hatani（2009）以在华日资汽车业为例研究了全球价值链中的外资技术溢出，发现本地企业很难参与到全球供应链中，形成与跨国企业的有效联系。

　　值得注意的是，过度依赖加工贸易和外资融入全球价值链还往往会催生发展中国家的产业脆弱性，降低其产业竞争力。当外部环境发生变化时，国外需求急速下降和跨国公司全球价值链的重新布局及撤资甚至会导致发展中国家特有的产业空心化问题。正如 Mayer（2002）所指出的，发达国家转移低附加值环节的目的是在全球寻求成本更低的发展环境。一旦某一发展中国家失去了成本优势，发达国家就会通过全球价值链将低附加值的环节转移到其他发展中国家。这种"游牧式"的产业转移方式就会使该发展中国家成为"产业飞地"，若其产业升级又未能成功，则很容易陷入严重的经济衰退中。可见，与源于跨国公司通过对外直接投资转移本国产业所造成的发达国家的产业空心化不同（Hewings et al.，1998；Hsu and Liu，2004），发展中国家的产业空心化是由其以资源能源的大量消耗和廉价劳动力的压榨掠夺为代价，通过加工贸易和吸收 FDI 嵌入全球价值链的低端所造成的。有些学者的研究明确指出了中国所存在的这类空心化风险。苗志葆（2005）认为产业空心化的根源是投资不足，中国制造业中外资已经占有相当大的比例，但存在外资流失导致产业空心化的可能性。陈元朝（2007）认为国际代工模式下的外资加工企业是外生的，往往处于产业链的末端，对本土产业的升级效应不明显，甚至导致一系列的产业失衡和边缘化现象。比较优势渐失和产业演进规律的共同作用下，产业转移不可避免，会引发产业空心化问题。陶锋和李诗田（2008）指出，中国东莞电子信息制造业没有在原始积累的基础上实现技术升级和转型，没有形成植根于本地的产业结构和技术结构，产业发展形成惯性，长期滞留在全球价值链的低端环节，一旦订单外移，很可能面临产业空心化的风险。孙晓华等（2009）认为中国制造业"市场换技术"的外资引入发展战略并没有达到预期效果，中国制造业依然高度依赖进口，核心技术仍掌握在外方手中，产业技术空心化现象日趋严重。更多的研究则没有采用"空心化"或"空洞化"的表述，而是从产业升级能力（赫连志巍和宋晓明，2013）、产业升级风险（李毅学和汪寿阳，2010）、产业安全（何维达等，2007；马述忠和吕淼，2012）、产业创新力（陈旭升和岳文俊，2013）、产业竞争力（向一波和郑春芳，2013）等视角进行研究，但本质上也证实了这种中国式产业空心化的存在性和危害。

随着发达国家设备市场趋于饱和，而中国设备市场潜在规模大且增长迅速，跨国设备制造业通过贸易、技术转移、并购、直接投资等多种方式向中国转移，中国装备制造业也趁机融入了全球价值链。由于创新能力是装备制造业发展的根本，能否通过融入全球价值链提升中国装备制造业技术创新能力是其中的一个研究热点。虽然也有学者认为融入全球价值链能够通过接受 FDI 带来的技术外溢效应（柯飞帆和宁宣熙，2006）、竞争效应和出口规模扩大效应（康志勇，2010）等提升中国装备制造业的创新能力，但是，由于开放条件下中国本土装备制造业面对的有效需求规模不断萎缩，同时其产品面对的需求层次低端化，会造成本土装备制造业缺乏创新能力（孙晓华和李传杰，2010）。此外，中国装备制造业较低的技术水平使其市场竞争能力弱而处于全球价值链的中低端位置，但跨国公司通过垂直竞争挤压本土装备制造企业的利润空间，强化其技术上的跟随性，再通过全球生产网络加剧横向竞争，制约了本土装备制造企业自主创新的能力和动力（陈爱贞，2008）。融入全球价值链可能促进产业升级，但对于中国装备制造业的研究却发现，虽然中国装备制造业的进出口贸易快速增长，但其在全球价值链中的地位并没有得到相应提升，发达国家的装备制造业通过投入技术和服务要素的高级化占据全球价值链高端位置，而中国装备制造业发展落后于发达国家，无法向本土下游产业提供国际先进的技术装备，难以支撑本土下游产业向价值链高端环节攀升（陈爱贞和刘志彪，2011）。不少学者都对融入全球价值链所造成的中国装备制造业产业安全问题表示了担忧，他们认为中国重大技术装备进口依赖严重、出口装备产品偏低端化（段一群和李东，2008）、外资并购对中国装备制造业产业控制力影响较大（王苏生等，2008）、外资进入挤出内资企业市场份额甚至抑制部分内资装备制造企业发展（卜伟等，2011）等现象，都表明融入全球价值链影响到了中国装备制造业的产业安全。进一步的研究认为，中国装备制造业所面临的下游动态技术约束（陈爱贞等，2008）和市场空间障碍（巫强和刘志彪，2012），可能进一步加大本土装备制造业与国外竞争对手之间的技术差距，严重制约本土装备制造业的技术升级，最终进一步压缩本土装备制造业的国内市场份额，引发装备制造业的规模空心化现象。中国装备制造业正处于产业升级的关键时期，但长期处于全球价值链最低端的地位，产业的抗风险能力很差，国际金融危机后的贸易骤减和产能过剩，日益将空心化的潜在风险转化为现实制约，限制了中国装备制造业的发展壮大。

1.3　本书章节结构

本书从全球价值链的视角对中国式装备制造业空心化问题进行研究。全书共八章，各章内容如下。

第 1 章为绪论，对本书中涉及的关键概念即装备制造业、产业空心化、中国式产业空心化进行界定，阐述本书所需要用到的全球价值链理论，并对全书的结构安排及章节之间的逻辑关系进行概述。

第 2 章从基本概况、产业竞争力、比较优势三个角度对中国装备制造业的发展现状进行分析。通过基本概况分析、产业竞争力测度和全球价值链地位测度，发现中国装备制造业虽然已经具备一定的基础，但其国际竞争力仍然有待提高，尤其是在深度参与全球价值链的情况下，却没有得到相应的分工地位，折射出中国装备制造业在全球价值链中存在的"低端锁定"现象和空心化风险隐忧，为后面进行中国式装备制造业空心化理论和实证分析奠定现实基础。

第 3 章从全球价值链视角界定中国式装备制造业空心化的内涵，并从理论上研究中国式装备制造业空心化的形成机理，指出中国式装备制造业空心化本质上是中国装备制造业嵌入全球价值链低端所形成的产业链脆弱性，即嵌入全球价值链低端所造成的低下的产业安全性和产业升级能力；并构建博弈模型将处于强势地位的跨国企业与处于弱势的中国本土企业放在一个相互作用的系统中，通过对两企业在不同产业层面上的市场占有率的测度和比较,揭示出中国式装备制造业空心化形成的机理。

第 4 章根据中国式装备制造业空心化的概念和内涵建立起空心化程度判定的概念模型,并利用世界投入产出数据库(world input-output database,WIOD)和世界贸易组织(Wortd Trade Organization,WTO)数据库,计算出装备制造业的全球价值链产业国际价值和产业国际份额,并进行综合分析,由此对中国装备制造业的空心化程度进行判定。分析发现,中国装备制造业深入融入全球价值链,但在全球价值链中处于低端位置,无论从其自身趋势还是从国际比较来看,都存在另类空心化风险,且随着时间的推移,空心化风险不断加剧。

第 5 章进一步对中国式装备制造业空心化的演化趋势进行实证分析,首先基于中国式装备制造业空心化内涵构建中国式装备制造业空心化初始评价指标体系,进而采用粗糙集理论中的属性约简方法,对指标体系中的冗余指标进行删除,得到中国式装备制造业空心化最终评价指标体系,进而构建灰色关联熵模型,从整体和细分行业两个角度对中国装备制造业的系统熵值进行计算,并绘制熵变趋势图,从而判断中国式装备制造业空心化的演化趋势。

第 6 章以中国航空装备制造业为例进行案例分析。首先阐述中国航空装备制造业的发展历程、优势与问题,以及进出口贸易情况;接着重点分析中国航空装备制造业嵌入全球价值链的方式,测度中国航空装备制造业全球价值链地位,分析中国航空装备制造业全球价值链低端锁定的形成机理和现实困境;最后构建中国航空装备制造业空心化评价指标体系,采用改进熵值法确定指标权重,计算出中国航空装备制造业的空心化指数。

第 7 章从理论上分析突破中国式装备制造业空心化的路径。首先构建冲突分析图模型,对中国装备制造业全球价值链升级中的冲突问题进行识别与分析,并从中得到突破冲突的关键路径,旨在通过全球价值链升级突破空心化;接着在 Stackelberg 博弈模型中引入区间灰从消费者偏好角度构建灰色博弈模型,分析两竞争企业技术水平和生产要素依赖度的不确定性对企业市场份额的影响,旨在结合不同的产业类型、消费者偏好和竞争类型选择合适的空心化突破口。

第 8 章结合前面各章的研究结论,从合理引进装备制造业外资项目、提升中国装备制造业技术研发能力、加强高素质专业人才培养、扩大中国装备制造业市场需求、促进中国装备制造业产业结构升级五个方面提出对策建议,以有效突破中国式装备制造业空心化风险制约,促进中国装备制造业的健康持续发展。

第 2 章　中国装备制造业发展现状

装备制造业作为国民经济的战略性产业,其发展事关国家经济安全,体现国家的综合实力。装备制造业的产品技术含量高,与其他产业的关联度大,能带动一大批相关产业的发展。装备制造业也是高就业产业,有较大的就业容量,能够给社会提供大量的就业机会。中国装备制造业是中华人民共和国成立以后才开始起步的,到目前,已发展成为规模宏大、体系完整、具有一定水平、能参与国际竞争和基本保证国民经济发展需要的成熟产业,近年来中国装备制造业领域所取得的成就为全世界所瞩目。但中国装备制造业尚处于追赶先进水平的阶段,与世界先进水平相比,中国装备制造业仍存在较大差距,粗放发展、核心能力不足、供给不充分都在影响着产业前进的步伐,"大而不强"也是不争的事实。当前,全球竞争格局正在发生着重大调整,发达国家纷纷实施"再工业化"战略,重塑制造业竞争新优势,加速推进新一轮全球贸易投资新格局;一些发展中国家也在加快谋划和布局,积极参与全球产业再分工,承接产业及资本转移,拓展国际市场空间。中国装备制造业正受到发达国家从高端和更低成本的发展中国家从低端的双重挤压,迫切需要实现全球价值链地位攀升和装备制造业由大到强的战略转变。而在此之前,首先需要了解中国装备制造业的竞争力,对其发展成就与不足进行深入分析。

2.1　中国装备制造业基本概况

2.1.1　整体规模情况

经过多年发展,中国装备制造业总体发展规模不断扩大,《中国统计年鉴》数据表明,中国装备制造业总产值在 2010 年即已超过 2 万亿元,其产值占全国工业总产值的 34%。

2006~2010 年,中国装备制造业总体上发展趋势向好,规模发展不断扩大。2009 年,受美国次贷危机以及欧洲金融危机等几大国际性危机的影响,中国装备制造业也受到冲击,但由于国家 4 万亿元经济投资的拉动,装备制造业企业个数依旧有着小幅增长。至 2011 年,由于不景气的经济形势,装备制造业企业数量大幅缩水,骤降 30.90%,近 1/3 的企业在竞争中失去竞争能力。但是从表 2.1 中可以看到，相较于 2010 年，2011 年除了企业个数是明显下降的，全部从业人数并未因此而大幅减少，装备制造业销售产值和资产总值这两个指标均处于上升状态，且增幅均超过 10%，分别为 16.75%和 13.35%。综合以上指标可以看到，2011～2015 年中国装备制造业发展依旧向好，在 2011 年淘汰了近 1/3 的企业以后，中国装备制造业企业个数、装备制造业销售产值和资产总值依旧平稳增长，且 2011～2015 年，装备制造业销售产值和资产总值年增幅均稳定在 10%左右，总体装备制造业产业结构得到了优化，行业发展更具优势。

表 2.1　2006～2015 年我国规模以上装备制造业发展规模情况

年份	企业个数/个	装备制造业销售产值/亿元	资产总值/亿元	从业人数/万人
2006	93 377	103 077.43	81 281.60	2 244.08
2007	107 333	132 196.46	101 440.52	2 503.33
2008	144 653	162 919.33	125 309.06	2 923.53
2009	147 176	180 695.38	145 367.36	2 924.65
2010	154 406	231 819.22	182 919.42	3 293.87
2011	106 695	270 638.52	207 335.52	3 252.50
2012	108 873	291 674.59	230 992.39	—
2013	118 514	331 649.59	262 229.72	3 422.04
2014	122 654	364 280.89	293 008.50	3 546.69
2015	125 261	380 877.07	317 955.03	3 513.12

数据来源：《中国统计年鉴》

2.1.2　细分行业规模情况

改革开放近 40 年来，中国装备制造业取得了长足进步。2014 年以高端装备制造的拳头行业诸如以高铁技术为核心的轨道交通装备、以核电技术突破为典型代表的清洁能源和可再生能源装备，伴随中国内政外交中的一系列活动，成为中国引领制造业升级、扩大国际经贸合作、制定区域经济发展战略中的亮点和热点。如图 2.1 所示，在 2015 年，装备制造业整体上呈现出增长态势，但是，各细分行业之间发展速度不尽相同。从装备制造业主要行业规模以上工业增加值同比增长比例来看，计算机、通信和其他电子设备制造业同比增长速度最快，是同比增速最慢的通用设备制造业的 3 倍，剩下几个行业中增速由高到低分别是电气机械和器材制造业，铁路、船舶、航空航天和其他运输设备制造业，汽车制造业，金属制品业，其同比增长比例分别是 7.3%、6.8%、6.7%和 5.4%。

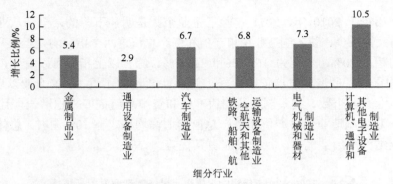

图 2.1　2015 年装备制造业规模以上工业增加值同比增长比例

数据来源：中华人民共和国国家统计局

由图 2.2 可知，2015 年通用设备制造业的固定资产投资数额最高，为 13 364 亿元，汽车制造业紧随其后，其同比增长速度是六个行业中最快的，电气机械和器材制造业也不甘示弱，在绝对量和同比增速两个方面都取得了较前的排名。值得一提的是，铁路、船舶、航空航天和其他运输设备制造业的固定资产投资额是这几个行业中最低的，这很有可能是因为我国前几年已经在铁路、船舶方面取得了高速发展，"中国速度"让世界有目共睹，所以在 2015 年增速放缓，固定资产投资投入量增速也有所放缓。

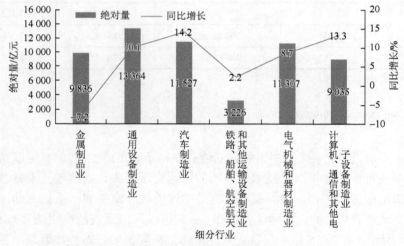

图 2.2　2015 年装备制造业固定资产投资的行业分布

数据来源：中华人民共和国国家统计局

2.1.3　细分行业进出口贸易情况

图 2.3 为中国装备制造业 2011～2014 年进口和出口贸易值的直观反映。从图

中可以看出，中国装备制造业进出口贸易值历年递增。同时可以看出，装备制造业整体进出口差额也在逐年拉大。

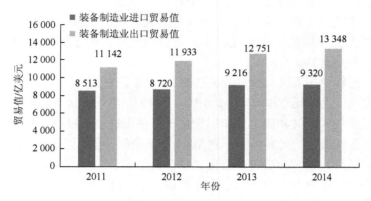

图 2.3　中国装备制造业 2011～2014 年进出口贸易值

数据来源：UN Comtrade

由图 2.4 可知，行业进出口分布特点主要分成三类：第一类是进出口贸易总值大致相近，如特种工业专用机械、金工机械、陆路车辆；第二类是明显的贸

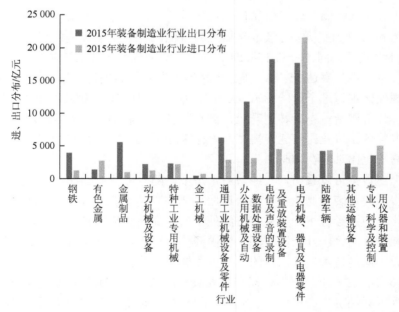

图 2.4　2015 年装备制造业进出口商品总值分布图（按 SITC 分类）

数据来源：中华人民共和国海关总署

SITC：standard international trade classification，国际贸易标准分类

易顺差，如钢铁、金属制品、动力机械及设备、通用工业机械设备及零件、办公用机械及自动数据处理设备、电信及声音的录制及重放装置设备，尤其是后三个行业，顺差值非常大，说明这几个行业在中国工业贸易中发挥着相当大的作用；第三类是明显的贸易逆差，如有色金属，电力机械、器具及电器零件，专业、科学及控制用仪器和装置，由此可以看出中国装备制造业的零部件很大程度上依赖外国进口。

此外，根据中华人民共和国海关总署 2015 年发布的统计数据筛选计算得到，装备制造业出口总值比 2014 年减少 0.3%，进口总值比 2014 年减少 21.9%。这应该是得益于中华人民共和国工业和信息化部与中国进出口银行发布的《关于加大重大技术装备融资支持力度的若干意见》（以下简称《意见》），该《意见》从研发及创新能力建设、技术改造和产业化、进口及技术引进、产品出口及企业"走出去"等多个价值链环节为装备制造企业提供资本、技术支持，使得中国装备制造业更高水平的对外开放有了更加有力的保障，这也将促进中国装备制造业国际市场的进一步开拓。

2.1.4　中国装备制造业的优势和问题

中华人民共和国工业和信息化部数据显示，2014 年，中国装备制造业主营业务收入达到 30.7 万亿元，连续 5 年居世界首位。2015 年中国装备制造业对外直接投资 70.4 亿美元，同比增长 154.2%。同期，大型成套设备出口额同比增长 10%，中国科技进步贡献率达 55.1%，国家创新能力世界排名提升至第 18 位，装备制造业产值规模比重超过全球的 1/3，已达 20 万亿元。此外，为应对国内外市场需求的变化，装备制造业不断转型升级，高端装备发展取得明显成效，高端装备制造业产值占装备制造业比重逐步提高，现已接近 20%，尤其是有些重点率先发展的产业，高端化比重已在 40% 以上。

由上述数据可以看出，在经济新常态下，随着工业结构调整和转型升级步伐的进一步加快，装备制造业呈现快速增长势头，其经济结构和增长动力正在发生深刻变化，中国经济正处于并将持续处于向中高端演化的进程之中，在劳动生产率与能耗指标的"一升一降"间，中国经济正逐步告别高投入、高消耗的粗放式增长模式，向高技术、低消耗的集约型发展方式转变。

2016 年，在"十三五"开局一系列政策刺激下，中国装备制造业下行压力减小。尽管国际经济形势仍然不容乐观，但随着中国中长期制造强国建设战略、加快国际产能和装备制造合作等举措的加快落实和深化改革，新的增长点也将逐步形成，将带动中国装备制造业加快发展。此外，"十三五"时期我国把装备制造业当做新的出口主导产业来培育发展，其产品出口增速有望加快回暖，出口交货值也有望实现同比增长。

装备制造业是为国民经济各行业提供技术装备的基础性、战略性产业，是制造业的核心和支柱，是各行业产业升级、技术进步的重要保障和国家综合实力的集中体现。加快推进智能制造，是落实工业化和信息化深度融合战略的重要举措，更是实施《中国制造 2025》、加快制造强国建设的主攻方向。要高度认识推进智能制造的重要性和紧迫性，紧紧抓住并用好智能制造带给我们的发展机遇，加速推进中国装备制造业转型升级。

尽管中国装备制造业的贸易额稳居世界第一，但仍摆脱不了工业化中期阶段国家的共同弊病，自主开发能力低、产品结构不合理、技术复杂度低等问题仍然普遍存在，高能耗、高污染、粗放式的发展方式仍然没有得到根本转变，落后产能大量存在，不同行业间发展严重不平衡。这些问题使得中国和工业发达国家仍然有一定的差距，装备制造业的发展滞后将成为制约中国经济发展的重要因素。此外，量的优势难以掩盖质量方面的劣势，中国装备制造业和其他行业同样面临着大而不强、产品品质不高甚至质量不达标的瓶颈问题。

从价值链环节来看，中国凭借丰裕的劳动力要素和廉价的劳动力，大量进口价值链上游环节的中间品进行加工后再出口，借此得以迅速融入国际分工体系并积累了大量贸易顺差，然而这光鲜顺差数额的背后是中国企业极为有限的组装费和加工费，出口中真正属于本国的增加值非常少，中国主要处于全球价值链的中间加工装配环节，即价值链的下游位置，长此以往，中国装备制造业必然将面临着被锁定在低附加值环节和被边缘化的风险，装备制造业面临的挑战也不容小觑。

中华人民共和国国家质量监督检验检疫总局 2014 年发布的《2014 年上半年产品质量状况分析报告》显示，我国装备制造业质量管理成熟度平均值仅为 63.5 分（满分 100 分）①，仅达及格水平，虽然中国制造装备日趋先进，但产业基础依然薄弱，企业内部质量改进活动的深度、广度远远不够。因此，国务院总理李克强于 2016 年 4 月主持召开国务院常务会议，决定实施《装备制造业标准化和质量提升规划》，引领中国制造升级，要求对接《中国制造 2025》，瞄准国际先进水平，实施工业基础和智能制造、绿色制造标准化和质量提升工程，加快关键技术标准研制，推动在机器人、先进轨道交通装备、农业机械、高性能医疗器械等重点领域标准化实现新突破，并适应创新进展和市场需求及时更新标准，力争到 2020 年使重点领域国际标准转化率从目前的 70%以上提高到 90%以上。

---

① 装备制造业质量管理成熟度通过对装备制造业的金属制品业，通用设备制造业，专用设备制造业，汽车制造业，铁路、船舶、航空航天和其他运输设备制造业，电气机械和器材制造业，以及仪器仪表制造业 7 个行业规模以上企业抽样调查，进行研究得出。

2.2　中国装备制造业产业竞争力分析

2.2.1　产业竞争力影响因素

波特在深入研究了多个国家、多个产业的竞争力后提出四个主要因素（生产要素、需求条件、相关和支持产业、企业战略）和两个辅助因素（政府、机会）共同作用形成了产业竞争力。决定一个国家的某种产业竞争力的有四个主要因素，其中，生产要素包括人力资源、天然资源、知识资源、资本资源、基础设施，又可划分为初级生产要素和高级生产要素，是产业发展的基础；需求条件主要是指本国市场的需求，是产业发展的动力；对形成产业竞争优势而言，相关和支持产业与目标产业是一种休戚与共的关系；创造与持续产业竞争优势的最大关联因素往往是国内市场强有力的竞争对手。上述四个因素之间相互影响，协同作用，共同决定产业竞争力水平的高低，也构成了钻石模型的主体框架。在四大主要因素之外还存在两大变数：政府与机会，机会是可遇而不可求的，机会可以影响四大要素发生变化，政府政策的影响是不可忽视的。以上因素相互影响又相互制约，形成了一个完整的钻石体系，如图 2.5 所示。结合装备制造业的具体情况，下面重点从生产要素、需求条件、相关和支持产业、企业竞争战略、政府政策五个方面加以分析。

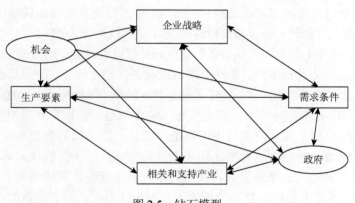

图 2.5　钻石模型

1. 生产要素

波特将生产要素划分为初级生产要素和高级生产要素，初级生产要素是指天然资源、气候、地理位置、非技术工人、资金等，高级生产要素则是指现代通信、信息、交通等基础设施，受过高等教育的人力、研究机构等。波特认为，初级生产要素重要性越来越低，因为对它的需求在减少，而跨国公司可以通过全球的市场网络来取得（当然初级生产因素对农业和以天然产品为主的产业还是非常重要的）。高级生产要素对获得竞争优势具有不容置疑的重要性。高级生产要素需要先在人力和资本上大量和持续地投资，而作为培养高级生产要素的研究所和教育计划，本身就需要高级的人才。高级生产要素很难从外部获得，必须自己来投资创造。从另一个角度看，生产要素被分为一般生产要素和专业生产要素。高级专业人才，专业研究机构，专用的软、硬件设施等被归入专业生产要素。越是精致的产业越需要专业生产要素，而拥有专业生产要素的企业也会产生更加精致的竞争优势。一个国家如果想通过生产要素建立起产业强大而又持久的优势，就必须发展高级生产要素和专业生产要素，这两类生产要素的可获得性与精致程度也决定了竞争优势的质量。如果国家把竞争优势建立在初级与一般生产要素的基础上，它通常是不稳定的。

1）自然资源

装备制造业主要是以钢铁为原材料，其中原材料铁矿石在钢铁产品成本中占据了较大的比重。总体来说，我国的铁矿石资源丰富，但以贫矿为主，富矿较少，矿品位低，而且矿石类型复杂，所以大部分矿石需要细磨以及联合选矿处理才能得到优质精铁矿和其他有用的矿物。虽然中国是铁矿储量丰富的国家，全国各地几乎都有，但分布不均，华北和东北地区铁矿资源较为丰富，中南和西南地区次之。从省级行政区划来看，辽宁、四川、河北、安徽、山西、云南、湖北、内蒙古等铁矿资源较为丰富。

从表 2.2 中可以看出，首先，2010 年，我国铁矿石原矿的产量首次突破了100 000 亿吨，并且接下来两年产量均在 130 000 亿吨左右，这为我国钢铁产业提供了丰富的原材料，为中国装备制造业的可持续发展作出了重大贡献。其次，2003～2014 年，生铁和粗钢的产量基本持平，到 2014 年生铁产量达到 71 374.78 亿吨，而粗钢的产量达到 82 230.63 亿吨。最后，成品钢材产量由 2003 年的 24 108.01 亿吨，逐年递涨到 2014 年的 112 513.12 亿吨。

表 2.2　2003～2014 年钢铁产品产量　　　　　　单位：亿吨

年份	铁矿石原矿	生铁	铁合金	粗钢	成品钢材
2003	26 138.83	21 366.68	634.06	22 233.60	24 108.01
2004	34 634.27	26 830.99	1 173.00	28 291.09	31 975.72
2005	42 049.00	34 375.19	1 067.00	35 323.98	37 771.14
2006	58 888.27	41 245.19	1 442.75	41 914.85	46 893.36
2007	70 665.53	47 651.63	1 743.60	48 928.80	56 560.87
2008	82 673.50	47 824.42	1 991.30	50 305.75	60 460.29

续表

年份	铁矿石原矿	生铁	铁合金	粗钢	成品钢材
2009	88 122.34	55 283.46	2 210.56	57 218.23	69 405.40
2010	107 770.51	59 733.34	2 442.83	63 722.99	80 276.58
2011	130 749.01	64 050.88	2 795.64	68 528.31	88 619.57
2012	130 963.70	66 354.40	3 129.3	72 388.22	95 577.83
2013	148 636.41	71 149.88	3 709.57	81 313.89	108 200.54
2014	152 671.67	71 374.78	3 797.63	82 230.63	112 513.12

数据来源：《中国工业统计年鉴》

2）人力资源

人力资源是生产要素中的高级生产要素，如果自然资源是装备制造业发展的硬实力，那么人力资源便是装备制造业发展的软实力，对产业的持续发展起着较为重要的作用。

R&D（research and development，研发）人员是反映装备制造业高技能人才的指标之一，其水平通常用研发人员全时当量加以衡量。研发人员全时当量指全时人员数加非全时人员按工作量折算为全时人员数的总和，为国际上比较科技人力投入而制定的可比指标。从表 2.3 中可以看出，2006～2015 年，装备制造业研发人员全时当量呈现出稳步上升的态势，但在其内部各行业的分布存在不均衡性，其中通用设备计算机及电子设备制造业、交通运输设备制造业的研发人员比重最大，两者累计约占整个装备制造业研发人员全时当量的 50%；此外，装备制造业是所有行业中科技含量较高的企业。图 2.6 显示，装备制造业研发人员全时当量占所有行业比重一直稳定在 60% 左右，也体现出国家对装备制造业高技能人才投入的重视和装备制造业发展对于高技能人才的依赖程度。

表 2.3　装备制造业及内部各行业研发人员全时当量　　　　单位：人年

行业	2006 年	2007 年	2008 年	2009 年	2010 年
金属制品业	9 883	12 515	18 345	25 623	26 406
通用设备制造业	49 865	59 700	71 753	95 485	98 090
专用设备制造业	42 822	51 296	62 240	85 920	86 738
交通运输设备制造业	92 907	112 912	121 060	165 475	176 921
电气机械及器材制造业	64 144	70 910	88 196	121 786	137 965
通用设备计算机及电子设备制造业	122 066	170 923	201 456	241 402	278 583
仪器仪表及文化办公用机械制造业	13 238	17 859	22 474	29 848	32 578
装备制造业	394 925	496 115	585 524	765 539	837 281

续表

行业	2011 年	2012 年	2013 年	2014 年	2015 年
金属制品业	40 167	65 665	79 315	85 223	88 580
通用设备制造业	154 694	173 046	191 916	213 178	205 657
专用设备制造业	146 529	156 516	178 461	173 745	170 104
交通运输设备制造业	220 087	260 631	301 551	318 775	328 160
电气机械及器材制造业	205 275	225 983	255 835	214 936	270 363
通用设备计算机及电子设备制造业	318 018	380 497	390 977	411 861	426 583
仪器仪表及文化办公用机械制造业	61 605	59 411	69 174	72 992	67 662
装备制造业	1 146 375	1 321 749	1 467 229	1 490 710	1 557 109

数据来源:《中国统计年鉴》

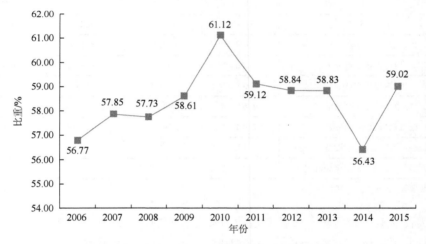

图 2.6　装备制造业研发人员全时当量占所有行业比重

数据来源:根据各年度《中国统计年鉴》整理得出

　　但需要注意的是，目前，中国装备制造业高技能人才具有以下几个特点：第一，老龄化趋势严重，青壮年高技能人才所占的比例较低，50 岁以上的高级技师占据很大的比重，随着老辈的高技能人才不断退休，企业内部的人才结构出现断层；第二，高技能人才比重较小，中国装备制造业的技术人才总量很大，然而，其中高技能人才的比例偏低，明显低于发达国家装备制造业中高技能人才占技能人才的比例，不能满足中国装备制造业技术创新和科技成果转化的需要；第三，高技能人才培养体系不健全，总体上缺乏系统的、完善的、健全的科学培养体系，许多优秀的技术人员即使已经达到高级技师的资格，但是由于制度的不健全，很难得到晋升，严重打击了青年技术人员的积极性。

3）资本资源

资本规模决定着行业的经济基础，国家的发展强调经济基础决定上层建筑，行业的发展也是这个道理，具有较高资本要素的行业，在同领域的竞争中，能够及时地进行技术创新，引进外国先进技术、购买国内新技术、对原有技术进行改造。同时具有较高资本要素的行业具有更强的抗压能力，当遇到经济危机或其他突发情况，短时间内能够维持资金的周转以及企业的正常运营。但是，这样的经济形势会严重打击资金要素短缺的小企业，更甚者会面临倒闭的风险。表 2.4 为 2014 年中国装备制造业资本要素情况，包括资产总计、固定资产、流动资产和应收账款。

表 2.4　2014 年中国装备制造业及内部各行业资本要素情况　　　单位：亿元

行业	资产总计	固定资产	流动资产	应收账款
装备制造业	76 355.35	16 156.67	47 632.98	12 453.19
金属制品业	3 177.90	935.85	1 831.88	477.27
通用设备制造业	8 770.65	1 679.21	5 843.78	1 948.59
专用设备制造业	8 848.67	1 742.39	6 016.02	2 375.30
交通运输设备制造业	36 641.54	8 040.12	21 522.14	3 902.44
电气机械及器材制造业	7 481.32	1 145.91	5 425.68	1 773.99
通用设备计算机及电子设备制造业	10 183.25	2 396.86	6 127.60	1 638.07
仪器仪表及文化办公用机械制造业	1 252.02	216.33	865.88	337.53

数据来源：《中国工业统计年鉴》

从表 2.4 可以看出，装备制造业内部各行业中，交通运输设备制造业的资产规模最大，2014 年的资产总计 36 641.54 亿元；其次是通用设备计算机及电子设备制造业，2014 年的资产总计为 10 183.25 亿元；资产规模最小的是仪器仪表及文化办公用机械制造业，2014 年的资产规模是 1252.02 亿元。可见，我国对交通运输设备、通用设备、计算机以及电子设备的需求更高，某种程度上导致了这两个行业的较高的资产规模。

除了上述描述的行业的经济基础即资产规模之外，中国装备制造业的资金主要依靠银行贷款和国家专项投资。目前，我国有 3 家政策性银行、5 家国有商业银行和 12 家股份制商业银行，以及分布在全国范围内各大城市中的 100 多家城市商业银行。这个庞大的银行体系共同建立了我国的金融市场，为中国装备制造业提供的充足的资金，促进其竞争力的提升。

近年来，外商投资逐渐成为中国装备制造业的又一主要资金来源。2014 年，FDI 额达到 12 247.77 亿美元。但是，随之而来的问题是外商的直接投资有时会导致中国的装备制造业民族品牌消失，主要是因为国外的投资者在进行投资的同时，收购并实际控股了本土品牌，最终导致中国本土民族品牌消失在市场中，取而代之的是合资之后的新品牌。所以，在某种程度上，利用 FDI 对于中国装备制造业的发展，尤其是本土民族品牌的发展可能是不利的，最终的利弊得失还有待进一步分析。

4）技术水平

中国装备制造业要想做到由大到强的实质性转变，必须要大力培养原始创新能力，掌握核心技术。现阶段，由于重要领域的核心技术缺乏，中国装备制造业的发展在某些领域显得有些力不从心。因此，中国装备制造业有必要通过各种可行的方式不断进行技术创新，在核心领域掌握话语权，在国际竞争中获得竞争优势。

企业对研发项目各方面的投入，如经费、人员等，可以反映出企业对科技研发的重视程度，表 2.5 为 2011～2014 年中国装备制造业及内部各行业研发项目情况。

表 2.5　2011～2014 年中国装备制造业及内部各行业研发项目情况

行业	研发项目数/千项				研发项目人数/千人年				研发项目经费支出/千万元			
	2011 年	2012 年	2013 年	2014 年	2011 年	2012 年	2013 年	2014 年	2011 年	2012 年	2013 年	2014 年
装备制造业	135	166	160	173	1 287	1 192	1 271	1 340	29 324	33 884	38 795	43 233
金属制品业	6	10	11	12	51	58	79	85	923	1 600	2 300	2 512
通用设备制造业	23	28	28	32	181	158	192	213	3 365	4 049	5 479	6 206
专用设备制造业	18	22	27	30	165	141	178	174	3 123	3 747	5 123	5 409
交通运输设备制造业	25	31	11	12	251	230	106	108	6 247	7 502	3 721	4 261
电气机械及器材制造业	28	34	37	40	233	203	256	275	6 247	6 203	8 154	9 229
通用设备计算机及电子设备制造业	27	32	36	36	339	348	391	412	8 405	9 698	12 525	13 925
仪器仪表及文化办公用机械制造业	8	9	10	11	67	54	69	73	1 014	1 085	1 493	1 690

数据来源：《中国统计年鉴》

由表 2.5 可以看出，2014 年中国装备制造业整体研发项目情况与 2011 年相比较，研发项目数和研发项目经费支出大幅增加，项目数由 2011 年的 134 千项，增加到 2014 年的 172 千项，增加了 28.36%；同时，项目经费支出由 2011 年的 29 324 千万元，增加到 2014 年的 43 233 千万元，增加了 13 909 千万元，即涨幅为 47.43%。研发项目人数也有小幅上升，2014 年比 2011 年增加了 52 千人，上涨幅度为 4.04%。

从装备制造业内部各行业关于研发项目情况可以看出，2014 年绝大多数行业的研发项目数量比 2011 年都有所增加。而从项目经费支出看，除了交通运输设备制造业的项目经费下降以外，其余所有行业都有增加。与此同时，多数装备制造业行业的研发项目人数是增加的，只有交通运输设备制造业的研发项目人数是减少的。

在肯定我国技术优势的同时，也要看到我国的很多技术存在缺陷，需要学习国外先进的技术完善自己，只有这样，装备制造业才能在技术上面有所突破。因此，为了实现装备制造业强国梦，我们在引进国外新技术的同时，还要购买国内较为先进的技术，并且对原有的旧的技术进行改造。这样就会涉及装备制造业对引进、购买和改造技术的经费支出，而且，从费用支出情况可以看出该行业对技术创新的重视程度，以及侧重哪种形式的技术创新。

从表 2.6 中可以看出，中国装备制造业更加侧重于引进技术，而用于购买国内技术的经费相对来说就少很多，2013 年购买国内技术经费支出为引进技术经费支出的 25.20%，2014 年为 27.86%。可见，在装备制造业领域，国内技术水平还是要落后于发达国家，以至于即使花费高额的代价，中国的装备制造业企业也更加愿意舍近求远地从国外引进先进的技术。此外，由于技术改造对企业实现技术进步、增强企业竞争力、调整产业结构的作用十分明显，中国装备制造业企业也非常重视技术改造工作，虽然与 2013 年相比，装备制造业 2014 年技术改造经费支出有所下降，但从总量来说，技术改造经费支出依然远远高于引进技术经费支出和购买国内技术经费支出，2014 年技术改造经费支出是引进技术经费支出和购买国内技术经费支出总和的 3.17 倍。

表 2.6　2013～2014 年中国装备制造业及内部各行业技术获取及改造经费情况

单位：万元

行业	2013 年			2014 年		
	引进技术经费支出	购买国内技术经费支出	技术改造经费支出	引进技术经费支出	购买国内技术经费支出	技术改造经费支出
装备制造业	2 575 695	649 070	12 688 806	2 717 548	757 157	11 011 305
金属制品业	53 786	38 067	594 190	11 256	27 443	652 868
通用设备制造业	255 016	81 065	1 726 284	288 947	55 023	1 391 350
专用设备制造业	148 634	50 756	1 608 785	103 708	40 790	1 069 649
交通运输设备制造业	1 455 114	260 188	3 989 468	1 627 120	322 131	4 351 030
电气机械及器材制造业	247 883	92 077	2 609 752	200 678	124 136	2 134 100

续表

行业	2013 年			2014 年		
	引进技术经费支出	购买国内技术经费支出	技术改造经费支出	引进技术经费支出	购买国内技术经费支出	技术改造经费支出
通用设备计算机及电子设备制造业	372 054	112 302	1 793 071	431 717	172 453	1 138 377
仪器仪表及文化办公用机械制造业	43 208	14 615	367 256	54 122	15 181	273 931

数据来源：《中国科技统计年鉴》

由此可见，现阶段，中国装备制造业的自主创新水平与发达国家相比还有一定的差距，所以，装备制造业要想寻求持续快速发展，在自主创新的同时，还必须依靠和学习国外的新技术，不断地学习和创新，才能期待在将来的某一天中国不仅仅是装备制造业大国，还是名副其实的装备制造业强国，在关键技术上不再受制于人，拥有自己的品牌，产业集中度较高而且具有较强的国际竞争力。

5）地理分布

中国装备制造业空间布局的形成需要一个过程，在此过程中，中国装备制造业不断发展与创新，凭借相关的有利政策以及良好的经济形势，逐步形成一批与装备制造业相关的工业基地。

在前人研究以及大量阅读相关文献的基础上，可以得出中国装备制造业的空间布局，选取东北、环渤海、长三角、珠三角、中西部五大区域。其中，东北地区包括黑龙江、吉林、辽宁三个省份，环渤海地区包括山东、河北、北京、天津两省两市，长三角地区包括江苏、浙江、上海两省一市，珠三角地区选取广东为代表省份，而中西部地区选取湖南、湖北、山西、江西、四川、陕西这六个有代表性的省份。装备制造业空间布局如表 2.7 所示。

表 2.7　装备制造业空间布局

空间布局	主要基地	具体领域
东北	中国传统老工业基地	重型机床、金属冶炼、大型电力设备、飞机制造等产业基础雄厚
环渤海	高端装备研发、设计和制造基地	北京是全国航空、卫星、数控机床等行业的研发中心，山东和河北依托其海洋优势发展成为海洋工程装备、数控机床以及轨道交通装备的产业聚集区
长三角	高端装备制造业开发和生产基地	上海为国内民用航空装备科研和制造重点基地，江苏海洋装备工业发达，浙江以轨道交通装备零部件制造业和数控机床产业为特色
珠三角	数控机床、智能机器人、海洋工程和航空服务业的研发和生产基地	以广州为中心的深圳、佛山、珠海、东莞等城市有良好的经济基础和丰富的人才资源，装备制造业将向智能化方向发展
中西部	中国轨道交通装备和航空装备的重要制造基地	湖南和山西分别以株洲和太原为中心成为中国轨道交通装备的重要制造基地；湖南和江西作为国家重点航空产业基地所在地区快速发展；四川、陕西也逐渐形成了航空、卫星、轨道交通装备和机床等产业的集聚区

2. 需求条件

波特认为,国内需求市场是产业发展的动力。国内市场与国际市场的不同之处在于企业可以及时发现国内市场的客户需求,这是国外竞争对手所不及的,因此波特认为全球性的竞争并没有减少国内市场的重要性。波特指出,本地客户的本质非常重要,特别是内行而挑剔的客户。假如本地客户对产品、服务的要求或挑剔程度在国际上数一数二,就会激发出该国企业的竞争优势,同时,预期性需求也非常重要,如果本地的顾客需求领先于其他国家,这也可以成为本地企业的一种优势,因为先进的产品需要前卫的需求来支持。

1）国内需求

经过改革开放近 40 年的发展,我国的经济取得了令世界瞩目的成绩,国民经济每年保持着约 8%的增速,国内生产总值由 2000 年的 9.92 万亿元增长到 2014 年的 64.40 万亿元,使得国民经济各部门充分发展,以及我国所实施的各大民生工程扩大了内需,尤其带动了对中国装备制造业的需求。中国的装备制造业经过了中华人民共和国成立初期到现在 60 多年的发展,产业规模、技术水平、就业人数以及销售产值方面都得到了迅猛发展,其内部各行业的生产能力已经基本可以满足国内需求。

中国装备制造业正处于转型升级的关键时期,而高端装备制造业作为推动产业转型升级的中坚力量,以高新技术为武装,并处于整个产业价值链的顶端,对于装备制造业的综合竞争力的提升起到关键性的作用。因此,中国将会加大对高端装备制造业的投入力度,自然会带来大量的国内需求。

2）国外需求

目前,中国称得上是装备制造业大国,但并不是强国,对国外的出口以中低端产品为主,而高端装备制造业产品的出口比重偏低,重要设备和关键零部件的自给率偏低,仍然需要依赖进口。而且,中国装备制造业国际贸易出现了"为设备出口而进口中间品"的现象,进而陷入低端锁定状态。因此,从长远来看,这样的现象并不利于中国装备制造业的转型升级。为此,我国需调整相应的产业政策,推动高端装备制造业的发展,改进传统的装备制造业以求得技术创新。以 2014 年为例,中国装备制造业的销售仍以国内市场为主,在销售产值中,国外需求仅占 8.97%,即使是比重最高的通用设备计算机及电子设备制造业,国外需求比重也只有 28.04%,可见中国装备制造业的国际竞争力还有很大的提升空间,如表 2.8 所示。

表 2.8　2014 年中国装备制造业及内部各行业国内需求和国外需求

行业	工业销售产值/亿元	出口交货值/亿元	国内需求/亿元	国外需求占比/%
装备制造业	59 647.86	5 349.08	54 298.78	8.97
金属制品业	2 131.61	176.14	1 955.47	8.26
通用设备制造业	4 779.22	312.61	4 466.61	6.54
专用设备制造业	4 835.32	568.06	4 267.26	11.75
交通运输设备制造业	34 690.95	1 834.35	32 856.60	5.29
电气机械及器材制造业	5 168.69	403.45	4 765.24	7.81
通用设备计算机及电子设备制造业	7 245.80	2 031.65	5 214.15	28.04
仪器仪表及文化办公用机械制造业	796.27	22.82	773.45	2.87

数据来源：根据《中国工业统计年鉴》整理得出

3. 相关和支持产业

波特认为，同一产业链上某一产业的上下游产业的竞争力，会影响该产业的竞争优势。同样，竞争力强的产业也会带动其相关和支持产业的发展。可见，同一产业链上的产业是相辅相成的关系，没有脱离其他产业而独大的产业。由于有许多与装备制造业相关的产业，这里着重介绍其上游产业钢铁产业和下游产业轻工业。

钢铁产业作为装备制造业的上游产业，为中国装备制造业提供基本的原材料。因此，钢铁产业的发展状况制约着中国装备制造业的持续健康发展。中国是世界第一大产钢国，2014 年中国的粗钢产量为 82 230.63 亿吨，相比 2013 年的 81 313.89 亿吨，增长了 916.74 亿吨。而成品钢材的产量由 2013 年的 108 200.54 亿吨增长到 2014 年的 112 513.12 亿吨，增幅为 3.99%。中国粗钢及成品钢材的产量连续增长。虽然中国的钢铁产量处在世界前列，但是中国的钢铁产业却存在一些问题：首先，中国的钢铁产业产能严重过剩，产品结构不合理；其次，产业集中度较低；最后，企业布局不合理。尽管中国的钢铁产业存在一系列的问题，好在中国的政府和企业已经开始重视这些问题并逐步寻求解决的办法，相信不远的将来，中国的钢铁产业会在更高的领域得到发展，并为中国装备制造业提供优质的原材料，促进其竞争力的提高。

轻工业作为装备制造业的下游产业，能够很好地与装备制造业进行承接，为其产品提供市场空间，推动中国装备制造业的持续发展。轻工业是中国国民经济的重要组成部分，在保障市场供给的同时，对于满足人们的物质、精神生活发挥着重要的作用。近年来，中国轻工业发展迅速，2014 年轻工业的销售产值达到 237 884.3 亿元，其中出口交货值为 28 401.51 亿元，约占 11.94%。但是，目前中国轻工业存在以下缺陷：第一，低水平重复建设，产业结构不合理；第二，产业集中度低，资源没能充分利用；第三，社会成本高，环境效益差。《轻工业发展规划（2016—2020 年)》中指出，将对中国轻工业实施产业结构调整及优化升级，无疑会带动其快速发展。因此，将会为形成中国装备制造业的强大需求。

波特的研究提醒我们需要注意"产业集聚"这种现象，一个优势产业不是单独存在的，它一定是同国内相关强势产业一同崛起。产业集聚可以提高生产率、节约生产成本并提高创新能力，作为一种区域组织形式，产业集聚在经济增长中具有重要作用，发展产业集聚也是适应全球化及竞争日益激烈的新趋势。

国内外对于产业集聚测度的研究主要采用以下两类方法：一类是单一区域的产业地理集聚测度方法，如行业集中度（CR_n）指数、赫芬达尔（H）指数、空间基尼（G）系数、Hoover 地方化系数、EG 指数、MS 指数等；二是基于距离的测度方法，如 DO 函数、M 函数、$K(L)$ 函数等。其中 CR_n 指数、G 系数和 EG 指数使用频率最高。本书选择区位商（LQ）指标来更好地分析装备制造业各行业在不同区域的专业化发展水平。

区位商指标采用地区某一产业占全国比例与该地区所有行业占全国比例进行比较，可以相对明显地看出地区产业的比较优势，其计算公式如下：

$$LQ = \frac{X_{ij} \Big/ \sum_i X_{ij}}{\sum_j X_{ij} \Big/ \sum_i \sum_j X_{ij}} \tag{2-1}$$

其中，X_{ij} 表示产业 i 在 j 地区的产出指标；$\sum_i X_{ij}$ 表示 j 地区所有产业的产出指标；$\sum_j X_{ij}$ 表示产业 i 在全国所有地区的产出指标；$\sum_i \sum_j X_{ij}$ 表示全国所有地区所有行业的产出指标。一般认为 LQ 越大，该地区该产业的集聚水平越高，LQ>1，表明该产业在该地区比较优势明显，产业的地区集中程度较高；LQ = 1，表明此地区这种产业集聚水平不高；LQ<1，表明该产业在该地区产业集聚相对较弱，相对于全国水平来说处于比较劣势。LQ 计算方法简单易行，并能较好地反映某一地区各产业的产业集聚水平，便于比较。

在中国装备制造业的发展过程中，东北地区、环渤海地区、长三角地区、珠三角地区和中西部地区形成了北、中、南相对平衡的工业基地。通过这五大区域可以更好地观察装备制造业的产业集聚发展情况。装备制造业细分的 7 个子行业在不同的区域也存在不同的发展情况，因此表 2.9 给出了 2006~2013 年装备制造业及 7 个子行业在不同地区的集聚水平。

表 2.9　2006～2013 年装备制造业各行业在各地区的集聚水平

行业	地区	2006 年	2007 年	2008 年	2009 年	2010 年	2011 年	2012 年	2013 年
金属制品业	东北地区	0.67	0.69	0.84	0.87	1.20	0.88	0.85	0.86
	环渤海地区	0.87	0.92	0.93	0.94	1.07	1.04	1.25	1.25
	长三角地区	1.26	1.36	1.38	1.31	1.08	1.25	1.19	1.17
	珠三角地区	1.61	1.68	1.59	1.64	0.56	1.67	1.35	1.38
	中西部地区	0.54	0.51	0.55	0.63	1.17	0.68	0.67	0.73
通用设备制造业	东北地区	1.34	1.31	1.39	1.48	1.46	1.47	1.38	1.40
	环渤海地区	1.03	1.06	1.08	1.13	1.14	1.18	1.02	1.05
	长三角地区	1.44	1.54	1.50	1.41	1.41	1.36	1.46	1.44
	珠三角地区	0.42	0.44	0.48	0.46	0.44	0.46	0.73	0.69
	中西部地区	0.84	0.77	0.71	0.76	0.78	0.81	0.72	0.76
专用设备制造业	东北地区	1.12	1.17	1.18	1.25	1.20	1.13	1.20	1.18
	环渤海地区	1.19	1.17	1.16	1.10	1.07	1.05	1.14	1.21
	长三角地区	0.93	1.00	1.02	1.01	1.08	1.07	1.05	1.06
	珠三角地区	0.60	0.64	0.61	0.57	0.56	0.55	0.54	0.53
	中西部地区	1.17	1.10	1.12	1.16	1.17	1.28	1.11	1.11
交通运输设备制造业	东北地区	1.97	1.93	1.70	1.65	1.60	1.63	1.64	1.64
	环渤海地区	0.88	0.87	0.87	0.89	0.94	0.92	0.92	0.95
	长三角地区	0.85	0.93	1.00	1.04	1.05	1.12	1.14	1.09
	珠三角地区	0.74	0.81	0.80	0.81	0.77	0.78	0.74	0.74
	中西部地区	1.32	1.14	1.16	1.04	1.04	0.95	0.90	1.03
电气机械及器材制造业	东北地区	0.52	0.52	0.52	0.58	0.58	0.52	0.54	0.53
	环渤海地区	0.80	0.78	0.78	0.82	0.77	0.73	0.71	0.71
	长三角地区	1.18	1.32	1.39	1.41	1.44	1.58	1.60	1.61
	珠三角地区	1.87	1.90	1.83	1.73	1.73	1.74	1.68	1.63
	中西部地区	0.54	0.55	0.58	0.60	0.60	0.57	0.59	0.66
通用设备计算机及电子设备制造业	东北地区	0.20	0.21	0.20	0.19	0.21	0.20	0.17	0.15
	环渤海地区	0.80	0.80	0.73	0.67	0.64	0.61	0.60	0.60
	长三角地区	1.19	1.39	1.45	1.49	1.53	1.56	1.50	1.43
	珠三角地区	2.48	2.51	2.71	2.84	2.86	3.00	3.11	3.04
	中西部地区	0.30	0.30	0.32	0.38	0.38	0.47	0.52	0.65

行业	地区	2006 年	2007 年	2008 年	2009 年	2010 年	2011 年	2012 年	2013 年
仪器仪表及文化办公用机械制造业	东北地区	0.32	0.39	0.42	0.47	0.45	0.39	0.52	0.48
	环渤海地区	0.68	0.67	0.62	0.63	0.59	0.57	0.64	0.64
	长三角地区	1.25	1.37	1.52	1.67	1.77	1.99	2.34	2.37
	珠三角地区	2.21	2.32	2.12	1.89	1.79	1.78	0.88	0.93
	中西部地区	0.50	0.43	0.55	0.54	0.50	0.51	0.40	0.56
装备制造业总体	东北地区	0.86	0.88	0.88	0.94	0.94	0.93	0.90	0.90
	环渤海地区	0.88	0.88	0.87	0.88	0.87	0.86	0.87	0.88
	长三角地区	1.14	1.27	1.31	1.31	1.33	1.37	1.38	1.35
	珠三角地区	1.55	1.56	1.54	1.49	1.47	1.50	1.52	1.49
	中西部地区	0.70	0.66	0.69	0.72	0.73	0.74	0.71	0.81

金属制品业在 2009~2011 年集聚规模发生了很大的变化，可能是 2008 年经济危机使得对日用金属品的需求减少，像珠三角、长三角这些相对发达地区金属制品业的集聚程度骤减，而中西部和东北地区由于大规模进行基础设施的建设，金属制品需求增加，集聚度反而增加，2009 年后市场恢复正常，产业集聚水平也开始恢复为最初水平。

通用设备制造业在长三角和东北地区的集聚水平最高，环渤海和中西部地区居中，而珠三角地区水平最低。但各地区历年来的水平变化幅度不大，大致保持在一个水平上。

专用设备制造业在长三角、环渤海、中西部和东北地区的集聚水平都相差不大，但在珠三角地区集聚程度很低，基本维持在 0.5~0.6。珠三角地区注重发展电子产业，像矿山、石化、轻纺、农林渔牧等几乎很少，所以专用设备制造业涉及的企业并不多。

交通运输设备制造业在东北地区集聚水平最高，其次是中西部地区，而其他地区则相对较低。这是因为东北地区是我国传统老工业基地，而中西部地区则是我国轨道交通装备和航空装备的重要制造基地，交通运输业发展实力雄厚，发展时间长，产业集聚规模大。

通用设备计算机及电子设备制造业、电气机械及器材制造业、仪器仪表及文化办公用机械制造业都属于技术密集型产业，它们都是在长三角和珠三角地区产业集聚水平较高而在其他三个地区则稍低。其中，电气机械及器材制造业和仪器仪表及文化办公用机械制造业在 2006~2013 年都显示在长三角地区集聚水平升高，但在珠三角呈现降低趋势，但总体水平还是比其他几个地区高。

　　从装备制造业总体来看，珠三角地区集聚水平最高，是全国水平的 1.5 倍左右。但各地区 2006～2013 年集聚水平的变化都不大，基本保持平稳。

　　4. 企业竞争战略

　　波特的国际竞争优势理论认为，产业竞争力的强弱受企业之间竞争的影响，优胜劣汰是产业不断发展的内在规律，某一国家同一产业内各个企业要想在激烈的竞争中生存下来，必须要具备竞争优势，如更先进的技术、更高的生产率、更大的市场认知度等。长此以往，在不断竞争的环境下，具有竞争优势的企业存活了下来，淘汰掉落后的企业。因此，产业竞争力的强弱受企业之间竞争战略的影响。

　　在无线电通信设备制造业领域，国内的中兴和华为在该行业是首屈一指的，以南京为例，这两大企业不但成为城市信息领域的名片，也是许多年轻人的就业首选，每年对吸纳就业发挥重要作用。在轨道运输设备制造业领域，主要是中国南车和中国北车，在国内乃至国际市场上占据很重要的地位。在陆上风力发电设备制造领域，华锐、金风科技是先驱。丹麦咨询首席执行官莫尔顿凯勒指出，截止到 2016 年，中国市场将占世界市场份额的 30% 以上。在电力传输设备制造领域，国内的天威集团和南方电网等大型企业已达到世界领先水平。在民用航空设备制造及海上风力发电领域，虽然在全球市场竞争中我国的相关企业并未占据优势位置，但有很大的发展和提升空间。

　　上述装备制造业的不同领域内的佼佼者，都是经过残酷的国内外市场竞争，最终生存下来并保持优势的企业。他们之所以能够在同领域内保持领先，得益于他们自身不断创新的精神以及强烈的竞争意识，使得他们能够具备更强的产业竞争力。

　　5. 政府政策

　　中华人民共和国成立以来，装备制造业在促进经济增长、吸纳就业、推动技术进步等方面发挥着重要的作用。国家对装备制造业的发展也日趋重视，在进入 21 世纪的短短十余年中，连续出台了《国务院关于加快振兴装备制造业的若干意见》（2006 年）、《装备制造业调整和振兴规划》、《高端装备制造业"十二五"发展规划》等一系列纲领性文件，为装备制造业的发展指明了方向，也提供了强有力的支持。

　　2006 年 2 月 13 日，《国务院关于加快振兴装备制造业的若干意见》（国发〔2006〕8 号）明确指出，装备制造业是为国民经济发展和国防建设提供技术装备的基础性产业。大力振兴装备制造业，是党的"十六大"提出的一项重要任务，是树立和落实科学发展观，走新型工业化道路，实现国民经济可持续发展的战略举措。中国装备制造业经过 50 多年的发展，取得了令人瞩目的成就，形成了门类齐全、具有相当规模和一定水平的产业体系，成为中国经济发展的重要支柱产业。但中国装备制造业还存在自主创新能力弱、对外依存度高、产业结构不合理、国际竞争力不强等问题。为加快装备制造业的振兴，国务院明确了目标原则，选择一批对国家经济安全和国防建设有重要影响，对促进国民经济可持续发展有显著效果，对结构调整、产业升级有积极带动作用，能够尽快扩大自主装备市场占有率的重大技术装备和产品作为重点，加大政策支持和引导力度，实现关键领域的重大突破，并制定了装备制造业振兴的具体措施和支持政策。

2009 年 5 月 12 日，为应对国际金融危机的影响，落实党中央、国务院关于保增长、扩内需、调结构的总体要求，确保装备制造业平稳发展，加快结构调整，增强自主创新能力，提高自主化水平，推动产业升级，编制《装备制造业调整和振兴规划》作为装备制造业综合性应对措施的行动方案，规划期为 2009~2011 年。规划明确提出了装备制造业发展的六个目标，即产业实现平稳增长、市场份额逐步扩大、重大装备研制取得突破、基础配套水平提高、组织结构优化升级和增长方式明显转变。装备制造业调整和振兴主要任务包括：①依托高效清洁发电、特高压输变电、煤矿与金属矿采掘、天然气管道输送和液化储运、高速铁路、城市轨道交通、农业和农村、基础设施、生态环境和民生、科技重大专项十大领域重点工程，振兴装备制造业；②抓住钢铁、汽车、石化、船舶、轻工、纺织、有色金属、电子信息、国防军工九大产业重点项目，实施装备自主化；③提升大型铸锻件、基础部件、加工辅具、特种原材料四大配套产品制造水平，夯实产业发展基础；④推进加快产业组织结构调整、增强自主创新能力、提高专业化生产水平、加快完善产品标准体系、利用境外资源和市场、发展现代制造服务业、加强企业管理和人才队伍建设七项重点工作，转变产业发展方式。

2012 年 5 月 7 日，中华人民共和国工业和信息化部发布了《高端装备制造业"十二五"发展规划》，指出高端装备制造业是以高新技术为引领，处于价值链高端和产业链核心环节，决定着整个产业链综合竞争力的战略性新兴产业，是现代产业体系的脊梁，是推动工业转型升级的引擎。大力培育和发展高端装备制造业，是提升我国产业核心竞争力的必然要求，是抢占未来经济和科技发展制高点的战略选择，对于加快转变经济发展方式、实现由制造业大国向强国转变具有重要战略意义。规划坚持发展高端装备制造业与改造提升传统产业相结合、坚持技术创新与开放合作相结合、坚持整体推进与重点跨越相结合、坚持市场推动和政策引导相结合四大原则，综合考虑未来发展趋势和条件，从产业规模跃上新台阶、创新能力大幅提升、基础配套能力显著增强、产业组织结构进一步优化四个方面明确提出了到 2015 年中国高端装备制造业发展的主要目标，力争通过 10 年的努力，形成完整的高端装备制造产业体系，基本掌握高端装备制造业的关键核心技术，产业竞争力进入世界先进行列。到 2020 年，高端装备制造产业销售收入在装备制造业中的占比提高到 25%，工业增加值率较"十二五"末提高 2 个百分点，将高端装备制造业培育成为国民经济的支柱产业。同时，出台了《轨道交通装备产业"十二五"发展规划》和《智能制造装备产业"十二五"发展规划》两个子规划，计划到 2020 年，轨道交通装备产业年销售收入超过 6500 亿元，智能制造装备产业销售收入超过 30 000 亿元。

2.2.2　产业竞争力指标体系构建

1. 指标体系构建原则

系统性原则：从尽可能多的方面反映足够多的信息量，因此，各评价指标不是简单的堆叠，每个指标之间应该有一定的联系，但是又相互独立，形成一个评价整体。

科学性原则：在科学客观的基础上，构建中国装备制造业产业竞争力评价指标体系，评价指标要能反映装备制造业产业竞争力的本质，力求能对竞争力主体进行真实可靠的评价，确保评价结果的合理性。避免脱离主题，罗列一些与评价内容无关的指标。

可比性原则：本书数据的统计口径、使用的评价方法、选取的时间范围以及评价对象的所属地点能够确保结果无论横向还是纵向都是可比的，以使得各个年份中国装备制造业产业竞争力具有可比性。

可操作性原则：在构建中国装备制造业产业竞争力评价指标体系时，要考虑到指标获取的难易程度和指标的量化问题。要确保指标具有明确的含义，选择有共性的综合指标。数据可以从《中国统计年鉴》、《中国工业经济统计年鉴》、《中国科技统计年鉴》等获得，确保数据的真实性。

独立性原则：评价指标选择过程不应该出现相互包含或交叉的情况，指标应该是相互独立的。同时，指标应具有一定的代表性。

针对性原则：在指标构建的过程中要有针对性，本书是对中国装备制造业产业竞争力进行评价，而不是一般的创新绩效评价。因此，要针对装备制造业的主体构建指标体系。

2. 指标体系构成及说明

根据波特钻石模型关于产业竞争力影响因素的分析，生产要素、需求条件、相关和支持产业、企业竞争战略和政府政策等五个主要因素构成了中国装备制造业竞争力的基础，即基础竞争力。但是由于相关和支持产业对装备制造业的影响途径比较间接,而机遇具有很大的不确定性,不可量化,这两个要素不予考虑。中国装备制造业创新竞争力,又可以从四个方面进行分析:一是研发实力;二是对新技术的消化吸收能力;三是嵌入全球价值链的程度;四是政府对研发的支持。此外,考虑到装备制造业的可持续发展,用能源消耗强度来表示产业的持续竞争力。因此,本书的装备制造业产业竞争力指标评价体系以基础竞争力、创新竞争力和持续竞争力为准则层,以生产要素、需求条件、市场结构、政府税收、研发实力、对新技术的消化吸收能力、嵌入全球价值链程度、政府对研发的支持和能源消耗强度九个方面设计评价指标。因此,在总结波特钻石模型和产业创新能力的影响因素以及反映持续竞争力的指标的基础上,构建了由 9 个一级指标,13 个二级指标构成的中国装备制造业产业竞争力评价指标体系,如表 2.10 所示。

表 2.10　中国装备制造业产业竞争力评价指标体系

评价目标	准则层	一级指标	二级指标	单位
装备制造业产业竞争力	基础竞争力	生产要素	企业单位数	个
			资产总计	亿元
			主营业务收入	亿元
		需求条件	工业销售产值	亿元
			出口交货值	亿元
		市场结构	市场占有率	%
		政府税收	应交增值税	亿元
	创新竞争力	研发实力	研发经费内部支出	亿元
			研发人员数	人
		对新技术的消化吸收能力	技术消化吸收经费支出/主营业务收入	%
		嵌入全球价值链的程度	出口交货值/工业销售产值	%
		政府对研发的支持	研发经费内部支出中政府资金	亿元
	持续竞争力	能源消耗强度	能源消耗量/主营业务收入	吨/亿元

各指标说明如下。

(1)用来衡量生产要素的指标选用能够代表一个行业发展水平的最基本、最重要的三个指标:企业单位数、资产总计和主营业务收入。这里的工业企业均指规模以上工业企业。

企业单位数:一个地区在一定时期内某行业所拥有的工业企业数。

资产总计：企业拥有或控制的能以货币计量的经济资源，包括各种财产、债权和其他权利。资产按其流动性划分为流动资产、长期投资、固定资产、无形及递延资产和其他资产。

主营业务收入：企业确认的销售商品、提供劳务等主营业务的收入。

（2）装备制造业的需求条件具体分为国内市场需求和国际市场需求，因此选取工业销售产值和出口交货值反映整体需求水平和国际市场需求。考虑到国际市场的竞争强度远大于国内市场，工业企业在国际市场的表现更能准确反映企业的竞争实力，而出口交货值是衡量工业企业国际化水平和国际竞争力的重要指标，因此，本书将出口交货值列为装备制造业竞争力的评价指标。

工业销售产值：以货币形式表现的，工业企业在本年内销售的本企业生产的工业产品或提供工业性劳务价值的总价值量。

出口交货值：工业企业生产的交给外贸部门或自营出口，用外汇价格结算的产品价值，以及外商来样、来料加工、来件装配、补偿贸易等生产的产品价值。

（3）反映市场结构的指标一般选取产业集中度和市场占有率，但是由于数据收集的限制，本书选用市场占有率来反映中国装备制造业的市场结构，市场占有率=装备制造业的主营业务收入/规模以上工业企业主营业务收入。

（4）政府对装备制造业产业竞争力的影响主要通过政府的税收政策起作用，因此，选取应交增值税这个指标来反映政府的作用。应交增值税指工业企业在报告期内应交纳的增值税额。

（5）研发实力从企业研发经费和研发人员两个方面来体现，因此，研发经费选取研发经费内部支出，而研发人员选取研发人员数来表示。

研发经费内部支出：企业用于内部开展研发活动（包括基础研究、应用研究、试验发展）的实际支出，包括用于研发项目（课题）活动的直接支出，以及间接用于研发活动的管理费、服务费、基本建设支出以及外协加工费等。

研发人员数：研发人员一般用折合全时当量来表示。即参加研发项目人员的全时当量及应分摊在研发项目的管理和直接服务人员的全时当量两部分相加计算。

（6）从长远角度来看，认为企业将主营业务收入用于新技术的消化吸收经费支出越多，其达到的吸收效果就会越好，而消化吸收能力就会越强，因此，本书用技术消化吸收经费支出与企业的主营业务收入的比来表示企业对新技术的消化吸收能力。

（7）由于目前我国正处于全球价值链的初级阶段，参与的全球价值链的方式以加工贸易为主，但是由于加工贸易数据的不可获得性，用出口交货值与工业销售产值的比来表示嵌入全球价值链的程度。

（8）用企业研发经费内部支出中的政府筹集部分作为政府对研发的支持力度。

（9）考虑到装备制造业的可持续发展，本书选取能源消耗强度作为产业持续竞争力的评价指标，用每亿元主营业务收入消耗能源量的吨数表示。

2.2.3 产业竞争力评价

1. 评价方法

多指标综合评价的方法有很多，目前在经济领域应用较多且技术较为成熟的主要有层次分析法、因子分析法、主成分分析法、熵值法等。

在信息论中，熵是对不确定性的一种度量。信息量越大，不确定性就越小，熵也就越小；信息量越小，不确定性越大，熵也越大。一个系统越有序，信息熵就越低；反之，一个系统越混乱，信息熵就越高。所以，信息熵也可以说是系统有序化程度的一个度量。根据熵的特性，可以通过计算熵值来判断一个事件的随机性及无序程度，也可以用熵值来判断某个指标的离散程度，指标的离散程度越大，该指标对综合评价的影响越大。在综合评价中，某项指标的指标值变异程度越大，信息熵越小，该指标提供的信息量越大，该指标的权重也应越大；反之，某项指标的指标值变异程度越小，信息熵越大，该指标提供的信息量越小，该指标的权重就越小。因此，可以根据各项指标指标值的变异程度，利用信息熵，计算出各指标的权重，为多指标综合评价提供依据（Hsu P and Hsu M，2008）。

用熵值法进行综合评价时常会遇到一些负值数据，指标值为负时不能直接计算比重，也不能取对数，而为保证数据的完整性，这些负值又不能删去，因此需要对这些数据进行变换。对熵值法进行改进，目前有两种方法：一种是功效系数法；另一种是标准化法。运用功效系数法对数据变换后的熵值法是一种主客观相结合的赋权法，数据进行变换时，对系数的赋值不同可能会得到不同的评价结果。运用标准化法对数据进行变换后的熵值法是一种完全的客观赋值法，评价结果唯一，且有利于缩小极端值对综合评价结果的影响。本节采用改进熵值法对中国装备制造业的产业竞争力进行评价。计算步骤如下（郭显光，1998）。

设有 m 个待评价方案，n 个评价指标，形成原始指标数据矩阵 $X = (x_{ij})_{m \times n}$。

（1）对原始数据进行标准化处理：

$$y_{ij} = (x_{ij} - \overline{x_j}) / \sigma_j \tag{2-2}$$

其中，$\overline{x_j}$ 为第 j 项指标值的均值；σ_j 为第 j 项指标值的标准差。

（2）熵计算时需要对标准化后的数据取对数，为消除负值，可进行坐标平移：

$$z_{ij} = y_{ij} + d \tag{2-3}$$

其中，d 为平移幅度，$d = -\mathrm{int}(\min(y_{ij}))$，本书取 2。

（3）将各指标 z_{ij} 同度量化：

$$p_{ij} = z_{ij} / \sum_{i=1}^{m} z_{ij} \qquad (2\text{-}4)$$

（4）计算第 j 项指标的信息熵：

$$e_j = -\left(\sum_{i=1}^{m} p_{ij} \ln p_{ij} \right) / \ln m \qquad (2\text{-}5)$$

（5）计算第 j 项指标的效用熵：

$$u_j = 1 - e_j \qquad (2\text{-}6)$$

其中，u_j 越大，表示第 j 项指标价值越大，权重也越大。

（6）确定各指标的权重：

$$w_j = u_j / \sum_{j=1}^{n} u_j \qquad (2\text{-}7)$$

（7）计算综合评价系数：

$$v_i = \sum_{j=1}^{n} z_{ij} w_j \qquad (2\text{-}8)$$

其中，v_i 为对第 i 个方案的综合评价值。

2. 数据收集

由于研究的是历年来中国装备制造业产业竞争力状况，根据上述装备制造业产业竞争力评价指标体系，通过 2007～2016 年的《中国工业经济统计年鉴》、《中国科技统计年鉴》、《中国统计年鉴》收集整理数据，即以 2006～2015 年的指标数据作为本书分析的基础，其中 X_1 为企业单位数，X_2 为资产总计，X_3 为主营业务收入，X_4 为工业销售产值，X_5 为出口交货值，X_6 为市场占有率，X_7 为应交增值税，X_8 为研发经费内部支出，X_9 为研发人员数，X_{10} 为技术消化吸收经费支出/主营业务收入，X_{11} 为出口交货值/工业销售产值，X_{12} 为研发经费内部支出中政府资金，X_{13} 为能源消耗量/主营业务收入，如表 2.11 所示。

3. 产业竞争力测评结果

根据表 2.11 所整理的指标数据，采用改进熵值法计算出各个指标的权重，并对 2006～2015 年中国装备制造业的产业竞争力进行定量分析，具体步骤如下。

表 2.11 2006~2015 年中国装备制造产业竞争力评价指标数据

年份	生产要素			需求条件		市场结构	政府税收	研发实力		对新技术的消化吸收能力	嵌入全球价值链的程度	政府对研发的支持	能源消耗强度
	X_1	X_2	X_3	X_4	X_5	X_6	X_7	X_8	X_9	X_{10}	X_{11}	X_{12}	X_{13}
2006	93 377	81 281.6	103 704.60	103 077.43	36 136.69	33.07	2 345.12	1 659.25	922 369	0.033	35.06	73.06	1 126.68
2007	107 333	101 440.52	132 274.23	132 196.46	44 961.00	33.09	2 959.36	2 117.62	1 101 300	0.031	34.01	102.89	986.33
2008	144 653	125 309.06	162 818.73	162 919.33	51 639.72	32.56	4 130.90	1 531.37	1 249 082	0.029	43.04	107.73	885.54
2009	147 176	145 367.36	181 248.22	180 695.38	46 169.72	33.41	4 646.41	2 154.34	1 085 516	0.041	25.55	112.56	832.51
2010	154 406	182 919.42	234 050.76	231 819.22	58 259.12	33.54	6 178.87	2 285.01	1 021 214	0.030	25.13	123.22	747.35
2011	106 695	207 335.52	273 393.38	270 638.52	55 641.99	32.48	7 055.26	3 354.80	1 456 964	0.029	20.56	180.21	675.12
2012	108 873	230 992.39	294 417.51	291 674.59	69 911.25	31.68	7 921.38	3 892.91	1 740 536	0.025	23.97	221.97	624.82
2013	118 514	262 229.72	333 512.96	340 497.29	73 198.09	33.40	8 873.24	4 559.72	1 467 229	0.02	21.50	258.23	588.56
2014	122 654	293 008.5	365 028.38	364 280.89	76 060.57	33.35	9 442.72	5 110.43	1 550 710	0.017	20.88	269.66	559.97
2015	125 261	317 955.03	379 859.25	380 877.07	75 247.10	34.50	9 849.59	5 627.83	1 557 109	0.014	19.76	307.60	528.26

数据来源：各年度《中国工业经济统计年鉴》、《中国科技统计年鉴》和《中国统计年鉴》

（1）为了消除数据类型不同给分析带来的误差，使数据无量纲化，对装备制造业的原始数据进行标准化处理，即所有原始数据减去平均值再除以标准差。

（2）由于熵计算时需要对标准化后的数据取对数，为消除负值，可进行坐标平移，本书选取平移值为 2。

（3）对标准化平移后的数据进行同度量化，并求得信息熵和效用熵，并最终求得各个指标的权重值。

（4）根据所得的指标权重值以及标准化后平移的数据，计算 2006～2015 年中国装备制造业产业竞争力，并进行排名。

2006～2015 年中国装备制造业产业竞争力得分如下：

产业竞争力得分 = {1.213, 1.441, 1.762, 1.799, 1.929, 1.939, 2.264, 2.402, 2.549, 2.703}

2006～2015 年中国装备制造业产业综合竞争力得分趋势图如图 2.7 所示。

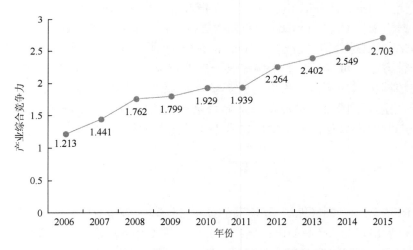

图 2.7　2006～2015 年中国装备制造业产业综合竞争力趋势图

从图 2.7 中可以看出，单从自身情况来看，中国装备制造业在 2006～2015 年的竞争力呈上升态势，但要准确把握装备制造业的发展状况，还需要进一步对装备制造业的国际竞争力和全球价值链地位进行分析。

2.3　中国装备制造业国际竞争力和全球价值链地位分析

2.3.1　国际竞争力测度与分析

经济全球化趋势下，国际竞争力成为决定竞争成败的关键因素。按照竞争主体和层次的不同，国际竞争力分为国家竞争力、产业竞争力、企业竞争力和产品竞争力，对一个国家而言，产业国际竞争力是决定其整体竞争力水平的根本，能够反映一国或区域在世界经济体系中的地位、技术和经济交流、贸易、投资和国际分工的基本格局，因此，有学者认为在定义国际竞争力时应定位于产业层次。例如，波特认为，国际竞争力就是产业竞争力问题，是指一国特定产业通过在国际市场上销售产品及提供服务所反映出来的竞争能力；王丽萍认为，产业国际竞争力是在全球经济一体化趋势的背景下，在产业发展的特定阶段，一国产业通过对各种可利用资源的不断整合和创新，在国际市场上相对他国竞争对手能够向客户提供更多、更快、更好的产品或服务，并能持续获得较高效益的一种综合能力。

国际竞争力测度有多种方法，常用的有国际占有率法（international market share，IMS）、显示性比较优势（revealed comparative advantage，RCA）指数、贸易竞争优势（trade competitiveness，TC）指数等，本书将采用 RCA 指数进行测度。所有数据均来自 UN Comtrade 的原始数据，或根据原始数据计算得到。

RCA 指数是美国经济学家 Bela 于 1965 年测算部分国际贸易比较优势时采用的一种方法，可以反映一个国家某一产业贸易的比较优势。RCA 指数通过该产业在该国出口中所占的份额与世界贸易中该产业占世界贸易总额的份额之比来表示，剔除了国家总量波动和世界总量波动的影响，可以较好地反映一个国家某一产业的出口与世界平均出口水平比较来看的相对优势。其计算公式为

$$RCA_i = \frac{E_j/E_t}{W_j/W_t} \tag{2-9}$$

其中，RCA 表示一国（地区）j 产品的显示性比较优势指数；E_j 表示一国（地区）对世界市场出口的 j 产品的出口额；E_t 表示一国（地区）对世界市场的总出口额；W_j 表示世界市场上 j 产品的总出口额；W_t 表示世界市场的所有产品的总出口额。

RCA 指数将不同国家与不同产品在国际市场上所占的份额考虑在内，侧重于考量一国的出口绩效。根据日本贸易振兴会（Japan external trade organization，JERTO）提出的标准，RCA 与产业国际竞争力间的关系如表 2.12 所示。

表 2.12　RCA 与产业国际竞争力的关系

RCA 情况	产业的国际竞争力情况
≥2.50	极强的国际竞争力
1.25～2.50	较强的国际竞争力
0.80～1.25	中等的国际竞争力
≤0.80	较弱的国际竞争力

本书选用 UN Comtrade 数据库中在 SITC 下的 2005～2016 年中国装备制造业和中国所有行业的出口额数据及世界装备制造业和世界所有行业的出口额数据，测算出中国装备制造业 2005～2016 年基于进出口额的 RCA 指数情况（表 2.13）。为了更直观地观察中国装备制造业的国际竞争力情况，本书根据表 2.13 制作了图 2.8。

表 2.13 中国装备制造业 2005～2016 年的 RCA 指数

年份	E_j/亿美元	E_t/亿美元	W_j/亿美元	W_t/亿美元	RCA
2005	352.23	761.95	3 800.22	9 980.68	1.2141
2006	456.34	968.94	4 354.17	11 662.31	1.2615
2007	577.82	1 220.06	4 905.63	13 317.15	1.2857
2008	674.07	1 430.69	5 283.22	15 440.27	1.3769
2009	591.13	1 201.65	4 091.03	12 013.53	1.4446
2010	781.07	1 577.76	4 987.41	14 617.43	1.4509
2011	902.60	1 898.39	5 647.77	17 382.33	1.4633
2012	965.29	2 048.78	5 651.29	17 098.20	1.4255
2013	1 039.53	2 209.01	5 844.84	17 637.27	1.4200
2014	1 071.81	2 342.29	6 259.50	18 484.49	1.3513
2015	1 060.77	2 273.47	5 886.46	16 111.22	1.2770
2016	985.55	2 097.64	5 366.76	13 925.12	1.2191

数据来源：UN Comtrade

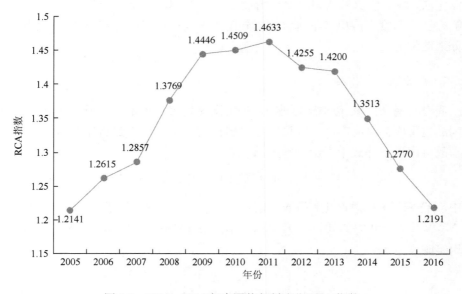

图 2.8 2005～2016 年中国装备制造业 RCA 指数

从图 2.8 中可以看出,中国装备制造业有一定的国际竞争力,尤其是在 2005～2011 年,中国装备制造业的国际竞争力呈现上升态势,但令人担忧的是,在 2011 年以后,中国装备制造业国际竞争力一直处于下降状态,尤其是 2016 年,RCA 指数仅为 1.2191,从较强的国际竞争力转为中等的国际竞争力。究其原因,世界装备制造业出口额占世界所有行业出口额的比重在增大的同时,中国装备制造业出口额占中国所有行业出口额的比重却在缩小。

2.3.2　全球价值链地位测度与分析

当前,经济全球化的重要特征之一是国际分工由传统的产业间分工转变为产业内分工,表现为跨国公司在全球范围布局产业链,从而形成全球价值链。我国实行改革开放以来,主动融入经济全球化的一个重要路径是嵌入全球价值链。尽管长期处于全球价值链的底端,但也确实分享了经济全球化的红利,工业化水平明显提高。2008 年金融危机以后,内外形势发生了显著变化,全球价值链面临结构性调整,国内经济发展进入新常态。我们传统的资源禀赋比较优势正在逐渐失去,取而代之的是在全球价值链竞争中所获得和发挥的新的比较优势。一国在全球价值链的地位与其新的比较优势密切相关,国内外学者也日益重视起全球价值链地位的测度。从现有的文献来看,国内外关于全球价值链分工背景下某个国家产业国际分工地位的测度,大致有四种方法,即传统出口贸易数据统计法、垂直专业化法、附加值贸易法和净贸易指数法。本书借鉴 Koopman 等对一国总出口的分解方法,测度中国出口中包含的国外附加值及中国参与全球价值链的程度和国际分工地位。

1. 测度模型和指标

假设有两个国家（r 国和 s 国）,每个国家均有 n 个部门,所有产品既可作为中间品也可作为最终产品,既可留在本国使用,也可出口到国外供其使用。

故可用以下等式来表示一国产出:

$$X_r = A_{rr}X_r + A_{rs}X_s + Y_{rr} + Y_{rs}, \quad r,s = 1,2$$

其中,X_r 表示 r 国总产出,为 $N \times 1$ 矩阵;A_{rs} 表示 s 国使用了的 r 国中间投入品,为 $N \times N$ 投入产出系数矩阵;Y_{rs} 表示 s 国对 r 国的最终需求,为 $N \times 1$ 矩阵。上式用矩阵表示为

$$\begin{bmatrix} X_1 \\ X_2 \end{bmatrix} = \begin{bmatrix} A_{11} & A_{12} \\ A_{21} & A_{22} \end{bmatrix} \begin{bmatrix} X_1 \\ X_2 \end{bmatrix} + \begin{bmatrix} Y_{11} + Y_{12} \\ Y_{21} + Y_{22} \end{bmatrix}$$

调整后为

$$\begin{bmatrix} X_1 \\ X_2 \end{bmatrix} = \begin{bmatrix} I - A_{11} & A_{12} \\ A_{21} & I - A_{22} \end{bmatrix}^{-1} \begin{bmatrix} Y_{11} + Y_{12} \\ Y_{21} + Y_{22} \end{bmatrix} = \begin{bmatrix} B_{11} & B_{12} \\ B_{21} & B_{22} \end{bmatrix} \begin{bmatrix} Y_1 \\ Y_2 \end{bmatrix}$$

其中，B_{sr} 为 $N \times N$ 里昂惕夫逆矩阵，它表示 r 国生产额外一单位产品所需增加的 s 国中间投入；Y_r 表示 r 国最终需求，为 $N \times 1$ 矩阵。上式可简写为

$$X = (I - A)^{-1}Y = BY$$

其中，X 和 Y 为 $2N \times 1$ 矩阵；A 和 B 为 $2N \times 2N$ 矩阵。定义直接附加值系数为

$$V_1 = u[I - A_{11} - A_{21}], \quad V_2 = u[I - A_{12} - A_{22}]$$

其中，V_r 为 $1 \times N$ 直接附加值系数矩阵；u 为 $1 \times N$ 矩阵，元素为 1。

从而直接附加值系数矩阵为

$$V = \begin{bmatrix} V_1 & 0 \\ 0 & V_2 \end{bmatrix}$$

其中，V 为 $2 \times 2N$ 矩阵。将附加值系数矩阵 V 与里昂惕夫逆矩阵 B 相乘，能够得到最终的附加值矩阵：

$$VB = \begin{bmatrix} V_1 B_{11} & V_1 B_{12} \\ V_2 B_{21} & V_2 B_{22} \end{bmatrix}$$

其中，VB 为 $2 \times 2N$ 矩阵。

令 E_{rs} 表示 r 国出口到 s 国的中间投入品和产成品，为 $N \times 1$ 矩阵，则 r 国的总出口为

$$E_r = \sum_{r \neq s} E_{rs} = \sum_s (A_{rs} X_s + Y_{rs}), \quad r, s = 1, 2$$

$$E = \begin{bmatrix} E_1 & 0 \\ 0 & E_2 \end{bmatrix}$$

$$\hat{E} = \begin{bmatrix} \text{diag}(E_1) & 0 \\ 0 & \text{diag}(E_2) \end{bmatrix}$$

其中，E 为 $2N \times 2$ 矩阵；$\hat{E}$ 为 $2N \times 2N$ 矩阵对角矩阵。故得到部门的出口附加值矩阵为

$$VB\hat{E} = \begin{bmatrix} V_1 B_{11} \hat{E}_1 & V_1 B_{12} \hat{E}_2 \\ V_2 B_{21} \hat{E}_1 & V_2 B_{22} \hat{E}_2 \end{bmatrix}$$

整体的出口附加值矩阵为

$$VBE = \begin{bmatrix} V_1 B_{11} E_1 & V_1 B_{12} E_2 \\ V_2 B_{21} E_1 & V_2 B_{22} E_2 \end{bmatrix}$$

其中，$VB\hat{E}$ 为 $2N \times 2$ 矩阵；VBE 为 2×2 矩阵。

推广到三国情形，设第三国为 t 国，则

$$VBE = \begin{bmatrix} V_1B_{11}E_1 & V_1B_{12}E_2 & V_1B_{13}E_3 \\ V_2B_{21}E_1 & V_2B_{22}E_2 & V_2B_{23}E_3 \\ V_3B_{31}E_1 & V_3B_{32}E_3 & V_3B_{33}E_3 \end{bmatrix}$$

其中，VBE 为 3×3 矩阵。

矩阵中，对角元素为 r 国出口中的国内附加值为

$$DV_r = V_rB_{rr}E_r$$

矩阵中，非对角线元素为 r 国出口中的国外附加值为

$$FV_r = \sum_{r \neq s} V_sB_{sr}E_r$$

矩阵各行非对角元素的加总表示 r 国出口给 s 国的中间品，经过 s 国加工后再出口给 t 国后实现的间接附加值：

$$IV_r = \sum_{s \neq r} V_rB_{rs}E_{st}$$

国内附加值和国外附加值的和等于总出口值，这一点在整体和部门层面上都成立：

$$E_r = DV_r + FV_r$$

Daudin 等将一国出口分解成五个部分：

$$E_r = DV_r + FV_r$$
$$= \underbrace{V_rB_{rr}\sum_{s \neq r}Y_{rs}}_{(1)} + \underbrace{V_rB_{rr}\sum_{s \neq r}A_{rs}X_{ss}}_{(2)} + \underbrace{V_rB_{rr}\sum_{s \neq r}\sum_{t \neq r,s}A_{rs}X_{st}}_{(3)} + \underbrace{V_rB_{rr}\sum_{s \neq r}A_{rs}X_{st}}_{(4)} + \underbrace{FV_r}_{(5)}$$

（1）表示被直接进口国（指 s 国，下同）吸收的、包含在最终产品和劳务出口中的本国（指 r 国，下同）国内增加值；（2）表示被直接进口国用来生产国内需求产品的、包含在中间产品出口中的本国国内增加值；（3）表示被直接进口国用来生产产品并出口给第三国（指 t 国）的、包含在中间产品出口中的本国国内增加值；（4）表示被直接进口国用来生产产品出口并返回本国的、包含在中间产品出口中的本国国内增加值；（5）表示出口中的国外增加值。（1）、（2）、（3）相加等于本国增加值的总出口，（1）、（2）、（3）、（4）相加等于本国出口中的国内成分，（4）和（5）的相加值是传统贸易统计中重复计算的部分。

由此可以构建出测度一国在全球价值链中地位的四大指标。

（1）价值链垂直分工度指数（国外附加值指数）。

本书利用 Hummels 等（2000）提出的用垂直专业化比率来衡量价值链分工参与程度，垂直专业化比率是利用投入产出（I-O）表计算出口中包含的进口中间品价值，分为绝对量（vertical specialization，VS）和相对量（vertical specialization share，VSS）。参考其计算公式，衡量一国某一行业价值链分工程度的 VSS_i 为

$$\mathrm{VSS}_i = \frac{\mathrm{VS}_i}{E_i}$$

$$\mathrm{VS}_i = \left(\frac{M_i}{X_i}\right) E_i$$

其中，i 表示行业；E_i 表示一国 i 行业的总出口额；VS_i 表示 i 行业出口产品中包含的进口中间品价值；M_i 表示 i 行业进口的中间产品价值；X_i 表示 i 行业国内总产出。前面的分析中，FV_i 表示国外附加值，表示一国 i 行业产品出口中包含的国外价值增值，故易知 $\mathrm{FV}_i = \mathrm{VS}_i$，可以得到

$$\mathrm{VSS}_i = \frac{\mathrm{VS}_i}{E_i} = \frac{\mathrm{FV}_i}{E_i}$$

所以某行业的垂直分工度等于其国外附加值率。

假设一国共有 n 个行业，令一国总出口 $\mathrm{EX} = \sum_{i=1}^{n} E_i$，则其总垂直分工度（国外附加值率）为

$$\mathrm{VSS} = \sum_{i=1}^{n} \mathrm{VS}_i \Big/ \sum_{i=1}^{n} E_i = \frac{1}{\mathrm{EX}} \sum_{i=1}^{n} \mathrm{VS}_i = \frac{1}{\mathrm{EX}} \sum_{i=1}^{n} \mathrm{FV}_i = \frac{1}{\mathrm{EX}} \sum_{i=1}^{n} \left(\frac{M_i}{X_i} E_i\right)$$

（2）出口附加值指数。

出口附加值，是指某一国家某一产业的间接附加值出口占总出口的比重，其中，间接附加值出口衡量的是被包含在一国生产的中间品出口中、并经一国加工后又出口给第三国的价值增值。出口附加值指数公式可以表示为

$$\mathrm{VSS}_i^{\mathrm{VA}} = \frac{\mathrm{IV}_i}{E_i}$$

其中，IV_i 表示某一国家某一产业的出口中包含的中间商品带来的间接附加值。

推广到一国整体情形，该国共 n 个产业，则总出口附加值指数为

$$\mathrm{VSS}^{\mathrm{VA}} = \sum_{i=1}^{n} \mathrm{IV}_i \Big/ \sum_{i=1}^{n} E_i = \frac{1}{\mathrm{EX}} \sum_{i=1}^{n} \mathrm{IV}_i$$

（3）GVC 参与率指数。

根据 Koopman 提出的 GVC 参与率指数，可以把一国 i 行业 GVC 参与率指数表示为

$$\mathrm{GVC\_Participation}_i = \frac{\mathrm{FV}_i}{E_i} + \frac{\mathrm{IV}_i}{E_i}$$

其中，$\dfrac{IV_i}{E_i}$ 是出口附加值指数，又称为 GVC 前向参与率指数，也有学者将其称为外向参与度，该指数越高则表明该国在该行业越处于全球价值链上游；$\dfrac{FV_i}{E_i}$ 是国外附加值指数，也是垂直分工度指数，它又称为 GVC 后向参与率指数，也有学者将其称为内向参与度，该指数越高则表明该国在该行业越处于全球价值链下游。整体 GVC 参与率指数值越大，该国该产业参与全球生产网络的程度越高。

故一国总的 GVC 参与率指数可以表示为

$$GVC\_Participation = VSS + VSS^{VA} = \frac{1}{EX}\left(\sum_{i=1}^{n} FV_i + \sum_{i=1}^{n} IV_i\right) \quad (2\text{-}10)$$

考虑到即使两国全球价值链参与程度相同，他们在全球价值链上所处的地位也会存在差异，Koopman 等进一步构建了反映一国国际分工地位的指标 $GVC\_Position_i$。

（4）GVC 地位指数。

GVC 地位指数通过对比一国某行业的出口附加值与国外附加值来考察一国在 GVC 中的国际分工地位。GVC 地位指数被定义为一国间接附加值出口与国外附加值出口的差距。如果一国总出口中的间接附加值出口比率高于国外附加值出口比率，意味着该国更多地为世界其他国家提供中间产品，说明该国处于上游环节，否则，处于下游环节。

i 行业的 GVC 地位指数表示如下：

$$\begin{aligned} GVC_{Position_i} &= \ln(1 + VSS_i^{VA}) - \ln(1 + VSS_i) \\ &= \ln\left(1 + \frac{IV_i}{X_i}\right) - \ln\left(1 + \frac{VS_i}{X_i}\right) \end{aligned} \quad (2\text{-}11)$$

由此可得，一国总的 GVC 地位指数为

$$GVC\_Position = \ln\left(1 + \frac{1}{EX}\sum_{i=1}^{n} IV_i\right) + \ln\left(1 + \frac{1}{EX}\sum_{i=1}^{n} VS_i\right) \quad (2\text{-}12)$$

2. GVC 参与率和 GVC 地位指数测算与分析

使用的相关数据来自 OECD-WTO[①]联合发布的附加值贸易（trade in value added，TiVA）数据库，选取 1995 年、2000 年、2005 年、2008 年、2009 年、2010 年、2011 年共 7 年的附加值贸易数据进行计算。

1）整体 GVC 参与率指数的测算与分析

现有的装备制造业全球价值链分工是以前向参与度率较高国家的技术密集型和资本密集型生产环节为主导，以后向参与度率较高的劳动密集型生产环节为附

① OECD 表示经济合作与发展组织。

属的体系。这样的全球价值链上的利益分配是非均衡的。前向参与度较高的国家往往能够通过较高的间接附加值形成对整条价值链分工的掌控，通过这种掌控，前向参与度较高国家可以在贸易中获取更多的贸易利益分配，而后向参与度较高国家与前向参与度较高国家进行价格交换时始终处于被动地位，交换价格向具有主导优势的国家倾斜，后向参与度较高的国家成为"贸易利益"分配中相对受损方。

从中国装备制造业 GVC 参与率的测度结果（图 2.9）来看，中国装备制造业整体的 GVC 参与率比较高且稳定，在 72%～80%的区间内浮动。这是因为前后向参与率在十几年内的发展趋势恰好相反，其增减幅度相互抵消，故 GVC 参与率变化很小。从图 2.9 中可以看出，前向参与率处于逐年递增的趋势，出口中所包含的国内中间品增加值所占比重在不断提高，2011 年的前向参与率几乎比 1995 年翻了一倍，说明中国装备制造业在价值链中的地位有所上升，开始摆脱处于价值链绝对下游的位置；后向参与率则呈现出整体下降的态势，虽然降幅较小，但是也体现出中国装备制造业出口中的国外附加值含量在逐渐减少。

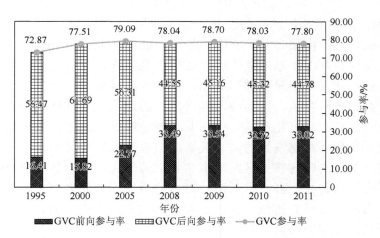

图 2.9　1995～2011 年中国装备制造业 GVC 参与率变化图

虽然上面的分析里看得到可喜的进步，但是中国和美国、日本等工业发达国家相比仍然有很大的差距（表 2.14）。

表 2.14　中国、日本、美国三国装备制造业 GVC 参与率变化

项目		1995 年	2000 年	2005 年	2008 年	2009 年	2010 年	2011 年
后向参与率	中国	0.5646	0.6169	0.5631	0.4455	0.4516	0.4532	0.4478
	日本	0.0692	0.0903	0.1314	0.1754	0.1309	0.1441	0.1625
	美国	0.1854	0.2026	0.2101	0.2420	0.1957	0.2175	0.2356

续表

项目		1995 年	2000 年	2005 年	2008 年	2009 年	2010 年	2011 年
前向参与率	中国	0.1641	0.1582	0.2277	0.3349	0.3354	0.3272	0.3301
	日本	0.4692	0.4544	0.4302	0.4228	0.4371	0.4073	0.4077
	美国	0.3772	0.3617	0.3487	0.3388	0.3488	0.3285	0.3194
GVC 参与率	中国	0.7287	0.7751	0.7909	0.7804	0.7870	0.7803	0.7780
	日本	0.5384	0.5447	0.5615	0.5982	0.5680	0.5514	0.5702
	美国	0.5626	0.5644	0.5587	0.5808	0.5445	0.5460	0.5550

美国抓住了两次工业革命及一次信息技术革命的契机，日本在明治维新之后后来居上，同为工业强国，两国装备制造业整体的后向参与率都很低，美国稳定在 20%左右，日本在 1995 年时只有 6.92%，近几年内有所上升，但始终处于 18%之下。中国装备制造业整体的后向参与率虽然在 2011 年已经降至 44.78%，但仍是美国的两倍、日本的三倍左右，可见中国装备制造业对进口中间品的依赖程度偏高，国外附加值在中国装备制造业总出口中占比不小。但后向参与率偏高并不意味着不好，张平研究发现，全球价值链参与程度与中国制造业的技术等级呈现梯形关系，技术程度越高，在价值链分工中的参与度也越高，他解释道，因为技术等级越高的产业，可拆解的价值链模型也越多，故垂直分工程度也越高。中国装备制造业属于中高技术等级制造业，尤其是近几年取得快速发展的高端装备制造业技术更是属于高技术等级制造业，其整体的后向参与率的区间数值和张平的研究结果也是相契合的。刘琳经过计算比较也得到了高技术制造业出口的国外附加值率上升最为显著的相似结论，由此也可以看出全球价值链对中高技术行业的"锁定效应"，这与王岚的研究结论相吻合。

从前向参与率方面看，中国对装备制造业的政策鼓励、资本投入和技术支持没有白费，1995 年，中国装备制造业前向参与率只有 16.41%，远低于美国和日本，但是到了 2008 年，中国装备制造业整体的前向参与率已经非常接近美国，至 2011 年，中国已完全赶超美国，且与日本的差距逐渐缩小，这要归功于中国装备制造业中间品出口附加值的增加。

中国后向参与率过高导致其整体 GVC 参与率也偏高,高出美国、日本约 20%,这固然体现出中国装备制造业在全球价值链中参与度高，积极踊跃。但由于后向参与率越高越表明处于价值链低端，前向参与率越高越表明处于价值链高端，结合中国、日本、美国三国在 GVC 整体及前、后向三个指标的表现不难发现：中国装备制造业整体上仍处于全球价值链下游，虽然有逐渐向中上游靠拢的趋势，但与美国、日本相比差距依然非常大；美国、日本装备制造业整体则稳居全球价值链的上游。

2）整体 GVC 地位指数的测算与分析

图 2.10 为中国装备制造业 GVC 地位指数变化图。从图中可以看出，1995～2011 年中国装备制造业整体在全球价值链中的地位呈现反"Z"形变化，令人惊讶的是，不同年份的 GVC 地位指数都呈现负值，这说明中国装备制造业进口了大量中间产品，进口中间品增加值大于国内生产的中间品增加值，整体上处于价值链下游位置。周升起等（2014）用同样的指标考察 1995～2009 年制造业整体 GVC 地位指数的变化，他所得指数均为正值。由此可以看出装备制造业的行业特殊性，较制造业其他行业来看，装备制造业技术等级较高，对国外中间品依赖程度更高。

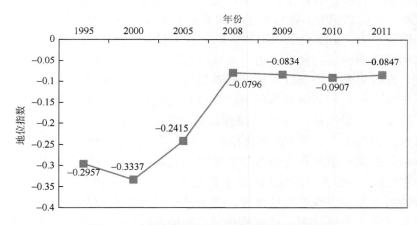

图 2.10　中国装备制造业 GVC 地位指数变化图

从变化趋势看，中国装备制造业的 GVC 地位指数在 1995～2000 年呈下降态势，但在 2000～2008 年迅速上升，2008 年之后比较平稳且逐渐逼近坐标轴。中国装备制造业在全球价值链上的分工地位与美国、日本相比差距非常大（表 2.15）。

表 2.15　中国、日本、美国三国装备制造业 GVC 地位指数

国家	1995 年	2000 年	2005 年	2008 年	2009 年	2010 年	2011 年
中国	−0.2957	−0.3337	−0.2415	−0.0796	−0.0834	−0.0907	−0.0847
日本	0.3178	0.2882	0.2344	0.1910	0.2396	0.2071	0.1913
美国	0.1499	0.1242	0.1084	0.0750	0.1205	0.0872	0.0656

2.4　本 章 小 结

本章从基本概况、产业竞争力、比较优势三个角度对中国发展制造业的发展现状进行了分析。

首先介绍了中国装备制造业的整体规模、细分行业规模和进出口贸易情况，并阐述了中国装备制造业的优势和问题。无论从企业个数、资产总值、销售产值还是贸易顺差来看，中国装备制造业整体都呈现出增长态势，但各细分行业之间发展速度不尽相同。中国装备制造业虽然具有规模大、国际市场份额高等优势，但主要处于全球价值链的中间加工装配环节，即价值链的下游位置，面临着被锁定在低附加值环节和被边缘化的风险。

接着基于波特钻石模型，从生产要素、需求条件、相关和支持产业、企业竞争战略、政府政策等方面分析了中国装备制造业产业竞争力的主要影响因素，并以基础竞争力、创新竞争力和持续竞争力为准则层，以生产要素、需求条件、市场结构、政府税收、研发实力、对新技术的消化吸收能力、嵌入全球价值链的程度、政府对研发的支持和能源消耗强度九个方面设计评价指标，在总结波特钻石模型和产业创新能力的影响因素以及反映持续竞争力的指标的基础上，构建了由 9 个一级指标，13 个二级指标构成的我国装备制造业产业竞争力评价指标体系。利用该产业竞争力评价指标体系，采用改进熵值法对各个指标赋权，对中国装备制造业的产业竞争力作出评价，发现单从自身情况来看，中国装备制造业在 2006～2015 年的竞争力呈上升态势。但对于产业竞争力的测度只是说明中国装备制造业自身的发展情况，在全球化日益加深的背景下，为了准确把握装备制造业的发展状况，还需要进一步对装备制造业的国际竞争力和全球价值链地位进行分析。

最后采用 RCA 指数测度了中国装备制造业的国际竞争力，借鉴 Koopman 等对一国总出口的分解方法，采用 GVC 参与率指数和 GVC 地位指数测度中国装备制造业参与全球价值链的程度和在全球价值链中的地位。国际竞争力的测度结果表明，在 2005～2011 年，中国装备制造业国际竞争力呈现稳步上升态势，但在 2011 年以后，中国装备制造业国际竞争力一直处于下降状态，尤其是 2016 年，RCA 指数仅为 1.2191，从多年所保持的较强国际竞争力转为中等国际竞争力；GVC 参与率指数测度结果表明，中国装备制造业参与全球价值链的程度较深且比较稳定，但整体上仍处于全球价值链下游，在全球价值链中处于从属地位，是利益分配的相对受损方，装备制造业强国如美国、日本则稳居全球价值链的上游；GVC 地位指数的测度结果也说明中国装备制造业在全球价值链中的地位非常低，中国装备制造业在全球价值链上的分工地位与美国、日本相比差距非常明显。

　　综合上述分析可知，虽然经过多年发展，中国装备制造业已经具备一定的基础，并成为名副其实的装备制造大国，但中国装备制造业的国际竞争力仍然有待提高。尤其值得注意的是，中国装备制造业深度参与了全球价值链，但却没有得到相应的分工地位，由此折射出中国装备制造业在全球价值链中存在的"低端锁定"现象，也说明了中国式装备制造业空心化风险的存在性。

　　那么，中国式装备制造业空心化风险是如何形成的？其程度如何？具有怎样的演化趋势？应当如何破解？在后续的章节中将对这些问题进行研究。

第3章　中国式装备制造业空心化的形成机理

3.1　形成机理的定性分析

3.1.1　产业空心化的形成及根源

产业空心化，亦称产业空洞化，最初由美国人布鲁斯和哈里逊提出。在他们合著的《美国的脱工业化》中，将产业空心化定义为"在一国的基础生产能力方面出现了广泛的资本撤退"。随后，学界关于产业空心化形成了广义和狭义两个方面的概念，从狭义来看，由于对外直接投资的增加，制造业向外转移，导致本地产业萎缩，形成产业空心化，如日本学者认为海外投资就是产业空心化的根源；从广义上来看，产业空心化是指由于第三产业比重的增加，第二产业比重相对降低而导致的非工业化现象，是产业演进的结果。目前已有的产业空心化研究对产业空心化的定义为"制造业为主的众多生产资源和资金从国内流向国外，导致一系列生产行业在国内发展出现滞后，对整体经济发展起到的作用力降低，从而造成在本土市场中物质生产行业与其他行业之间的发展不平衡"。

综合国内外学者的观点，产业空心化主要有三种不同的含义：一是指经济活动由跨国公司的母公司转移到国外子公司并由此导致母国经济活动减少的过程；二是将其与"逆工业化"等同起来，认为这是产业结构调整引起的长期发展趋势；三是认为产业空心化是一种外部性现象，跨国企业把生产基地转移到海外后，由于其自身利益与社会利益的矛盾，国内制造业生产下降、就业减少、产业衰退，进而对本国经济增长和发展产生不良影响（Hewings et al.，1998；Hsu and Liu，2004）。上述三种含义尽管存在区别，但都明确指出，产业空心化是与跨国公司及其对外投资行为密切相关的，主要是由对外直接投资的迅速发展转移本国产业导致的。

产业空心化问题最早出现在发达国家，这些国家在工业化后期出现了以制造业为中心的物质和资本大量迅速地转移到国外，使物质生产在国民经济中的地位明显下降，这一现象被称为产业空心化。在现实情况中，有许多发达国家或地区会出现这样的现象和趋势，即第三产业的比重超过了制造业的比重，成为国民经济中的重要产业。在目前的产业结构理论研究中，普遍认为当生产力进一步提高时，服务业将会超过农业和制造业，最终整体经济将出现以服务业为主体的产业结构。但这种变化趋势和最终结果可能会出现产业空心化的现象。

1. 英国产业空心化

19 世纪末 20 世纪初，英国成为最早出现产业空心化的国家。经过工业革命，到了 19 世纪中期，英国经济达到了历史最高水平，同时成为世界金融中心。在英国被称为"日不落"帝国之后，英国工业资本大量进行海外投资，同时长期以来对殖民地的经济掠夺，使其沉溺于享受殖民利益之中。在此之后，英国一些老工业部门中装备陈旧，但是新技术却未被充分利用，并且其资本大量投资海外，少有资金用于国内技术装备的改进，使得英国国内产业升级和技术进步缓慢。19 世纪末 20 世纪初，在殖民地国家解放之后，英国的殖民利益逐渐消失，其经济空心化弊端暴露出来，使其从"世界工厂"沦落为工业品进口国，失去了昔日的辉煌。

2. 美国产业空心化

20 世纪七八十年代，美国将制造业转移到拉美和东亚、东南亚地区，实现产业结构调整和升级。同时，美国金融服务领悟呈现出非理性的"繁荣"景象，直到 2007 年，次贷危机结束了这一表象的繁荣景象。作为在第二次世界大战之前已经完成工业化进程并开始进入后工业化阶段的传统工业化国家，美国在战后初期为绕过欧共体的关税壁垒而改变了以往向西欧直接出口机电、汽车等产品的做法，转而在欧洲进行了大规模的直接投资进行本土化生产。这在一定程度上对美国国内相关行业的生产和出口造成了负面影响，并引发了美国国内对产业空心化的担忧。但由于这一时期美国经济正处于繁荣时期，该问题并没有得到持续而广泛的关注。到了 20 世纪七八十年代，随着经济全球化的加速，在新兴工业化国家或地区的有力竞争下，美国产业空心化开始受到更多的关注。而随着 2008 年次贷危机引发的一系列国内经济问题并造成全球性的经济动荡，美国开始了对产业空心化的重新反思，并将其与金融危机的形成和爆发联系起来。战后美国的产业空心化进程实际上反映了战后美国产业结构的"脱实向虚"的深刻趋势。在这一过程中，制造业不断萎缩并被当成了美国的"夕阳产业"，本应服务于实体经济的虚拟经济却不断膨胀。战后美国传统的农业部门持续了工业化以来的下降趋势，产值和就业在国民经济中的比例均已很小；第二产业中除制造业份额出现下降以外，其他产业部门长期保持了相对较小的稳定比例；而在第三产业中的虚拟经济部门则随着"经济服务化"的热潮引发了快速的增长。

3. 日本产业空心化

20 世纪 80 年代中期，由于日元升值以及日本政府为了协调国际经济关系，日本制造业向海外转移，对外大量直接投资，直到其对外资本输出大大超过了国内设备投资增长，日本国内制造业走向了空心化。经过战后 20 多年的快速工业化和经济增长之后，日本第三产业的比重在 20 世纪 70 年代末已经超过 50%，日本由此开始进入了后工业化阶段。此后，日本通过海外直接投资和技术转移，不断把国内丧失竞争力的产业和生产环节移向海外，这在开启大规模海外直接投资和生产序幕的同时，也为日本产业空心化的出现埋下了隐患。随着日本经济的泡沫化程度日益提高，产业空心化成为困扰日本经济的主要问题之一。1992 年经济泡沫破裂之后，伴随着产业空心化的问题日益加重，日本经济进入了难以自拔的下降通道。对于产业空心化的出现和深化，日本学术界进行了多次比较集中的研究，并将其归为导致经济停滞和产业竞争力弱化的主要原因之一。日本的产业空心化进程在产业结构方面突出表现为以制造业为代表的第二产业在国民经济中的比重长期迅速下降，而第三产业的比重长期大幅上升，随之而来的是日本长期以来经济增长乏力的局面。特别是在"失去的二十年"中日本产业结构中第二产业比重下降的幅度高达 10%，而第三产业的发展并未有效弥补第二产业的下降，这种变化带来的是经济增长速度的长期低迷。从就业的产业分布看，随着制造业等第二产业比重的下降，日本第二产业就业的比例也从 1991 年的 33%下降到了 2011 年的 25%，并呈现出持续下降的趋势。但第二产业就业机会的流失并未在第三产业的发展中得到补偿，从而使整个国民经济出现了失业率长期上升的趋势。

在对发达国家产业空心化问题的研究中，国内外许多学者从不同的视角对这一问题进行了理论和实证分析，并出现了一些较为有代表性的解释。20 世纪 80 年代"产业转移空白说"认为，进入后工业化阶段以后，发达国家向发展中国家进行了大规模的产业转移，但这一过程中其新兴产业的发展不能及时弥补衰退产业移出造成的空白（杨秀云和袁晓燕，2012），并由此造成了发达国家的产业空心化。"产业结构演进说"的典型代表 Hewings 等（2011）运用投入产出法对芝加哥地区 1975~2011 年九大经济部门的变化进行研究后认为，该地区的经济结构进入了一种"空心化进程"，即越来越多地依赖地区外部的产品供给，其对制造业产出的依赖逐渐被服务业活动所代替。"产业组织关系说"则从微观视角出发，更加注重对产业空心化进程中企业间关系的分析，以 Cowling 和 Tomlinson（2004）为代表的研究认为，在高度层级化的产业组织结构中，大企业战略决策机制的高度集权化和对海外扩张的过度热衷导致了中小企业的经营困难，进而造成了产业空心化。

由此可见，以美国和日本为代表的发达国家的产业空心化主要是对外直接投资和吸收外来投资、转入之间的不平衡，以及新旧产业更替的断裂导致的。一方面制造业向外转移，另一方面外国对本国直接投资却没有相应增长，导致新产业无法发展。

3.1.2　中国式装备制造业空心化的内涵

中国的产业空心化和发达国家的产业空心化的表现形式和形成原因有所不同。由于中国的经济发展存在很大的地区差异性，沿海地区的经济发展水平相对较高，其产业发展水平也相对较高。因此，中国的产业转移集中在国内，特别是发达城市的产业向周边地区转移，并且多是制造业的转移，特别是深圳、广州等地区。在经历了许多年的发展之后，劳动力价格上升、土地价格上涨，当地的传统制造业、劳动密集型企业、简单加工制造业向中西部转移，甚至有些转移到东南亚地区，以寻求更高的利润。国内用"离制造业"来描述这种形式的产业转移。中国的对外投资规模和用途与发达国家有着很大的差别，因此，美国、日本等发达国家由于对外直接投资和吸收外来投资、转入之间的不平衡导致的产业空心化的解释无法适用于中国这个发展中国家的国情。中国的产业空心化主要是由投资的地区性转移和层次性转移造成的，使得国内制造业萎缩、大量要素流向第三产业，导致制造业领域出现空白，主要体现在以下几个方面：第一，资源要素向虚拟经济领域转移，使得以制造业为主的第二产业由于资本撤离无法发展，最后制造业萎缩，实体经济受创，出现空心化；第二，在以劳动密集型产业和简单加工业为代表的旧产业出现地区性转移之后，新产业却无法立即弥补缺口，新旧产业无法顺利衔接也是造成产业空心化的原因之一；第三，长期以来，中国企业由于没有核心能力，一直处于全球价值链的低端，产业结构一直存在问题。正如 20 世纪 80 年代，为了改变汽车大量进口的局面，政府开始引进 FDI，希望能够以让渡市场换取、学习先进技术，但是"市场换技术"政策并没有换回核心技术，反而造成了中国产业结构不合理，加剧了产业空心化趋势。结合中国产业空心化的形成原因，将产业空心化定义为：处于价值链低端的制造业出现地区性转移，并且资本向虚拟经济领域大量流动，使得原地区的新产业无法立即填补空白，出现产业断层。

可见，中国作为发展中国家，虽然近年来对外直接投资发展迅速，但仍然处于以引进外资为主的第三阶段，因而并不具备一般意义上产业空心化形成的先决条件，也无法照搬国际上通行的产业空心化理论，因此需要对中国式装备制造业空心化进行更深入的研究。

装备制造业是一个国家为国民经济发展和国防建设提供技术装备的基础性和战略性产业，是强国富民的根本，被喻为"工业之母"，其发展水平体现了一个国家的工业化水平和国际竞争力。在经济全球化以及由跨国公司主导国际分工格局的背景下，中国装备制造业通过吸收外来投资发展出口加工业的方式融入全球价值链。特别是改革开放以来，通过设备进口、消化、吸收、改进以及与跨国公司合资、合作过程中产生的技术溢出效应和学习效应，中国的装备制造业取得了很大的成绩，并且形成了门类齐全、拥有一定规模和技术水平的产业体系。但是，中国装备制造业虽然整体规模较大，却量大质弱，过多地追求数量和规模，结构欠合理、生产能力较低、竞争能力不强，与发达国家装备制造业之间存在较大差距。现在，必须努力摘掉"世界工厂"和"低端产品加工厂"的帽子，实现中国装备制造业在全球价值链中的升级。

全球价值链是指为实现商品或服务价值而连接生产、销售、回收处理等过程的全球性跨企业网络组织，涉及从原材料采集和运输、半成品和成品的生产与分销，直至最终消费和回收处理的整个过程，它包括所有参与者和生产销售等活动的组织及其价值、利润分配（UNIDO，2003）。在 Gereffi 提出的价值链模式中，将全球价值链划分为购买商驱动型和生产商驱动型。购买商驱动型主要分布在劳动密集型产业，如服装、鞋、家具和玩具等行业。在购买商驱动型模式中，起作用的全球购买者，如大型零售商，他们利用其营销网络和品牌优势对价值链上游的制造业企业进行纵向压榨。而生产商驱动型主要分布在资本和技术密集型行业，如电子、汽车、航空等。生产商驱动型模式起作用的是生产商，他们利用其技术优势，在价值链中向前控制了原材料和零部件供应商，向后利用其强大的品牌效应对分销商和代理商形成控制。

在全球价值链分工中，可以分为研发设计、生产制造和营销服务三个部分。其中生产制造是有形的物质生产，而研发设计和营销服务是无形的生产过程。这三个部分的附加值不同，研发设计和营销服务的附加值远远大于生产制造的附加值。因为研发和营销等领域通常是技术或者知识密集型的，有较高的进入壁垒，而生产领域的进入壁垒较低，发展中国家无法进入壁垒较高的领域，只能以劳动力和资源环境为代价，通过加工、组装、生产等环节融入全球价值链低端，在价值链中处于从属地位，获得较低收益。

2008 年金融危机以后，发达国家为避免产业结构空洞化，提出了"再工业化"战略，大力发展高端装备制造业，实现装备技术的不断突破和革新，实现装备制造技术的数字化、信息化、自动化和智能化；并将自身处于比较劣势的装备加工和组装环节转移出国内，在全球寻求战略要地。由于发达国家设备市场趋于饱和，中国设备市场潜在规模大而且增长迅速，跨国设备制造业就通过贸易、技术转移、并购、直接投资等多种方式向中国转移，中国装备制造业也借此机会融入了全球价值链。但现实情况是，发达国家利用其资本、技术及营销网络的优势，控制了进入壁垒比较高的设计、品牌、营销等高端环节，在价值链中处于主导地位，获得较高利益。以中国为代表的发展中国家则以劳动力和资源环境为代价，通过加工、组装、生产等环节嵌入全球价值链低端，在价值链中处于从属地位，获得较低收益。在融入全球价值链并且处于价值链低端之后，要实现价值链的升级存在种种困难。中国企业主要以低端模式参与俘获型全球价值链，弱化了中国产业发展的主动性，企业被纵向压榨，跨国公司实施战略隔绝机制以避免关键知识向生产网络外的企业扩散，本地企业很难利用成本优势获得产业升级，主要体现在：①垂直竞争格局决定了跨国装备制造企业的价值创造和分配的主动权，使得处于价值链低端的中国装备制造业只能获得很小的利润，中国在技术上没有竞争优势，限制了中国装备制造企业自主创新的资金流，并且约束其在价值链中高物耗、高污染、低效益的环节，难以持续性创新；②强化企业在技术上的驱动型和追随行关系，约束中国本土装备制造业的技术发展路径。跨国企业一方面进行大规模创新投入，保持和发展中国家企业之间的技术差距。另一方面，凭借其市场势力阻止发展中国家企业获得自主创新所需的能力，避免发展中国家企业与其共享核心能力。除此之外，公司通过其主导的全球生产网络，使得本土装备制造业与处在价值链同一环节的其他企业进行横向竞争，制约本土装备制造业自主创新能力和动力。

虽然也有学者认为融入全球价值链能够通过接受 FDI 带来的技术外溢效应（柯飞帆和宁宣熙，2006）、竞争效应和出口规模扩大效应（康志勇，2010）等提升中国装备制造业的创新能力，但是，由于开放条件下中国本土装备制造业面对的有效需求规模不断萎缩，同时国内对装备制造产品的需求层次较低，抑制了中国本土装备制造企业自主创新的积极性，企业创新能力较为低下（孙晓华和李传杰，2010）。此外，中国装备制造业较低的技术水平使其市场竞争能力弱而处于全球价值链的中低端位置，但跨国公司通过垂直竞争挤压本土装备制造业的利润空间，强化其技术上的跟随性，再通过全球生产网络加剧横向竞争，制约了本土装备制造企业自主创新的能力和动力（陈爱贞，2008）。

融入全球价值链可能会促进产业升级，实证研究发现，虽然进出口贸易快速增长，但中国装备制造业在全球价值链中的地位并没有得到相应的提升，因为发达国家的装备制造业通过投入技术和服务要素的高级化占据全球价值链高端位置，而中国装备制造业缺乏必要的核心竞争力，发展状况始终落后于发达国家，因此很难满足本土下游企业对先进装备技术的需求，难以支撑本土下游产业向全球价值链高端环节转移（陈爱贞和刘志彪，2011）。不少学者还对融入全球价值链所造成的中国装备制造业产业安全问题表示担忧，他们认为中国重大技术装备呈现出进口依赖严重、出口装备产品偏低端化的现状（段一群和李东，2008）；外资进入挤出内资企业市场份额甚至抑制部分内资装备制造企业发展（卜伟等，2011）；在对中国本土装备制造企业的并购过程中，跨国企业通过在技术、市场和资本三方面的控制，实现对高精端设备和关键设备去向的把控，避免关键知识的外流，使中国装备制造业面临较大的外大内空的危险（段一群，

2012）等现象，都说明了融入全球价值链使得中国装备制造业的产业安全性不断降低。更深一步的研究认为，中国装备制造业所面临的下游动态技术约束（陈爱贞等，2008）和市场空间障碍（巫强和刘志彪，2012）等可能进一步加大本土装备制造业与国外竞争对手之间的技术差距，严重阻碍本土装备制造业的技术升级，在这种情形下，本土装备制造业的市场份额将会进一步被压缩，引发装备制造业的规模空心化现象。由此可见，中国装备制造业正处于产业升级的关键时期，但长期处于全球价值链最低端位置，产业的抗风险能力很差。特别是国际金融危机后的贸易骤减和产能过剩，正日益将空心化的潜在风险转化为现实制约，限制了中国装备制造业的发展壮大。

因此中国装备制造业的大量装备设备，特别是关键设备依靠引进，导致中国装备制造业发展过程中出现了重引进、轻开发，缺乏发展核心技术的能力。我国的装备制造业在引进技术之后并没有真正吸收、消化并且创新。发展中国家引进外资最大的缺陷是技术吸收消化能力不强，消化吸收现今技术缺乏既科学又有计划的连续有效的组织工作。发展中国家不仅应该在引进外资时坚持引进先进技术，而且要积极消化吸收并且在此基础上创新。否则，无论引进多少外资也只能处于价值链的低端，无法实现产业升级。中国装备制造业处于全球价值链低端，过度依赖加工贸易和外资融入全球价值链，会催生发展中国家的产业链脆弱性，当外部环境变化，国内外需求急速下降、跨国公司全球价值链重新布局、撤资，可能会导致发展中国家特有的产业空心化问题。虽然中国装备制造业多方位融入了全球价值链，但却是以资源能源的大量消耗和廉价劳动力的压榨掠夺为代价，融入的是全球价值链的低端，处于低端锁定的尴尬地位。后金融危机时代，在全球经济形势发生重大变化的背景下，这种粗放融入模式的弊端不断显现，产业空心化正日益成为中国装备制造业最大的风险隐忧。

近年来中国装备制造业领域所出现的跨国公司大量撤资、国际竞争力下降、对外技术依存度趋高等现象，正说明中国出现了另类空心化，或中国式产业空心化。综合对已有文献的分析，本书对中国式装备制造业产业空心化的研究主要是基于国际分工理论和全球价值链理论，由于强势跨国企业对国际分工内容和地位的控制，中国始终处于价值链的低端，难以突破价值链上的低端锁定局面，进而产生一系列的风险和弊端。可以认为中国式装备制造业空心化是指，由于在装备制造业的国际分工中，中国负责附加值较低的组装加工环节，整体产业的利润率较低，在全球价值链上的地位不高，处于低端位置，整体产业附加值低，缺乏核心竞争力，依赖于发达国家的技术和管理，使得在国际竞争中处于被动地位，形成了在全球价值链上的低端锁定、整体装备制造业产业升级困难、产业风险增大、利润空间小的现象。产业空心化的内涵及表现形式如表 3.1 所示。

表 3.1　产业空心化的内涵及表现形式

	一般意义上产业空心化	中国式装备制造业空心化
定义	制造业为主的众多生产资源和资金从国内流向国外，导致一系列生产行业在国内发展出现滞后，对整体经济发展起到的作用力降低，从而造成在本土市场中物质生产行业与其他行业之间的发展不平衡	在装备制造业的国际分工中，中国负责附加值较低的组装加工环节，产业利润率较低，在全球价值链上的地位不高，处于低端位置，整体产业附加值低，缺乏核心竞争力
表现形式	在国民经济中，制造业为主的第二产业的比重优势逐渐失去，同时以服务业为主的第三产业比重逐步提高，超过了其他产业所占比重	中国装备制造业依赖于发达国家的技术和管理，在国际竞争中处于被动地位，形成了在全球价值链上的低端锁定、装备制造业产业升级困难、产业风险增大、利润空间小的现象
衡量标准	制造业占 GDP 的比重；对外直接投资额	全球价值链嵌入深度和产业价值的综合对比

　　结合前面所述，中国式装备制造业空心化的本质为产业链的脆弱性，可以被定义为：在融入全球价值链的过程中，利用廉价劳动力和牺牲资源环境以嵌入低端生产组装这一附加值最低的单一环节。单一的低附加值嵌入使得中国装备制造业产业链面临较大的内部结构性风险；同时，由于生产组装环节处于整个产业链最被动的环节，其主动性被大大减弱，受到外部环境变化的影响，同时面临较大的外部不稳定风险。这种内外风险性的增强促使中国装备制造业产业空心化的发生。

3.1.3　中国式装备制造业空心化产生的根源

　　近年来，各个国家由于金融危机所带来的冲击和影响，经济发展受到了不同程度的变化，同时各国政府和企业面对经济的变化也进行不同策略的调整。发达国家在经济动荡后纷纷进行经济结构的再次调整，对制造业等实体经济更加重视，"再工业化"的发展方向使发达国家制造业的增长速度尤为明显。发达国家掌握着全球价值链和国际分工的主导权，因此发达国家有效利用主导权，推动本国制造业中的高端装备制造业迅速进入全球价值链中附加值高的环节，同时将附加值低的生产环节转移到发展中国家。中国目前是国际分工和贸易的大国，是世界经济的重要组成部分，但是经济发展的同时资源受到大量的消耗，并以低廉的成本吸引国外项目的入驻，依然处于全球价值链的低端位置。随着全球经济的再次调整，中国装备制造业发展的不合理性逐渐凸显，而目前中国装备制造业正受到技术水平低、核心竞争力不强、受跨国企业控制等问题的限制，中国式装备制造业空心化的问题亟待解决。

　　中国式装备制造业空心化的形成机理主要是基于国际分工和全球价值链的大背景下产生的。跨国企业和本土企业为了争取更高利润的国际分工并占据全球价值链的顶端，从而不断博弈，选择各自策略，发展本国装备制造业。在博弈的过程中由于不同的主观和客观原因，弱势本土企业逐渐出现了一些生产因素空心化的现象，如核心技术的对外依存、市场份额的缩小、专业人才培育不到位和资金结构出现问题等，导致了本土企业与跨国企业利润差距的逐渐明显，随着产业发展的扩大，发达国家的利润领先更加显著。明显的利润差距反作用于产业发展，导致了弱势本土企业只能承担国际分工中技术含量低的装备制造业环节，并只能占据全球价值链的低端，并且由于发展空间被控制和低利润，中国装备制造业产业升级缓慢，从而影响了整体中国装备制造业产业安全，增加了产业风险，形成了中国式装备制造业空心化现象。

前面已经提到，中国式产业空心化的形成原因在于嵌入全球价值链低端。全球价值链是指为实现商品或服务价值而连接生产、销售、回收处理等过程的全球性跨企业网络组织，涉及从原材料采集和运输、半成品和成品的生产与分销，直至最终消费和回收处理的整个过程。它包括所有参与者和生产销售等活动的组织及其价值、利润分配（UNIDO，2003）。其理论基础可以追溯到 Porter（1985）的企业价值链理论和 Kogut（1985）的价值增值链思想。在此基础上，Gereffi 对经济全球化背景下的产业转移和分工实践给予了足够关注，并且进一步提出了全球价值链的概念，以揭示全球产业的动态性特征，考察价值的创造和分配机制。

随着经济全球化进程的推进，通过价值链全球性空间布局实现国际分工协作生产日益成为主流生产形式。但全球价值链的形成实际上是发达国家的跨国公司将自身失去竞争力的价值环节片段化并重组到发展中国家去，其本身专注于高附加值的战略价值环节的过程。从中国装备制造业融入全球价值链的典型模式来看，发达国家跨国公司通常通过外包和对外直接投资将自身失去竞争力的价值环节片段化并"主动"重组到中国，中国则主要通过代工和吸收 FDI 两种方式"被动"嵌入全球价值链。

正因如此，中国装备制造业显示出大而不强的特点。当前，国际装备制造业发展呈现出分工全球化、产业集群化、制造信息化和服务网络化等趋势，发达国家的装备制造业正加快向发展中国家转移，这正为中国进行产业转移、促进装备制造业发展提供了良好的契机，与此同时也降低了中国装备制造业的产业升级能力，产业发展受到很大阻碍。可以从两个方面理解。

1. 产业升级的驱动力

融入全球价值链的中国装备制造企业能否实现产业升级，取决于其所在的价值链治理模式及其在价值链中所处的位置，Humphrey 和 Schmitz（2002）从全球价值链的视角下提出了产业升级的四个阶段，即工艺升级、产品升级、职能升级和链条升级，且 Gereffi（1999a）、Lee 和 Chen（2000）的研究表明这四个阶段存有一定的规律性，遵循着工艺升级—产品升级—职能升级—链条升级的发展方式。其中，职能升级是中国装备制造业从价值链低端攀升到高端的分水岭，而在其参与俘获型的价值链治理模式中，高级供应商为了控制设备、产品零部件的数量和成本，以及达到设备差异化的需求，会通过产品生产工艺的指导、劳动要素的培训等方法来扶持中国本土装备制造企业的工艺升级和产品升级，而忽视中国本土装备制造企业的功能升级和链条升级，甚至进行压制。所以，作为中国的复杂产品行业，装备制造企业融入全球价值链没有获得对其产业升级的直接帮助，从而其产业升级的驱动力更主要的是来源于本土市场所能够获得的各种知识源。

　　在承接跨国企业大量外包订单的基础上，本土企业虽能获得一定的技术提升，但这些技术并非产品生产的核心技术，而且这些技术会在本土企业中进一步扩散。Pack 和 Saggi（2001）在研究国际外包中的技术溢出问题时发现，发展中国家的本土企业在获得发达国家跨国企业的非核心技术后，会在更多企业之间传递，从而导致更多的本土企业涌入产品代工环节，代工企业数量的增加，引起企业之间竞争的加剧，这样跨国企业便可以以更低的价格来进行外包，中国装备制造业亦存在这种情况。随着跨国企业及其高级供应商的技术外溢，中国本土装备制造企业的代工技术水平得到一定程度的提升，但随之而来的本土代工企业数量的增加，由于主要集中在价值链的低端，企业的可替代性较强，导致企业之间竞争激烈，代工生产的利润逐渐被压低。如图 3.1 所示，对价值链中不同分工地位的增值能力和竞争程度进行了展现，在生产制造环节由于对技术水平要求较低，企业的可替代性较强以及进入壁垒较低，导致市场竞争程度比较高，利润空间小，从而企业升级能力弱；而在高附加值的技术环节和营销环节，由于掌握着核心技术以及拥有品牌优势，竞争程度相对偏低，利润空间相对偏大。所以，处于代工生产环节的中国本土装备制造企业除了在满足跨国企业相应的技术要求而进行产业升级外，几乎没有任何驱使产业升级的动力。

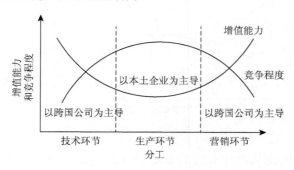

图 3.1　价值链各环节的增值能力和竞争程度

2. 产业升级制约

即使存在中国本土装备制造企业进行代工生产和品牌创建的抉择，也会考虑到代工企业数量庞大而导致的市场竞争的激烈，会出现自创品牌的风险大而预期收益率低的后果，从而放弃后者，甘愿进行产品代工，将自身锁定在价值链低端位置，一旦锁定企业的代工角色就会因为利润低而进一步丧失产业升级的动力。

进一步的研究认为，企业在进行产业升级时，需要相应的要素投入支撑和技术积累，以及治理价值链各环节的能力，尤其是在向自主品牌环节的演变过程中，需要大量的资本和技术人才的投入，而中国装备制造企业恰恰在这些方面处于薄弱点。在全球价值链的视角下，对于发展中国家和地区，由于在产品的研发设计和品牌营销环节处于比较劣势，其曲线两端的产品附加值低于中间的制造功能环节的附加值，从而呈现出与微笑曲线相对应的苦笑曲线（图3.2），该曲线可以解释大多数中国装备制造企业甘于处于生产制造环节而不向研发设计和品牌营销环节攀升的原因。然而中国装备制造企业要想实现产业升级，其前提必须是将所面临的苦笑曲线转变为微笑曲线，但在该转换过程中，需要中国装备制造企业长期的不懈努力和具有前瞻性的企业战略规划，以及具有国际竞争优势的整合资源能力，从目前的经济形式来看，只有在技术和资本上有一定积累的大型跨国企业才具备这些要求，中国多数装备制造企业则无法承担。所以面对这种发展现状的制约，在未来相当一段时间内中国装备制造企业在做好生产代工角色的同时，再进行技术研发和品牌创新是更为现实的选择。

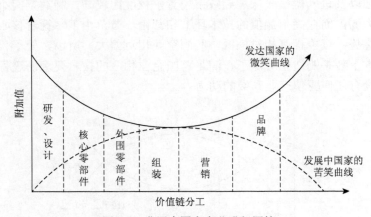

图 3.2　发展中国家产业升级困境

综上所述，无论从产业升级的驱动力方面还是产业升级受到的制约方面来看，中国装备制造企业在参与俘获型的价值链过程中，都将以"惯性"的方式嵌入价值链的低端，由于代工生产的利润空间较小，市场竞争激烈，中国装备制造业产业升级困难，即产业升级能力低下。这种分工模式可以用图 3.3 加以描述。

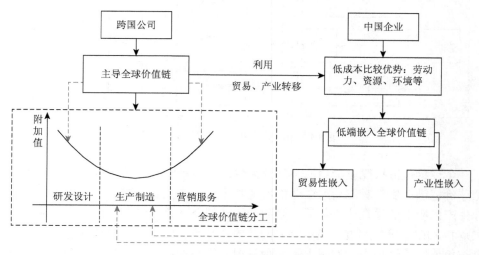

图 3.3 基于全球价值链的本土企业与跨国公司分工模式

在这样的分工模式中，发达国家和中国在全球价值链中的地位和获得的利益都是不对称的：发达国家利用其资本、技术及营销网络的优势，控制了进入壁垒较高的设计、品牌、营销等高端环节，在价值链中居于主导地位，在分工中获得较高利益；中国则主要以廉价劳动力和资源环境为代价，通过加工、组装、生产等环节嵌入全球价值链的低端，在价值链中处于从属地位，在分工中获得较低收益。这种全球价值链低端嵌入模式不仅造成中国装备制造业在全球价值链中的地位并没有得到相应提升（陈爱贞和刘志彪，2011），反而出现较大幅度的下滑（周升起等，2014）。值得注意的是，过度依赖加工贸易和外资融入全球价值链还会将自己锁定在低端分工水平上而抑制了技术发展（Hatani，2009；陈爱贞和钟国强，2014），往往影响到中国装备制造业的产业安全（刘强，2011；巫强和刘志彪，2012），会引发中国式产业空心化问题。

中国式产业空心化的形成机理如图 3.4 所示。

从图 3.4 中可以看出，中国式产业空心化形成的根本原因在于全球价值链分工模式，即跨国公司主导全球价值链、中国企业低端嵌入了全球价值链。在这种非不对称地位的分工模式中，发达国家处于战略地位，不仅获得更多的利益，而且从要素和需求两方面将中国装备制造业锁定在低端位置，要素方面的锁定又可以区分为投资锁定、技术锁定和人才锁定。

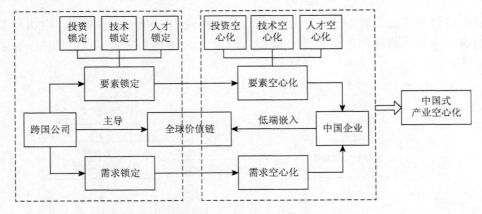

图 3.4　中国式产业空心化的形成机理

全球价值链按照驱动力的不同分为生产者驱动型全球价值链和采购者驱动型全球价值链：生产者驱动型全球价值链是由生产者投资来推动市场需求，形成全球生产供应链的垂直分工体系；采购者驱动型全球价值链则是由采购者通过全球采购和 OEM 等生产方式组织起来的跨国商品流通网络。中国装备制造业在嵌入全球价值链的过程中，实际上是两种类型交织在一起的，所反映出来的嵌入方式则主要表现为贸易性嵌入和产业性嵌入。

在这样的嵌入模式中，凭借自己在全球价值链中的主导地位，外资对关键资源进行投资锁定，控制着产业核心技术和人力资源，并将中国装备制造业产品面对的需求层次低端化，中国装备制造业便长期被锁定在低端位置，缺乏向价值链高端环节攀升的能力，存在空心化的潜在风险。在国际经济形势发生显著变化之时，这种潜在风险会被激发出发。2008 年金融危机以后，发达国家回归实体经济，提出了"再工业化战略"。利用其在全球价值链中的主导地位，发达国家一方面加大对本国装备制造业的支持力度，加快发展高精尖装备、关键核心部件、装备制造服务业等附加值高的产业链核心环节；另一方面则将加工组装环节向成本更低的发展中国家转移。随之而来的贸易骤减、产能过剩、跨国公司大规模撤资等问题，正日益将空心化的潜在风险转化为现实制约，限制了中国装备制造业的发展壮大。

3.2　形成机理的博弈分析

自 19 世纪后半期英国首次出现产业空心化以来，产业空心化问题得到广大学者越来越多的关注，其在经济一体化的潮流中不仅出现在欧美等发达国家，像中国这样的发展中国家也出现类似问题。一般意义上的产业空心化是由跨国公司对外直接投资的迅速发展而导致的，显见于美国、日本等发达国家，但对于中国这样的发展中国家，在全球经济发展的大环境背景下仍然处于以引进外资为主的第三阶段（Dunning，1981），相对于一般意义上的产业空心化有所不同（Hewings et al.，1998；Hsu and Liu，2004），其内涵、表现形式以及形成机理都具有特殊性。作为一国经济基础性产业的装备制造业，对其当中所出现的空心化问题展开研究，不仅有利于更好地促进产业转型，增强产业国际竞争力，对本国其他相关产业的发展也起到一定的横向带动作用。

　　当前国内学者对跨国公司进驻所引发的中国装备制造业发展问题的研究，大多集中在影响中国装备制造业自主创新的因素上，并且从不同的视角探析了引发中国装备制造业产业竞争力低下的原因和对策，主要分成以下三类。

　　（1）从市场需求和市场竞争角度分析。例如，陈爱贞（2008）认为中国装备制造业较低的技术水平使其市场竞争力弱而处于全球价值链的中低端位置，但跨国公司通过垂直竞争挤压中国本土装备制造业的利润空间，强化其技术上的跟随性，再通过全球生产网络加剧横向竞争，制约了中国本土装备制造企业的自主创新能力和动力。孙晓华和李传杰（2010）认为由于开放条件下中国本土装备制造业面对的有效需求规模不断萎缩，同时其产品面对的需求层次低端化，造成了中国本土装备制造业缺乏创新能力。

　　（2）从产业集聚的角度分析。例如，张威（2002）通过定量分析揭示了中国装备制造业产业集聚的发展现状，以及集聚的三个影响因素，区位优势和社会经济发展水平是中国装备制造业发展的基础，吸引和利用外资是强大动力，资本结构多元化是活性因子。孟祺（2010）通过对中国装备制造业各行业全要素生产率指数以及产业集聚指数的测度和分析，得出产业集聚指数与全要素生产率指数变动趋势相同，并且通过实证分析得出产业集聚通过技术进步与效率改善显著影响全要素生产率。

　　（3）从产业链和价值链角度分析。例如，段一群和李东（2008）认为中国重大技术装备进口依赖严重，出口装备低端化造成了中国装备制造业存在着严重的产业安全问题。陈爱贞和刘志彪（2011）认为由于发达国家的装备制造业通过投入技术和服务要素的高级化占据着全球价值链的高端，而中国装备制造业落后于发达国家，无法向中国本土上下游企业提供国际先进的技术设备，难以支撑本土上下游企业向价值链高端攀升，存在产业升级的严重障碍。

　　综合以上分析不难发现，其中对跨国装备制造企业的进驻所产生的竞争效应，中国本土装备制造企业的市场反应以及战略调整的研究不足，没有充分地去分析跨国装备制造企业与中国本土装备制造企业之间的市场竞争关系。由于在技术水平等方面上的差距，以及近年来中国市场的不断对外开放，许多跨国装备制造企业凭借技术上的优势通过并购等方式进入中国装备制造业市场，对中国本土装备制造企业进行技术控制和产权控制，削弱了中国本土装备制造企业的自主创新能力（胡静寅等，2011），并且通过引入差异化的产品降低产品价格，导致中国本土装备制造企业产品成本增加，从而挤占了中国本土装备制造企业的市场份额，所以跨国装备制造企业既是利益的追随者又是市场的外来入侵者。对于中国本土装备制造企业，在依托国内市场需求获得生产利润时，国内市场份额减小，其利润也会随之下降。所以在跨国装备制造企业与中国本土装备制造企业之间存在一种冲突关系，双方既相互联系，同时处在一个相同的产品市场当中，面对的是相同的要素市场；双方又相互制约，它们所追求的目标具有对立性，都想在同一个产品市场中获得最大的利润。这种既联系又制约、既对立又统一的特点形成了各式各样的冲突表现形式。

本书采用定量分析法以及改进的 Stackelberg 博弈模型，将处于强势地位的跨国企业和处于弱势地位的中国本土企业放在一个相互作用的系统中，先从三个不同的产业层面上对跨国企业和中国本土企业的产品市场占有率进行测度和比较，得出跨国企业与中国本土企业在市场占有率上的一般结论；然后结合装备制造业的行业特性从产品内部生产工序层面上对两企业在全球价值链中的地位差距展开讨论，进而分析中国本土装备制造企业在全球价值链低端下的发展模式所带来的产业空心化问题。

3.2.1　研究假设和模型构建

中国式装备制造业空心化主要是由于中国与发达国家的不同策略选择，各自在全球价值链上地位不同，因此为了了解中国式装备制造业空心化的形成机理，需要建立博弈模型来分析，而在博弈方法中，本书采取 Stackelberg 模型进行分析。

Stackelberg 模型是基于传统博弈理论的进一步变化的理论模型，主要以企业之间的策略变化从而导致的产量变化为研究对象。Stackelberg 模型是以一个先导企业和一个后进企业为主体，先导企业制定自身的发展策略，后进企业根据前者的策略制定自身的发展策略。二者之间相互影响。Stackelberg 模型主要分析产量策略制定后的策略变化，边际成本为固定值。而中国式装备制造业空心化形成的过程涉及多种成本要素，因此把成本假设为可变成本，从而分析二者的市场变化和利润变化。

由于模型存在一定现实因素的限制，首先提出以下假设。

假设 1：由于现实中参与对象过多，为了使模型更为有效，研究对象为一个强势的跨国企业和一个弱势的本土企业。

假设 2：在博弈的过程中，参与双方的所有策略制定都是为了追求本企业利润的最大化，因此二者将不会被其他因素所左右，保证自身立场。并且除了博弈中列出的所出现的情况，其他可能存在的风险不被考虑。

假设 3：企业对自身的技术研发水平越重视，技术投入（资金和人力等）越高，则企业的综合能力就越强，企业通过生产和销售所获得的利润也越高，其他企业利润的影响因素本模型不进行进一步研究。

跨国企业和本土企业分别被记为企业 1 和企业 2，它们在模型中主要是对产量变化进行决策。企业 1 作为强势的跨国企业，它将优先进行自身产量变化的决策，企业 1 产量 $q_1 \geq 0$，企业 2 作为弱势地位的本土企业，其的行为策略是落后于企业 1 的，当企业 1 作出产量决策 q_1 后，企业 2 便进行自己的产量决策 $q_2 \geq 0$；根据 Stackelberg 模型，建立逆需求函数模型，即 $P(Q) = a - bq_1 - bq_2$，其中 a 为常数，且大于 0，本模型对传统模型作进一步更改，认为边际成本可变，企业 1 和企业 2 的成本分别记为 C_1 和 C_2。

根据假设和条件，企业 1 和企业 2 的支付（利润）函数可表示为

$$\pi_i(q_1, q_2) = q_i(P(Q) - C_i), \quad i = 1, 2$$

在现实情况中，由于跨国企业已经积累了大量的生产与研发经验，其核心技术能力远远强于发展中国家的本土企业，因此跨国企业对发展中国家实际上掌握着较强的技术合作决定权，跨国企业将根据自己国家的情况和市场的发展水平来决定对发展中国家的技术出口策略。然而大多数跨国企业总是对高精尖技术采取保护策略，发展中国家的本土企业如果想获得技术，只能在市场上进行让步，让跨国企业进入本国市场，来进行一定程度的技术合作。

企业 1 的总生产成本为 $C_1 = c_1 q_1$，企业 2 的总生产成本为 $C_2 = c_2 q_2$，用逆向归纳法求解 Stackelberg 博弈均衡，两厂商的产量用各自的生产成本分别表示为

$$q_1 = \frac{a + c_2 - 2c_1}{2b}, \quad q_2 = \frac{a + 2c_1 - 3c_2}{4b}$$

市场价格、企业 1 利润和企业 2 利润的均衡解用各自的生产成本分别表示为

$$P = \frac{a + 2c_1 + c_2}{4}, \quad \pi_1 = \frac{(a + c_2 - 2c_1)^2}{8b}, \quad \pi_2 = \frac{(a + 2c_1 - 3c_2)^2}{16b}$$

由于企业 1 和企业 2 的均衡产量必大于 0，可得 $a + c_2 - 2c_1 > 0$ 和 $a + 2c_1 - 3c_2 > 0$。进一步地，可以得出 $a > c_1, a > c_2$，其中 c_1 和 c_2 为单位生产成本。

3.2.2　博弈方市场份额及利润分析

对于处于一个系统的跨国企业和本土企业，存在着二者在市场上获得利润的

变化，这也意味着各自在市场上的地位与分工。从目前普遍的国际分工现状可以看出，发展中国家的本土企业承担着同一产品利润较低的环节，而利润率高的环节被强势跨国企业牢牢把握。因此本书探讨的假设环境是强势跨国企业对弱势本土企业进行完全技术壁垒，即顶尖核心研发环节不共享。

传统的 Stackelberg 博弈模型假设行业中存在两个地位不平等的且生产相同产品的企业，两个企业面临着一个共同的产品市场，它们在完全信息的条件下通过对各自产品产量的决策来决定自己的市场份额和利润。产品市场的逆需求函数式为 $p(Q) = a - bQ = a - b(q_1 + q_2)(a, b > 0)$，$p$ 表示两企业共同面临的产品市场价格，q_1 表示企业 1 的产品数量决策，q_2 表示企业 2 的产品数量决策。两企业产量决策存在先动、后动之分，企业 1 首先决定自己的产量，企业 2 在企业 1 产量决策的基础上再决定自身产量，且两企业产品的边际成本固定不变。

虽然传统 Stackelberg 博弈模型的边际成本固定不变假设为经济分析提供了方便，但从本书研究内容上看，忽略了跨国企业与中国本土企业在技术水平以及生产要素成本上的差距而造成的边际成本可变且存在差异性等内容；此外，装备制造业作为复杂产品的行业，决定了那些具有较高技术水平的企业处于领导地位（Giuliani et al.，2005）。因此，本书在该模型原有其他假设的基础上以跨国企业为企业 1，中国本土企业为企业 2，并且对两企业的边际成本假设进行修改。假设影响跨国企业与中国本土企业产品单位成本的主要因素有如下两个方面。

第一，技术方面，拥有先进的技术水平能够改善产品生产工艺技术、优化资源利用和提高劳动生产率，从而达到降低产品生产成本的目的。所以本书认为拥有先进技术的跨国企业能够有效地降低其产品的单位生产成本，而在技术水平上存在着比较劣势的中国本土企业其产品的单位成本也就相对较高，即技术水平的高低与产品单位成本的大小呈负相关关系，设相关变量系数为 $\alpha(1 > \alpha > 0)$。

第二，生产要素方面，是指进行社会生产经营活动时所需要的各种社会资源，一般包括直接材料、直接人工和制造费用。直接材料包括产品生产时所耗用的原料、能源、材料以及半成品等；直接人工包括直接从事产品生产的员工工资和福利；制造费用包括企业的生产单位为组织和管理生产所发生的各项间接费用（人员的工资、厂房和机械设备的维修费及折旧费等）。跨国企业和中国本土企业在生产要素禀赋上的不同，从而决定了两企业产品单位成本的不同，拥有比较优势的中国本土企业能够有效降低产品的生产成本，而存在比较劣势的跨国企业的产品单位成本就相对较高，即生产要素成本与产品单位成本呈正相关关系，设相关变量系数为 $\beta(1 > \beta > 0)$。

在上述模型假设的基础上，引入不变的产品单位成本 $c(a > c > 0)$，对跨国企业而言，在技术上处于比较优势，在要素成本上处于比较劣势；对中国本土企业而言，在技术上处于比较劣势，在要素成本上处于比较优势。所以，设跨国企业产品的单位成本为 $C_1 = (1 - \alpha + \beta)c$，中国本土企业产品的单位成本为 $C_2 = (1 - \beta + \alpha)c$。

因此，两企业的支付函数为

$$\Pi_1 = q_1(p(Q) - C_1) = q_1[a - b(q_1 + q_2) - (1 + \beta - \alpha)c] \tag{3-1}$$

$$\Pi_2 = q_2(p(Q) - C_2) = q_2[a - b(q_1 + q_2) - (1 + \alpha - \beta)c] \tag{3-2}$$

区别于传统的 Stackelberg 博弈模型，本书主要将两企业产品的边际成本假设为可变，且随着两个相关变量系数 α、β 数值的相对变化而变化。变量 α 决定于技术水平对产品单位生产成本的影响程度，变量 β 决定于生产要素成本对产品单位成本的影响程度，当从不同的产业层面上研究时，α、β 的大小也就会发生变化。

1. 博弈方市场份额变化趋势

由上述假设条件可知，该模型为一个完全且完美信息动态博弈模型，因此，本书采用逆推归纳法来求解其子博弈完美纳什均衡解。逆推归纳法的基本思想：从动态博弈的最后一个阶段开始分析，每一次确定出分析阶段博弈方的选择，然后再确定前一个阶段的博弈方选择。由于逆推归纳法确定的各个博弈方在各阶段的选择，都是建立在后续阶段各个博弈方理性选择的基础上，自然就排除了博弈过程中不可信的威胁或承诺的可能性，且得出的结论比较可靠，确定的各个博弈方的策略组合是具有稳定性的。

结合本书研究的内容，首先，在第二阶段企业 2（中国本土企业）决策时企业 1（跨国企业）的产量决策 $q_1(q_1 \geq 0)$ 其实已经确定，并且企业 2 知道企业 1 的产量决策，所以对企业 2 来说是在企业 1 产量决策 q_1 给定的基础上使自身利益最大化的产量 $q_2(q_2 \geq 0)$ 的决策。即

$$\begin{aligned} \max \Pi_2 &= \max q_2(p(Q) - C_2) = \max q_2[a - b(q_1 + q_2) - (1 + \alpha - \beta)c] \\ &= \max q_2(a - bq_1 - bq_2 - c - \alpha c + \beta c) \end{aligned} \tag{3-3}$$

对式（3-3）进行一阶最优化得

$$\frac{\partial \Pi_2}{\partial q_2} = a - bq_1 - 2bq_2 - c - \alpha c + \beta c = 0$$
$$\Rightarrow q_2 = \frac{1}{2b}(a - bq_1 - c - \alpha c + \beta c) \tag{3-4}$$

其中，q_2 即为企业 2 在企业 1 选择 q_1 基础上的实际产量选择。由于信息是完全的，企业 1 在选择 q_1 产量时必将预测到企业 2 将根据 q_2 来生产。因此企业 1 在第一阶段将从自身利益最大化的角度来选择 q_1。即

$$\begin{aligned} \max \Pi_1 &= \max q_1(p(Q) - C_1) = \max q_1[a - b(q_1 + q_2) - (1 + \beta - \alpha)c] \\ &= \max q_1(a - bq_1 - bq_2 - c - \beta c + \alpha c) \end{aligned} \tag{3-5}$$

将式（3-4）代入式（3-5）并进行一阶最优化得

$$\frac{\partial \Pi_1}{\partial q_1} = \frac{a}{2} - bq_1 - \frac{c}{2} + \frac{3}{2}ac - \frac{3}{2}\beta c = 0$$

$$\Rightarrow q_1 = \frac{a-c}{2b} + \frac{3c(\alpha - \beta)}{2b}$$

(3-6)

将式（3-6）代入式（3-4）得

$$q_2 = \frac{1}{2b}(a - bq_1 - c - \alpha c + \beta c)$$

$$= \frac{1}{2b}\left\{a - b\left[\frac{a-c}{2b} + \frac{3c(\alpha - \beta)}{2b}\right] - c - \alpha c + \beta c\right\}$$

(3-7)

$$= \frac{1}{2b}\left(\frac{a}{2} - \frac{c}{2} - \frac{5}{2}\alpha c + \frac{5}{2}\beta c\right) = \frac{a-c}{4b} - \frac{5c(\alpha - \beta)}{4b}$$

因此，该完全且完美信息动态博弈模型的子博弈完美纳什均衡解为

$$(q_1^*, q_2^*) = (q_1, q_2) = \left[\frac{a-c}{2b} + \frac{3c(\alpha - \beta)}{2b}, \frac{a-c}{4b} - \frac{5c(\alpha - \beta)}{4b}\right]$$

在上述均衡解中存在四个常数 a、b、α 和 β，a 和 b 是非零不变常数，α 和 β 是非零可变常数，在不同的产业层面上，由于 α 和 β 的相对大小发生改变，两企业的均衡产量也将发生改变。通过对跨国企业与中国本土企业在不同产业层面上的均衡产量研究说明两企业市场占有率的变化情况。

对于高端装备制造业，市场上的需求主要是需要高精尖的产品，因此对于产品的生产商或供应商的技术水平和研发能力有较高的要求，而对生产资源等要素的需求较不明显。技术的改进和革新能够大大降低产品的单位成本，而生产要素成本对产品单位成本的影响度较低，即 $1 > \alpha > \beta > 0$。因此，企业 1 和企业 2 在高端装备制造业的市场上，两企业的 Stackelberg 博弈模型均衡解形式不变，如下式所示：

$$\begin{cases} q_1 = \frac{a-c}{2b} + \frac{3c(\alpha - \beta)}{2b} \\ q_2 = \frac{a-c}{4b} - \frac{5c(\alpha - \beta)}{4b} \end{cases}$$

当 α 和 β 存在关系式 $1 > \alpha > \beta > 0$，即 $1 > \alpha - \beta > 0$ 时，得出

$$q_1 = \frac{a-c}{2b} + \frac{3c(\alpha - \beta)}{2b} > \frac{a-c}{2b}$$

$$q_2 = \frac{a-c}{4b} - \frac{5c(\alpha - \beta)}{4b} < \frac{a-c}{4b} = \frac{1}{2}\left(\frac{a-c}{2b}\right)$$

$$\Rightarrow q_2 < \frac{1}{2}\left(\frac{a-c}{2b}\right) < \frac{1}{2}q_1$$

根据模型求解可知，如果企业 1（跨国企业）和企业 2（本土企业）均在高端

装备制造业的市场上，企业 1 将在市场占有率上处于明显的领先地位，而企业 2 的市场占有率则较少，市场被企业 1 所主导。当装备制造业对技术的要求更高时，将会造成 q_1 和 q_2 的差距变大，跨国企业市场份额逐渐变大，中国本土企业的市场份额逐渐变小。

对于低端装备制造业，企业间存在 $1 > \beta > \alpha > 0$，即 $1 > \beta - \alpha > 0$ 时，得出

$$q_2 > \frac{1}{2}\left(\frac{a-c}{2b}\right) > \frac{1}{2}q_1$$

同理可知，如果企业 1（跨国企业）和企业 2（本土企业）均在低端装备制造业的市场上，企业 2 将在市场占有率上处于明显的领先地位，而企业 2 的市场占有率则较少，市场被企业 2 所主导。当装备制造业对生产资源等要素的要求更高时，将会造成 q_1 和 q_2 的差距变大，本土企业市场份额逐渐变大，跨国企业的市场份额逐渐变小。

2. 博弈方利润变化趋势

对于产量所带来的利润变化，需要对其进行分析，本书认为强势跨国企业的利润高于弱势本土企业，因此将主要研究 $\Delta\pi_1 = \frac{(a+c_2-2c_1)^2}{8b} - \frac{(a+2c_1-3c_2)^2}{16b}$，这表示为强势跨国企业和弱势本土企业的利润差值。经计算：

$$\Delta\pi_1 = \frac{(a+c_2-2c_1)^2}{8b} - \frac{(a+2c_2-3c_1)^2}{16b}$$
$$= \frac{1}{16b}\left\{c_1^2 - (3a-c_2)c_1 - \frac{1}{4}\left[(a-3c_2)^2 - 2(a+c_2)^2\right]\right\}$$

通过结论变形可得

$$\Delta\pi_1 = \frac{1}{16b}(c_1-a)(c_1-2a+c_2)$$

并令

$$\Delta\pi_1 = \frac{1}{16b}(c_1-a)(c_1-2a+c_2) = 0$$

可得两截距分别为

$$c_1 = 2a - c_2, \quad c_1 = a$$

$\Delta\pi$ 对 c_2 求导，求得函数顶点坐标为 $c_1 = \frac{1}{2}(3a - c_2)$。利润变化图如图 3.5 所示。

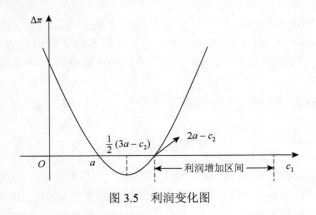

图 3.5　利润变化图

由图 3.5 可以看出跨国企业和本土企业间的利润变化。随着 c_1 变化，$\Delta\pi$ 呈开口向上的二次函数曲线。在（0, a）范围内，$\Delta\pi$ 呈下降趋势。而当 $c_1 = \frac{1}{2}(3a - c_2)$ 时，本土企业的利润反超跨国企业，拉开二者差距。当 $c_1 > 2a - c_2$ 时，$\Delta\pi$ 不断增加。根据图 3.5 可以发现，跨国企业在多数情况下是处于利润高于本土企业的，但是也存在利润低于本土企业的情况，但只存在一定区间，且差距并不大，随着跨国企业在技术投入上不断增加，跨国企业与本土企业的差距将会越来越大。

而对于本土企业，可以看出在（$a, 2a - c_2$）区间内存在一定的利润空间，但该利润段可获利时间段较短，且利润空间不大，结合实际情况可以认为是跨国企业的技术上升爬坡期的同时本土企业大量用市场换取技术，从而导致在（$a, 2a - c_2$）区间内的暂时利润，其中当 $c_1 = \frac{1}{2}(3a - c_2)$ 时，$|\Delta\pi_1| = \left| -\frac{1}{4b}(c_2 - a)(a - c_2) \right| = \frac{1}{4b}(a - c_2)^2$，可以看出本土企业的 c_2 越小，$\Delta\pi$ 越大，这也符合中国装备制造业市场换技术的现状，中国以让渡大量市场来试图获得外资企业的先进技术，然而从目前情况来看，中国装备制造业并没有从外资企业中获得核心技术，尤其是市场换技术的重要行业。

3. 博弈方应对策略及后果

根据以上的模型分析，基于中国装备制造业的发展现状，本书针对企业 1（跨国企业）和企业 2（本土企业）进行产业发展决策的博弈分析。跨国企业和本土企业同时进行国际分工，但二者地位不尽相同，跨国企业普遍掌握着核心技术且进行不同程度的封锁，并将一些劳动密集型环节转移到中国等弱势企业集聚的发展中国家。因此在博弈模型中，企业 1（跨国企业）的策略为 "对企业 2 树立壁垒" 和 "与企业 2 合作"；企业 2（本土企业）的策略为 "积极进行研发" 和 "消极进行 R&D"。

　　令 π_1、π_2 分别为企业 1 和企业 2 在现实状态即企业 1 树立壁垒和企业 2 研发效率低下时的平均收益，且 $\pi_1 > \pi_2 > 0$；c 为在积极研发的同时消极应对下获取信息的成本；π 是一方积极研发后进入中国市场所增加的收益，且 $\pi > c > 0$；π^* 为合作后造成的企业 1 专利性收益损失；$\Delta\pi$ 为双方合作后所增加收益；∂ 为双方合作下收益分配系数，且 $0 < \partial < 1$。因此可得企业 1 和企业 2 的策略收益矩阵如表 3.2 所示。

表 3.2　企业 1 和企业 2 的策略收益矩阵

企业 2	企业 1	
	开展一定程度合作	树立合作壁垒
积极研发	$\pi_1 + \partial\Delta\pi - \pi^*, \pi_2 + (1-\partial)\Delta\pi$	$\pi_1, \pi_2 + \pi - c$
消极研发	$\pi_1 + \pi + c, \pi_2 - c$	π_1, π_2

　　根据收益矩阵可以看出，若本土企业（企业 2）希望可以超过跨国企业的收益，必须满足 $\pi_1 + \partial\Delta\pi - \pi^* < \pi_2 + (1-\partial)\Delta\pi$、$\pi_1 < \pi_2 + \pi - c$、$\pi_1 + \pi + c < \pi_2 - c$、$\pi_1 < \pi_2$。

　　根据假设条件可知 $\pi_1 + \pi + c < \pi_2 - c$ 和 $\pi_1 < \pi_2$ 不成立，因此可以看出企业 2 在研发策略下，研发效率低下，收益无法超越企业 1 收益，并且若跨国企业进行一定程度的国际合作，π 将不断增加，与本土企业的收益差距将逐渐扩大，企业 1 的空心化将继续加剧。

　　要使 $\pi_1 + \partial\Delta\pi - \pi^* < \pi_2 + (1-\partial)\Delta\pi$，必须 $\pi_1 - \pi_2 + (2\partial - 1)\Delta\pi - \pi^* < 0$，然而跨国企业与本土企业现有的收益差巨大，远远大于专利性收益 π^*，并且在合作中由于是跨国企业进行领导，∂ 将满足 $(2\partial - 1)\Delta\pi \geq 0$；要使 $\pi_1 < \pi_2 + \pi - c$，跨国企业与本土企业的收益差必须要低于合作的纯收益，即减去信息共享一系列成本的纯增加收益。需要指出的是，在实际情况下本土企业在中国所获得的收益短时间内不能超越跨国企业已有的领先水平，并且在（$\pi_1, \pi_2 + \pi - c$）情况下，本土企业在跨国企业封锁时凭借自身能力进行革新和创新，达到先进水平的难度较大。

　　因此，当收益分配为（π_1, π_2）时，随着跨国企业不断研发的同时进行壁垒和封锁，而本土企业故步自封，两者的差距将会越来越明显；当收益分配为（$\pi_1 + \pi + c, \pi_2 - c$）时，即跨国企业进行国际合作和本土企业消极研发，跨国企业的利润将继续增加，并随着产量的不断增加，利润差距越来越大，加剧空心化，将本土企业锁定在国际分工末端；当收益分配为（$\pi_1, \pi_2 + \pi - c$）时，即跨国企业进行壁垒而本土企业积极进行研发，本土企业一定程度上将缩小现有的利润差距，然而对于跨国企业已掌握的核心技术，本土企业进行独立研发的难度大，且成本难以控制；

当收益分配为（ $\pi_1 + \partial\Delta\pi - \pi^*, \pi_2 + (1-\partial)\Delta\pi$ ）时，即跨国企业进行国际合作，本土企业积极研发时，本土企业必须试图控制在中国市场的利润分配 ∂ ，然而在现实情况中由于跨国企业掌握合作时的话语权，如何控制 ∂ 的变化，是跨国企业和本土企业的利润差额的变化的重要影响因素。因此本土企业在积极抓住与跨国企业合作时尽快打开市场，扩大市场份额，将直接影响空心化程度的变化趋势。如果中国本土企业能够迎难而上积极进行研发，将有机会赶超发达国家，但如果在合作过程中不注意对市场的把握，产业空心化的问题将依旧存在，因此如何有效平衡核心竞争力的研发、整体市场的发展、人力等生产要素的投入之间的关系，是抑制中国式装备制造业空心化问题的关键。

3.2.3　不同产业层面的博弈分析

为便于与后面研究内容相结合，从技术密集型、技术密集和劳动密集结合型以及劳动密集型三种产业层面上展开研究。

（1）技术密集型产业：需用复杂先进而又尖端的科学技术才能进行工作的生产部门和服务部门，对技术依存度较高，且对生产要素的依存度较低。技术的改进和革新能够大大降低产品的单位成本，而生产要素成本对产品单位成本的影响度较低，即 $1 > \alpha > \beta > 0$ 。当跨国企业与中国本土企业同时处在该类型行业中时，两企业的 Stackelberg 博弈模型均衡解形式不变，如下式所示：

$$\begin{cases} q_1 = \dfrac{a-c}{2b} + \dfrac{3c(\alpha-\beta)}{2b} \\ q_2 = \dfrac{a-c}{4b} - \dfrac{5c(\alpha-\beta)}{4b} \end{cases}$$

当 α 和 β 存在关系式 $1 > \alpha > \beta > 0$ ，即 $1 > \alpha - \beta > 0$ 时，得出

$$q_1 = \frac{a-c}{2b} + \frac{3c(\alpha-\beta)}{2b} > \frac{a-c}{2b}$$

$$q_2 = \frac{a-c}{4b} - \frac{5c(\alpha-\beta)}{4b} < \frac{a-c}{4b} = \frac{1}{2}\left(\frac{a-c}{2b}\right)$$

$$\Rightarrow q_2 < \frac{1}{2}\left(\frac{a-c}{2b}\right) < \frac{1}{2}q_1$$

结论 1：当跨国企业与中国本土企业同处于技术密集型产业上时，跨国企业将存在先动优势，其产品市场占有率将达到 $\dfrac{2}{3}$ 以上，而中国本土企业的产品市场占有率仅在 $\dfrac{1}{3}$ 以下，市场空间逐渐被跨国企业所挤占。并且随着行业对技术水平

要求的上升，即变量 α 和 β 的相对值变大，q_1 和 q_2 的相对值变大，跨国企业市场份额逐渐变大，中国本土企业的市场份额逐渐变小。

（2）劳动密集型产业：生产部门进行生产时主要依靠大量使用劳动力，而对技术的依存度较低的产业。生产要素成本对产品单位成本的影响度较高，技术较低，即 $1 > \beta > \alpha > 0$。

当 α 和 β 存在关系式 $1 > \beta > \alpha > 0$，即 $1 > \beta - \alpha > 0$ 时，得出

$$q_1 = \frac{a-c}{2b} + \frac{3c(\alpha-\beta)}{2b} < \frac{a-c}{2b}$$

$$q_2 = \frac{a-c}{4b} - \frac{5c(\alpha-\beta)}{4b} > \frac{a-c}{4b} = \frac{1}{2}\left(\frac{a-c}{2b}\right)$$

$$\Rightarrow q_1 < \frac{a-c}{2b} < 2q_2$$

结论 2：当跨国企业与中国本土企业同处于劳动密集型产业上时，此时生产要素成本对产品单位成本影响较大，技术较低，变量 β 和 α 的相对值变大。因此，中国本土企业的市场份额变大，且达到 $\frac{1}{3}$ 以上；跨国企业的市场份额变小，将下降到 $\frac{2}{3}$ 以下，先动优势逐渐减弱。

（3）技术密集和劳动密集结合型产业：生产和工作过程既需要先进的科学技术，又需要大量的生产要素。技术和生产要素成本对产品单位成本的影响度相当，即 $1 > \beta \approx \alpha > 0$。

此时，变量 α 和 β 之间有关系式

$$\alpha - \beta \approx 0$$

$$\Rightarrow q_2 \approx \frac{a-c}{4b} = \frac{1}{2}\left(\frac{a-c}{2b}\right) \approx \frac{1}{2} q_1$$

结论 3：当跨国企业与中国本土企业同处于技术密集和劳动密集结合型产业上时，此时技术水平和生产要素成本对产品单位成本的影响度相当，跨国企业和中国本土企业的市场份额大体上处于 2:1。

从上述三种不同产业层面上分析跨国企业与中国本土企业的市场占有率对比得出，对跨国企业而言，在技术密集型产业上的市场份额最大，技术密集和劳动密集结合型产业次之，劳动密集型产业最小；对中国本土企业而言，在劳动密集型产业上的市场份额最大，技术密集和劳动密集结合型产业次之，技术密集型产业最小，所以两企业对三种不同产业层面的偏好存在对立性。在理性假设的基础上，由于两企业都在追求自身利益的最大化，单纯从产业层面上无法得出这种偏好对立性的稳定结果，需要更进一步地从产品内部生产工序上进行研究。

3.2.4　中国式装备制造业空心化的形成

随着当今全球社会分工的不断深化以及价值体系的再构，全球价值链逐渐形成。在全球价值链中，其不同附加值环节可以用微笑曲线表示（图 3.6）。

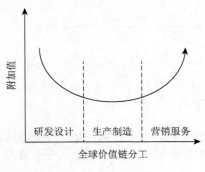

图 3.6　微笑曲线

从图 3.6 中可以发现，低附加值环节处于价值链的中间环节，主要进行产品的生产和制造。高附加值环节均处于价值链两端，主要进行研发设计以及终端的营销服务，分别属于生产者驱动型和消费者驱动型的价值战略环节：生产者驱动型价值链核心零部件的研发设计环节；消费者驱动型价值链的营销服务环节。本书从生产者驱动型价值链角度出发，对中国装备制造业空心化形成机理展开研究。

结合 Stackelberg 博弈模型均衡解的分析结果，在价值链的高端（研发设计环节），由于对技术水平要求较高，跨国装备制造企业占据着技术优势使得其产品市场占有率较大，中国本土装备制造企业由于技术上的比较劣势其市场占有率较小。在价值链的低端（生产制造环节），对要素需求量较大，中国本土装备制造企业由于占据着要素成本上的比较优势其市场占有率相对在价值链高端处有所增加，跨国装备制造企业由于在要素成本上的比较劣势其市场占有率相对在价值链高端处有所减小。为方便分析，本书对市场占有率进行单位化，得到如下得益矩阵，如图 3.7 所示。

由图 3.7 可以看出，当中国本土装备制造企业与跨国装备制造企业同时处于相同的产业层面时，双方在同一个产品市场上竞争，产品市场占有率都小于1，都存在改进的余地，即从原有的产业层面上的竞争上升到产品内部生产工序上的合作。对装备制造业而言，当中国本土装备制造企业进行产品的研发设计和跨国装备制造企业进行产品的生产制造时，两企业不存在产品的市场冲突

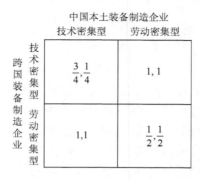

图 3.7　得益矩阵

性，但由于各自在技术水平和生产要素成本上的劣势，产品利润偏低；当中国本土装备制造企业进行产品的生产制造和跨国装备制造企业进行产品的研发设计时，各自都凭借着自身的比较优势降低产品单位成本，获得了相对较大的利润。因此，中国本土装备制造企业处于生产制造阶段（价值链低端）和跨国装备制造企业处于研发设计阶段（价值链高端）是该博弈的帕累托上策均衡解。

通过以上分析可以得出，在全球价值链的视角下，跨国装备制造企业凭借着技术上的优势占据着价值链的高端，进行新产品的研发设计，并不断地通过对外直接投资等方式将产品的生产制造等输入中国，以谋求低廉的生产要素；而中国本土装备制造企业由于在技术水平上的限制，只能凭借自身在要素成本上的优势主动地嵌入全球价值链的低端，进行产品的生产和制造，走"国际代工"的发展道路，这是一种内生性的自然选择（刘志彪，2005）。虽然中国装备制造业通过低端粗放的融入模式嵌入全球价值链中，但近年来获得了较快发展，2005 年中国装备制造业进出口贸易额首次实现顺差，且呈现不断增长趋势，目前已占据中国货物进出口总额的一半，2009 年中国装备制造业产值规模已位居全球第一。

然而，在这样的发展模式背景下，跨国装备制造企业通过进行不断的技术革新，引入差异化的产品，强化其在产品技术上的控制力，牢牢把握其在价值链高端的地位，以此达到控制整个价值链的目标（Kaplinsky and Morris，2001），而且其通过垂直竞争方式挤压中国本土装备制造企业的利润空间，强化其技术上的跟随性，再通过全球生产网络加剧横向竞争，制约中国本土装备制造业的产业升级能力和动力；此外，由于中国在重大技术装备上严重依赖进口，出口产品偏低端化所带来的产业安全性低下等现象都体现出中国装备制造业的产业空心化问题。

3.3　本章小结

　　本章从全球价值链视角界定中国式装备制造业空心化的内涵，并研究中国装备制造业空心化的形成机理。中国式装备制造业空心化是中国装备制造业嵌入全球价值链低端所形成的产业链脆弱性，或者说，由于中国以资源能源的大量消耗和廉价劳动力的压榨掠夺为代价，主要通过加工贸易和吸收 FDI 方式嵌入全球价值链低端所造成的低下的产业安全性和产业升级能力。利用具有非对称博弈性质的 Stackelberg 模型将处于强势地位的跨国企业与处于弱势的中国本土企业放在一个相互作用的系统中，通过对两企业在不同产业层面上的市场占有率的测度和比较得出一般结论。再结合模型研究结论，从产品内部生产工序层面上得出了跨国装备制造企业与中国本土装备制造企业的冲突均衡结果：跨国装备制造企业凭借技术上比较优势占据着全球价值链中高附加值的产品研发设计阶段，中国装备制造企业由于在技术水平上的比较劣势，只能凭借在要素成本上的比较优势主动加入全球价值链低端的生产制造阶段。此外，跨国装备制造企业利用全球价值链中的产业关联效应对中国本土装备制造企业进行技术控制和市场打压，削弱了中国本土装备制造企业的自主创新能力和动力，从而使得中国本土装备制造企业处于低端锁定的尴尬位置，产业升级能力和产业安全性大大降低。

第4章　中国式装备制造业空心化程度判定

在判定产业空心化时，传统意义上的产业空心化通常用制造业产值占 GDP 比重、逆向进口比重、失业率等指标加以测算（Liu，2005；Yong，2007），中国式装备制造业空心化是低端嵌入全球价值链所导致的另类空心化，其形成原因、本质和表现都与传统的产业空心化有很大区别，自然无法照搬已有的评价指标，因此，本书将结合中国式装备制造业空心化的内涵，采用合适的指标对空心化是否存在进行判定。通过第 3 章的博弈分析可以认为中国装备制造业与发达国家之间随着不同生产要素和策略的选择，将在市场份额和利润两方面存在着差距。因此基于理论和模型的分析，对于中国式装备制造业空心化的表现形式和程度的分析及测算也将从市场份额与利润两个主要角度进行切入，从而了解中国式装备制造业空心化的严重性。

4.1　判　定　方　法

前面已经指出，中国式装备制造业空心化是嵌入全球价值链低端所造成的另类空心化，意味着在全球价值链中嵌入深度大，但从中获得的附加值低。

全球价值链产业价值主要表示为一国某一产业可以为本国带来的增加值，可以表示一国某一产业的在国际水平的产业价值。

全球价值链嵌入深度用产业国际份额表示，主要表示为一国某产业在国际的份额，可以体现该国某产业在全球化中的地位，主要可以表示该产业在国际市场上所占市场的大小。

4.1.1　全球价值链产业价值

本书主要利用国际投入产出模型对各国装备制造业的完全国内增加值率进行测算来分析全球价值链产业价值，进而考察中国装备制造业国际地位。投入产出模型方法由来已久，20 世纪 50 年代，相关学者在投入产出模型基础上提出了区域间投入产出模型，1961 年，投入产出模型方法被 Wonnacott 首次应用到国家间的分析中。由于需要分析的是国际地位，需要以国际投入产出表为对象进行研究，因此本书采用 WIOD 数据库的国际投入产出表。WIOD 数据库是以各国发布的间断的投入产出表为基础，由欧洲主要学术机构进行整合和编写的，包括世界投入产出表、国家投入产出表、社会-经济账户表、环境账户表等四大部分 13 个子表，提供了 1995～2011 年世界 40 个主要国家（其中包括 27 个欧洲国家）以及世界其余部分的 35 个行业和 59 种产品的连续的国家间投入产出数据。

1. 国际投入产出模型

国际投入产出表的形式有多种，可以分为国家级投入产出表和国家间投入产出表。本书所采用的是 SNA-08 框架下的 WIOD，该表是依据各国的供给表和使用表编制而成的。国家间投入产出表可以用来比较各国的各个部门对来自其他国家的进口投入的依存度以及影响程度，进而分析一国某一产业部门的国际地位。

按照对进出口的不同处理方式，国家级投入产出表又可以细分为竞争型和非竞争型两种。竞争型投入产出表对产品是否进口不作区分，进口品被认为可以和国内同类产品互为替代品，两者之间存在竞争关系，因此无法明显反映各生产部门与本国中间投入品之间的具体联系。本书所采用的是非竞争型国家级投入产出表，该表是依据各国的供给表和使用表编制而成的，在该表中，来自国外的产品和国内自产产品被认定为不可互为替代品，在市场上不存在竞争关系。非竞争型投入产出表主要由中间投入、最终产品、增加值、总投入几个部分组成。其中，最终产品还可以按照用途不同分为国内消费部分以及用于出口部分，中间投入也是由国内投入和进口投入两部分组成的。在非竞争型投入产出表中，纵向表示投入结构而横向则表示产出结构。非竞争型投入产出表明确区分了国内产品与进口产品，对投入产出类别区分更为明细，应用较广。

表 4.1 为非竞争型投入产出表的基本形式，中间投入部分分为两个部分：国内投入和进口投入。最终产品部分除出口部分外，还用于家庭、政府、非营利组织等的消费以及投资。

在竞争型投入产出表中，存在以下等式关系：

$$\sum_{j=1}^{n} Z_{ij} + \sum_{j=1}^{n} U_{ij} + \sum_{j=1}^{n} F_{ij} = Y_i \tag{4-1}$$

$$\sum_{i=1}^{n} Z_{ij} + \sum_{i=1}^{n} I_{ij} + H_j + V_j' = Y_j \tag{4-2}$$

$$Y_i = Y_j \tag{4-3}$$

表 4.1　非竞争型投入产出表基本形式

投入 ＼ 产出			中间投入			最终产品				总消费
						最终消费	出口			
			国 1	⋯	国 I		国 1	⋯	国 I	
中间投入	国内投入	国 1	Z_{11}	⋯	Z_{1j}	U_{1j}	F_{11}	⋯	F_{1j}	Y_1
		⋮	⋮		⋮	⋮	⋮		⋮	⋮
		国 I	Z_{i1}	⋯	Z_{ij}	U_{1j}	F_{i1}	⋯	F_{ij}	Y_i
	进口投入	国 1	I_{11}		I_{1j}					
		⋮	⋮		⋮					
		国 I	I_{i1}		I_{ij}					
占用			H_1		H_j					
增加值			V_1'	⋯	V_j'					
总投入			Y_1		Y_j					

根据表 4.1 可以推出 s 部门生产每单位产品所需要的 r 部门产品的中间投入系数为 $a_{rs}=Z_{rs}/Y_j$，即第 s 部门对 r 部门的直接消耗系数。根据中间投入系数可以得到国际投入产出模型中各部门的直接消耗系数矩阵 $A=\begin{bmatrix} a_{11} & \cdots & a_{1j} \\ \vdots & & \vdots \\ a_{j1} & \cdots & a_{jj} \end{bmatrix}$。

进一步地，根据 $B=(I-A)^{-1}-I$（其中 I 为单位矩阵）计算得完全消耗系数矩阵 B。直接消耗系数仅表明 r 部门对 s 部门的直接投入，而完全消耗系数更为全面地描述了 r 部门对 s 部门的完全投入，即既包含了直接投入部分，也包含了 r 部门在参与产出经济活动及对其他部门进行投入过程中对 s 部门产生的间接影响。

2. 产业国际价值分析

由于传统的国际贸易总值统计口径方法并不能正确体现一国在国际贸易中的获利情况，以增加值为基础的核算方式能够较好地解决这一矛盾，WIOD 数据库中的投入产出表均将增加值这一指标单独列出。在生产全球化下，一国产品的增加值包括国内和国外两部分增加值。在生产过程中，中间投入若为进口产品，则这部分增加值被看作国外增加值，相对应地，由国内中间投入生产造成的增加值被看作国内增加值。完全国内增加值率表示的是一国产业在出口过程中所能获得的完全由本国创造的价值，这一指标可以较为直观地表现出一国产业的国际价值。

完全国内增加值率在数学公式上等于 1 减去垂直专业化程度系数，这个指标主要反映的是一国产业在出口中所能获利多少，其经济意义是指某国某产业单位出口中由本国国内创造的增加值份额，即该产业所具有的产业国际价值。该指标在非竞争型国家间投入产出表基础上计算而得，在该表中严格区分开了本国产品和进口产品，并且将出口产品中的进口附加值部分剥离，也就是指标测算的结果是完全由本国所创造和获取的价值量和该国该产业全部出口的比率，能够反映该国该产业在国际中所具有的价值。

在投入产出表中，里昂惕夫逆矩阵等于单位矩阵 I 减去直接消耗系数矩阵 A 后取逆，根据 $B = (I-A)^{-1} - I$，可得里昂惕夫逆矩阵为 $(I-A)^{-1} = I + B$，为方便下面公式表达，设里昂惕夫逆矩阵为

$$I + B = L = \begin{bmatrix} l_{11} & \cdots & l_{1j} \\ \vdots & & \vdots \\ l_{j1} & \cdots & l_{jj} \end{bmatrix}$$

根据表 4.1 可以得到部门增加值率计算公式 $r_j = \dfrac{V'_j}{Y_j}$，令增加值矩阵为 $R = (r_1, \cdots, r_j)$，则可得完全国内增加值率矩阵计算公式如下：

$$B_v = RL = (r_1, \cdots, r_j) \cdot \begin{bmatrix} l_{11} & \cdots & l_{1j} \\ \vdots & & \vdots \\ l_{j1} & \cdots & l_{jj} \end{bmatrix} = (b_{v_1}, \cdots, b_{v_j}) \tag{4-4}$$

其中，B_v 即为产业完全国内增加值系数矩阵，对于装备制造业整体的完全国内增加值率，可以通过以其各细分产业部门的出口为权重，将各细分产业部门的完全国内增加值率与其各自出口额相乘，即可测得装备制造业整体的完全国内增加值率。

4.1.2　全球价值链嵌入深度

全球价值链嵌入深度用装备制造业的产业国际份额表示，即用装备制造业年出口额占世界装备制造业年出口额的比重表示。一国某产业在国际的份额可以体现该国某产业在全球化中的地位，主要可以表示该产业在国际地位上数量的程度。本书采取某国某产业的一年总出口量与世界该产业总出口量的比值来表现该产业的产业国际份额：

$$D = \frac{\displaystyle\sum_{i=1}^{m} q_i}{\displaystyle\sum_{j=1}^{n} \sum_{i=1}^{m} q_{ij}} \tag{4-5}$$

其中，D 为一国装备制造业的 m 个行业在一年的出口量除以同期世界 n 个国家 m 个装备制造业行业的总出口量，结果为一国装备制造业的产业国际份额。

本书采取 WTO 对全球贸易数据统计的《国际贸易统计年鉴》数据，该年鉴将装备制造业分为四个行业，即文化办公装备制造业、电子数据处理办公设备、通信设备制造业、集成电路和电子元件装备制造业。

4.1.3　空心化程度判定思路

我们可以用全球价值链产业价值和全球价值链嵌入深度的综合关系来衡量中国式装备制造业空心化程度，同样嵌入深度所获得的产业价值越低，空心化程度越大，同样产业价值所需要的嵌入深度越大，空心化程度越大。

为了更加直观地展示，本书设计了中国式装备制造业空心化程度判定示意图（图 4.1），横轴表示全球价值链嵌入深度，纵轴表示全球价值链产业价值，用所有样本国家全球价值链嵌入深度的中间值和所有样本国家全球价值链产业价值的中间值作为分界线，可以得到图 4.1 所示的四个区域：区域 1、区域 2、区域 3 和区域 4。从图中可以看出，区域 1 和区域 3 是全球价值链嵌入深度和全球价值链产业价值相适应的区域，区域 4 是在全球价值链中获得较多利益的区域，而区域 2 说明产业深度嵌入全球价值链，但从中获得的增加值低，意味着在全球价值链中处于从属地位，存在另类空心化风险。

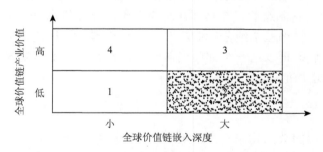

图 4.1　中国式装备制造业空心化程度判定示意图

4.2　指　标　测　算

4.2.1　全球价值链产业价值测算

1. 数据来源和说明

本章所选用的数据均来自 WIOD 官网数据库（http: //www.wiod.org/new_site/

data.htm），本书采取的是 2002～2011 年世界投入产出表数据。WIOD 数据库中拥有包括 40 个国家和地区的具体投入产出数据以及世界除这 40 个国家和地区以外的全部其他地区的总体投入产出数据，数据繁多。G20，即 20 国集团，是目前全球的主要经济合作论坛，成员数量多，国别种类丰富，GDP 总量占全球经济总量的 90%，所涉及的外贸交易总额也占了全球贸易总量的 80%，具有很强的代表性。G20 所拥有的人口总量占到全球总人数的 2/3，成员国分布亚洲、欧洲、非洲、美洲和大洋洲，地域覆盖面广，构成兼顾了发达国家和发展中国家以及不同地域利益平衡，这一特征也使得 G20 的经济行为及意义具有较强的代表性，所以本书选取世界投入产出数据库中的 G20 数据。20 国集团的成员包括：美国、德国、法国、日本、英国、加拿大、意大利、欧盟、澳大利亚、俄罗斯、中国、南非、巴西、印度、阿根廷、印度尼西亚、沙特阿拉伯、墨西哥、韩国、土耳其。但是世界投入产出表中并未单独列出南非、阿根廷、沙特阿拉伯和欧盟的数据，故本书使用除这四国（地区）以外的其他 16 国数据。此外，这 16 个国家包括亚洲、北美洲、拉丁美洲、欧洲和大洋洲，涵盖了世界各洲，也具有代表性。

世界投入产出表中合计包含 35 个产业部门，为了更为清晰地反映中国装备制造业的国际地位，在数据处理过程中，根据国际上对装备制造业的分类标准，本书将通用设备制造业 Machinery，Nec（c29）、电子和光学设备制造业 Electrical and Optical Equipment（c30t33）、交通运输设备制造业 Transport Equipment（c34t35）归为装备制造业。在具体测算完全国内增加值率时，未对源投入产出表进行改进，可算得三个细分行业相对应的完全国内增加值率。在算出完全国内增加值矩阵后，再以这三个部门当年的出口作为权重即可测算得装备制造业整体完全国内增加值率。

2. 测算结果

本书所选用的数据均来自 WIOD 官网数据库（http: //www.wiod.org/new_site/data.htm），本书采取的是 2004～2011 年世界投入产出表数据。世界投入产出表中包含 40 个国家和地区以及世界其他地区，35 个产业部门的投入产出数据，数据繁多。由于国际投入产出表对装备制造业的分类标准与国内有略微不同，因此本书将重点研究 WIOD 数据库中 C13、C14、C15，即机械设备制造业（machinery）、电子和光学设备制造业（electrical and optical equipment）、交通运输设备制造业（transport equipment），以分析中国与其他国家在装备制造业方面的发展特点。

为了更全面客观地反映中国装备制造业产业国际价值，以 2004～2011 年的国际投入产出表为基础，分别计算机械设备制造业、电子和光学设备制造业、交通运输设备制造业的产业价值，然后以三个产业在国际投入产出表的出口列中的出口数值作为权重，加权平均后得到装备制造业整体的产业价值 V；将 40 个国家和地区进行筛选，得出中国装备制造业和世界主要国家装备制造业的投入产出联系。20 国集团成员涵盖面广，代表性强，该集团的 GDP 占全球经济的90%，贸易额占全球的 80%，因此已取代 G8 成为全球经济合作的主要论坛。其成员的国民生产总值约占全世界的 85%，人口则将占世界总人口的近 2/3，这一特征也使得 G20 的经济行为及意义具有较强的代表性，所以此处选取其中 G20数据。20 国集团的成员包括：美国（USA）、日本（JPN）、德国（DEU）、法国（FRA）、英国（GBR）、意大利（ITA）、加拿大（CAN）、俄罗斯（RUS）、欧盟（EU）、澳大利亚（AUS）、中国（CHN）、南非（RSA）、阿根廷（ARG）、巴西（BRA）、印度（IND）、印度尼西亚（IDN）、墨西哥（MEX）、沙特阿拉伯（SAU）、土耳其（TUR）、韩国（KOR）。但是世界投入产出表中并未单独列出南非、阿根廷、沙特阿拉伯和欧盟的数据，故本书使用除这四个成员以外的其他 16 国数据。这 16 个国家包括亚洲（中国、印度、印度尼西亚、日本、韩国、土耳其）、北美洲（加拿大、美国）、拉丁美洲（巴西、墨西哥）、欧洲（英国、德国、法国、意大利、俄罗斯）和大洋洲（澳大利亚），涵盖了世界各洲，也非常具有代表性。

　　自 2002 年中国加入 WTO 以来，中国装备制造业逐步实行对外开放，真正进入国际经济、技术以及贸易的大舞台。中国装备制造业在经受着挑战的同时也抓住了机遇，2002～2011 年这十年间，中国装备制造业取得了不容忽视的发展成就。众多目前已有研究文献都显示，中国装备制造业嵌入全球价值链程度较深，目前已成为全球价值链上关联最多的中心国。无论外资引用程度，还是进出口贸易情况等众多数据，都反映了中国装备制造业越来越多地参与到国际分工中。本书通过对 2002～2011 年的世界投入产出表的计算，得到中国和美国、日本装备制造业在这十年期间内完全国内增加值率的变化，如表 4.2 所示。

表 4.2　不同国家 2002～2011 年装备制造业产业国际价值

国家	2002 年	2003 年	2004 年	2005 年	2006 年	2007 年	2008 年	2009 年	2010 年	2011 年
AUS	0.7566	0.7753	0.7444	0.7342	0.7286	0.7191	0.7153	0.7374	0.7418	0.7272
BRA	0.6507	0.6632	0.6586	0.6712	0.6796	0.6892	0.6645	0.7035	0.6901	0.6646
CAN	0.5331	0.5445	0.5229	0.5246	0.5230	0.5356	0.5441	0.5852	0.6054	0.6078
CHN	0.7171	0.6679	0.6134	0.6111	0.6233	0.6388	0.6802	0.7231	0.6960	0.6053
DEU	0.6971	0.6928	0.6775	0.6634	0.6507	0.6374	0.6325	0.6583	0.6308	0.6196

国家	2002 年	2003 年	2004 年	2005 年	2006 年	2007 年	2008 年	2009 年	2010 年	2011 年
FRA	0.6422	0.6484	0.6368	0.6252	0.6111	0.6014	0.6024	0.6264	0.5909	0.5758
GBR	0.6665	0.6683	0.6609	0.6600	0.6537	0.6446	0.6301	0.6444	0.6151	0.6065
IDN	0.6789	0.7120	0.6716	0.6553	0.7034	0.6913	0.6453	0.6907	0.6744	0.6510
IND	0.6867	0.7027	0.6815	0.6904	0.6716	0.6668	0.6896	0.7168	0.7118	0.7096
ITA	0.7247	0.7234	0.7130	0.7040	0.6773	0.6709	0.6734	0.7229	0.6794	0.6684
JPN	0.8983	0.8957	0.8866	0.8734	0.8512	0.8387	0.8179	0.8577	0.8419	0.8284
KOR	0.6254	0.6123	0.6114	0.6154	0.6173	0.6112	0.5550	0.5818	0.5895	0.5880
MEX	0.4850	0.4653	0.4451	0.4495	0.4572	0.4601	0.4726	0.4795	0.4703	0.4710
RUS	0.7623	0.7542	0.7485	0.7342	0.7196	0.7179	0.7209	0.8000	0.7858	0.7403
TUR	0.6444	0.6269	0.5957	0.6110	0.5954	0.5970	0.6266	0.6756	0.6571	0.6218
USA	0.8402	0.8381	0.8034	0.7978	0.7886	0.7878	0.7847	0.8308	0.8032	0.7931

为了更加直观地分析中国装备制造业在世界装备制造业中的位置，将表 4.2 制成折线图，如图 4.2 所示。

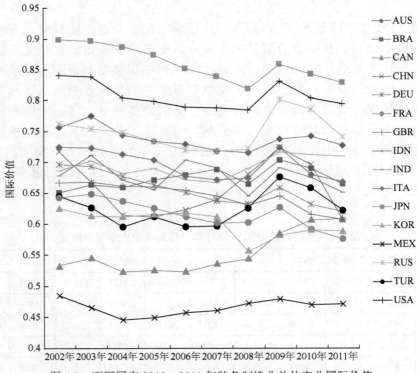

图 4.2　不同国家 2002～2011 年装备制造业总体产业国际价值

通过图 4.2 可以发现，世界装备制造业整体的大趋势是一致的，大多数国家前期较为平稳，在 2008 年达到一个小低谷后有所波动，整体在 2009 年有一定幅度的回升。日本和美国领先其他国家一个档次，整体在 0.8 及以上；而中国装备制造业起步较晚，前期处于中游的位置，后期迅速攀升，尤其在 2009 年达到了0.7231，但是在 2009 年之后又走入了下滑趋势。

此外，过度依赖加工贸易和外资融入全球价值链往往会催生发展中国家的产业链脆弱性，降低其竞争力。从图 4.2 中可以看到，在这十年里，中国装备制造业国际地位起伏较大，但基本趋势和美国、日本相类似，同起同伏，这说明每一次起伏原因中都带着很多世界经济整体环境的因素。但是具体分析三国的走势图可以发现，虽然整体趋势与美国、日本两国相似，但很明显中国对每一次的下跌反应都更为敏感，下跌程度更为剧烈。另外，与 2002 年相比，2011 年中国与日本、美国的差距有所拉大，尤其是 2011 年的陡降将原本正逐渐逼近日本和美国的趋势转变。全球化是一把双刃剑，深刻地嵌入了全球价值链中，对一国装备制造业既提供了巨大的市场，给发展中国家带来了外资注入，提供了就业，但也给靠加工贸易加入到国际分工中的发展中国家产业带来众多安全隐患。生产全球化也会导致经济风险全球化，任何一个在其中的国家都没办法做到彻底置身事外。这也说明了中国装备制造业近年的快速发展使其产业价值有所提升，但我国经济总量大，同时更是出口大国，"量大质弱""大而不强"一直也使我国饱受诟病，因而国际地位和空心化程度的考察还要结合中国的产业份额作进一步的分析。

4.2.2　全球价值链嵌入深度测算

结合前面装备制造业产业价值数据测算，本书对于装备制造业国际份额的测算也相对应地采用 G20 中的 16 个国家装备制造业出口份额。搜集其在 WTO 对全球贸易数据统计的《国际贸易统计年鉴》中装备制造业四个行业的出口贸易数据，即文化办公装备制造业、电子数据处理办公设备、通信设备制造业、集成电路和电子元件装备制造业。根据前面分析可知，全球价值链嵌入深度用装备制造业的产业国际份额表示，即装备制造业年出口额与世界装备制造业年出口额的比值，即可得到该16 国 2004～2011 年每年装备制造业的全球价值链嵌入深度，如表 4.3 所示。

表 4.3　不同国家 2004～2011 年装备制造业全球价值链嵌入深度

国家	2004 年	2005 年	2006 年	2007 年	2008 年	2009 年	2010 年	2011 年
AUS	0.0015	0.0014	0.0012	0.0013	0.0014	0.0013	0.0013	0.0014
BRA	0.0018	0.0029	0.0027	0.0018	0.0020	0.0018	0.0012	0.0011

国家	2004 年	2005 年	2006 年	2007 年	2008 年	2009 年	2010 年	2011 年
CAN	0.0101	0.0107	0.0102	0.0101	0.0092	0.0083	0.0066	0.0066
CHN	0.1499	0.1776	0.1978	0.2302	0.2448	0.2622	0.2785	0.2951
DEU	0.0648	0.0591	0.0546	0.0561	0.0515	0.0466	0.0439	0.0432
FRA	0.0251	0.0220	0.0219	0.0178	0.0164	0.0150	0.0142	0.0149
GBR	0.0323	0.0412	0.0580	0.0197	0.0176	0.0178	0.0149	0.0140
IDN	0.0056	0.0054	0.0042	0.0035	0.0037	0.0046	0.0049	0.0047
IND	0.0008	0.0007	0.0008	0.0009	0.0011	0.0042	0.0023	0.0038
ITA	0.0096	0.0089	0.0076	0.0074	0.0067	0.0062	0.0059	0.0065
JPN	0.0893	0.0770	0.0685	0.0682	0.0661	0.0597	0.0574	0.0516
KOR	0.0721	0.0652	0.0576	0.0613	0.0564	0.0584	0.0599	0.0570
MEX	0.0316	0.0299	0.0321	0.0311	0.0361	0.0373	0.0375	0.0354
RUS	0.0005	0.0004	0.0005	0.0005	0.0007	0.0008	0.0010	0.0014
TUR	0.0026	0.0025	0.0022	0.0019	0.0015	0.0015	0.0013	0.0013
USA	0.1056	0.0984	0.0938	0.0892	0.0880	0.0852	0.0834	0.0839

4.3　判 定 结 果

利用表 4.2 和表 4.3 中的数据可以建立 2004～2011 年 16 国装备制造业单位产业价值坐标系。横坐标为装备制造业全球价值链嵌入深度，纵坐标为装备制造业全球价值链产业价值。2004～2011 年，所有国家的全球价值链嵌入深度都在 0～0.3，所有国家的全球价值链产业价值都在 0.4～0.9，因此，本书以嵌入深度 0.15 和产业价值 0.65 作为交叉，将坐标系划分为 4 个区域。

1. 基于中国自身数据的分析

如图 4.3 所示，从中国自身情况来看，2004～2011 年，其全球价值链嵌入深度不断加大，而全球价值链产业价值则呈现出波动趋势，在 2004～2009 年基本呈现上升趋势，2010 年以后则不断下降，且降幅非常明显。同时可以看出，中国装备制造业基本处于空心化分布图的区域 2，少数处于区域 3 的也是徘徊在区域 2 和区域 3 的边缘。

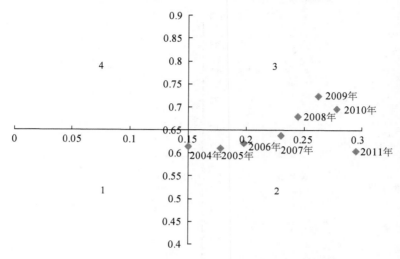

图 4.3　2004～2011 年中国装备制造业空心化分布图

2. 基于不同国家比较的分析

当然，是否存在空心化风险不能单纯看中国自身的情况，因为分布图的区域划分是根据 16 个国家全球价值链嵌入深度的平均值和全球价值链产业价值的平均值做出的，所以还需要将所有的国家放在一起进行比较，以便准确判定中国式装备制造业空心化风险的存在性。

结合图 4.3 中中国装备制造业全球价值链产业价值的变化情况，选取 2004 年、2009 年和 2011 年三个年份，与其他国家进行比较分析。

图 4.4～图 4.6 分别为 2004 年、2009 年以及 2011 年这 16 个国家的装备制造业空心化分布图。从图中可以看出无论哪一年，相比较于其他 15 国，尤其是相较于装备制造业强国美国和日本，中国装备制造业的实际情况是全球价值链嵌入程度较深，但其出口贸易带来的产业附加值不高，也就是产业国际价值不高。

根据图 4.1 的假设，按照全球价值链嵌入深度大小和全球价值链产业价值高低，我们可以划分出四个区域。其中，区域 1 和区域 3 是全球价值链嵌入深度和全球价值链产业价值相适应的区域，区域 4 是在全球价值链中获得较多利益的区域，而区域 2 说明产业深度嵌入全球价值链，但从中获得的增加值低，意味着在全球价值链中处于从属地位，存在另类空心化风险。在这三年里我们可以看到，美国、日本始终处于区域 4，并且成为在全球价值链中获取利益最多的国家。而相比较之下，中国装备制造业在 2004 年和 2011 年均处于区域 2，即使是在其全球价值链产业国际价值最高的 2009 年，跟美国、日本的差距也非常大，也就

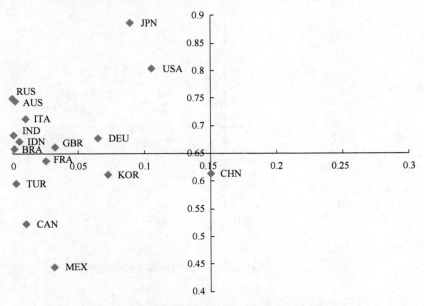

图 4.4　2004 年不同国家装备制造业空心化分布图

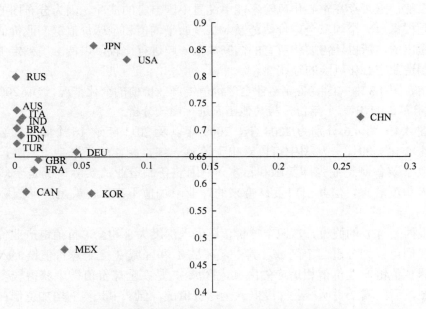

图 4.5　2009 年不同国家装备制造业空心化分布图

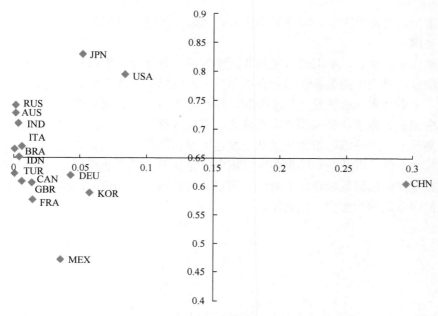

图 4.6　2011 年不同国家装备制造业空心化分布图

意味着中国装备制造业在全球价值链中处于从属地位,一直存在另类空心化风险。此外,对比中国、美国、日本三国装备制造业这三年的发展变化可以观察到,2004 年,中国装备制造业处于区域 1 和区域 2 的边缘,空心化风险程度还不太大,与其他国家的差距也不是太大,但是在此之后几年的发展下,中国装备制造业全球价值链嵌入深度越来越深,但产业国际价值始终没有得到提升,所以到 2011 年,中国装备制造业已经彻底进入前面所提到的图 4.1 中的区域 2,在全球价值链中的从属地位明显加重,另类空心化风险加剧,与美国、日本两国的差距进一步拉大。

4.4　本 章 小 结

本章根据中国式装备制造业空心化的概念和内涵建立起空心化程度判定的概念模型,并利用 WIOD 和 WTO 的国际数据,计算出中国和其他 15 个国家的装备制造业的全球价值链产业国际价值和产业国际份额,并进行综合分析。结果发现,中国装备制造业的产业国际价值明显低于发达国家,并且增长迟缓,而产业国际份额却遥遥领先,出口额以及占世界出口额的比值均远大于其他国家,到 2011 年已达到世界装备制造业出口额的 1/3 左右。综合分析比较后发现,中国装备制造业深度融入全球价值链,但在全球价值链中处于低端位置,并且由于附加值低、技术含量不高、核心技术被发达国家控制,尽管出口额比值增速明显,但带给本国的增加值并没有增加，存在另类空心化风险，且随着时间的推移，空心化风险不断加剧。

结合实际来看，中国装备制造业近年发展十分迅速，出口额领先于世界其他发达国家，然而中国装备制造业在国际分工上依然处于加工组装等低附加值分工领域，主要技术依旧被发达国家控制，核心竞争力不强。同时这些国际分工的特点给中国装备制造业带来了"表面风光，实质虚空"的冲击，即出口额增速明显且数额较大、产业国际价值明显低于发达国家。因此中国装备制造业产业国际价值持续性下降，以及在空心化判定区域中稳定处于区域 2 的趋势，是中国装备制造业在全球价值链低端锁定的表现，可以认为中国装备制造业出现了基于全球价值链低端锁定的产业空心化现象。

第 5 章　中国式装备制造业空心化演化分析

5.1　指标体系的建立和优化

5.1.1　指标体系建立的目标与准则

1. 建立目标

作为一个复杂的系统，中国装备制造业中所出现的产业空心化现象的表现形式具有多样性，且各种表现形式之间又存在相互交叉关系，为体现指标体系建立的全面性和合理性，以及能够从定量、精细化的角度研究中国式装备制造业空心化的演化趋势，在建立空心化演化的指标体系时，首先需要确认空心化的主要表现形式，然后再通过具体的判别指标进行研究，为定量化研究做基础，使研究结果更加科学、准确。

从目前学术研究成果来看，还没有全面、具体地对空心化演化进行过指标体系研究，仅有从单个角度得出一定的研究成果，因此，为克服初次建立中存在的指标不全面、类型较为单一等问题，需要通过科学、合理的方法去构建中国式装备制造业空心化演化指标体系，并对指标进行筛选，以确保指标体系的系统性、全面性和代表性，这就是本书在构建指标体系时所要达到的目标。

2. 建立准则

中国式装备制造业空心化是一个综合的系统性概念，在运用指标体系进行评价分析时必须能够全面有效地反映空心化的主要表现形式，最大限度地利用现有文献资料中的统计数据。为此，本书在建立空心化演化判别指标体系时，需坚持以下几点准则。

（1）全面性与准确性相结合的准则。中国式装备制造业空心化的具体表现形式很多，为了能够提高分析结果的精准性以及分析过程的简洁性，在兼顾全面性的基础上，在众多可选指标中选择具有代表性的指标，将相关性较高或者不具有实质意义的指标删除。

（2）系统性与层次性相结合的准则。在指标体系建立过程中，应该尽量平衡各方面的关系，根据各自的内部性质做到在逻辑上和研究内容上的一致性，使得各指标之间的关系更加明确清晰，增强指标体系的直观性。同时，应当根据中国式装备制造业空心化特点，对指标进行层次划分，对空心化现状作出更加细致的描述。

（3）科学性与可行性相结合的准则。所选择指标需能够有效地反映装备制造业空心化的发展现状，此外就相关指标数据而言，应尽量提高数据的有效性，确保最终得出的研究结果精准、合理。

（4）动态指标与静态指标相结合的准则。动态指标主要指系统运行过程所涉及的指标，亦称过程指标，这些指标可以长期、稳定地描述研究对象，如对中国式装备制造业空心化问题来说，过程指标就有新产品产值比重、研发投入强度等；静态指标主要指那些反映系统状态的指标，亦称状态指标，如产业市场份额、产业规模大小等。对比以往，大多数学者只注重静态指标，而忽视了研究对象对时间和空间变化的敏感性，没能体现动态与静态的统一，所以，在建立指标体系时应当注重将动态指标和静态指标结合在一起考虑。

（5）发展性和可预测性相结合的准则。所选指标不仅要能够很好地反映以往或者现在中国式装备制造业空心化的发展状况，而且要具有对未来发展预测的作用。

除了上述五点准则外，对于中国装备制造业发展中所面对的政策性因素，如产业结构的调整、产业国际形势的变化等，由于无法进行量化研究，本书对这些因素采取拆解的方法，使其尽可能地融入可量化因素中。

5.1.2　初始指标体系的构建

由前面分析可知，中国式装备制造业空心化问题是由全球价值链的低端嵌入所造成的，表现为产业链的脆弱性。此外，长期中当一国某产业发展到一定程度时，将无法再依靠技术引进和 FDI 技术外溢来实现技术进步，产业的发展的长期路径只能够通过相应的自主创新，其中技术创新是产业升级的动力所在，而技术创新的根本在于人才和资金。所以，本章以前面对中国式装备制造业空心化现状的分析为基础，参照前人研究成果，给出如下空心化初始判别指标体系，如表 5.1 所示。

表 5.1　装备制造业空心化初始判别指标体系

研究目标	一级指标	二级指标	指标符号
中国式装备制造业空心化	产业技术创新	研发经费投入强度	a_1
		人均专利项目数	a_2
		新产品利润率	a_3
		自主创新产品率	a_4

续表

研究目标	一级指标	二级指标	指标符号
中国式装备制造业空心化	劳动力要素环境	劳动力素质	a_5
	产业资本环境	资本效率	a_6
		资本成本	a_7
		负债率	a_8
	产业市场竞争力	国内市场份额	a_9
		国际市场份额	a_{10}
		TC 指数	a_{11}
		显示性比较优势指数	a_{12}
	产业集中度	产业集中度	a_{13}
	产业效益效率	利润率	a_{14}
		劳动生产率	a_{15}
		产品增值率	a_{16}
	相关产业竞争力	相关产业竞争力	a_{17}
	产业控制力	外资市场控制率	a_{18}
		外资技术控制率	a_{19}
		外资股权控制率	a_{20}
		外资经营决策权控制率	a_{21}
	产业对外依存度	进口对外依存度	a_{22}
		出口对外依存度	a_{23}
		资本对外依存度	a_{24}
		技术对外依存度	a_{25}

5.1.3　指标体系优化

　　对多属性体系结构进行有效的综合性评价，首先需要确定进行综合评价所需要的各个指标。然而，在受到社会、经济、环境等因素影响而无法做出有效性的指标体系时，得出的评价结果也就值得商榷。中国装备制造业包括金属制品业在内的 7 大类和 185 小类，产业覆盖范围较大，涉及面较广，在对其空心化建立指标体系时，难免会出现不恰当之处，如指标的遗漏和指标间信息的重叠等现象，而如何通过科学的指标筛选来保证评价结果的可靠性才是关键之处。

传统的指标筛选方法主要有层次分析法、德尔菲法、主成分分析法、专家调研法等，但这些方法存在主观性较强、容易出错，或需要大量样本而无法获得等问题。为此，本章采用粗糙集的属性约简方法，对初始指标体系进行优化处理，以此为后面分析奠定基础。

定义 1：综合评价系统 $S = (U, A, V, F)$，其中 $U = (x_1, x_2, \cdots, x_n)$ 称为论域，是一个非空有限对象集；$A = C \cup D$ 是一个非空属性集合，C 称为条件属性，D 称为决策属性；V 是对应 A 中每一属性的值组成的集合，记为 $V = \bigcup\limits_{a \in A} V_a$；$F$ 是一个信息函数，对于 $\forall a \in A$，$x \in U$，都有 $F(x, a) \in V_a$。

在该信息系统中，若存在 $P \subseteq C$，则 P 在 S 的不可分辨关系 $\mathrm{IND}(P)$ 可以表示为

$$\mathrm{IND}(P) = \{(x, y) \in U^2, x \neq y : F(x, a) = F(y, a), \forall a \in P\} \tag{5-1}$$

显然，不可分辨关系也可以理解为等价关系，$\mathrm{IND}(P)$ 表示的就是对应指标子集 P 的等价关系。若 $\mathrm{IND}(P)$ 将对象 U 化为 k 个等价类，则可以记为

$$\mathrm{IND}(P) = \bigcap\limits_{a \in P} \mathrm{IND}(\{a\}) = U/P = \{x_1, x_2, \cdots, x_k\} \tag{5-2}$$

定义 2：对于信息系统 $S = (U, A, V, F)$，$R \in A$，R 是一组非空等价关系集合，$r \in R$。

（1）若

$$\mathrm{IND}(R) = \mathrm{IND}(R - r) \tag{5-3}$$

则称 r 在 R 是冗余的，否则是必要的。

（2）若 R 中所有属性都是必要的，则称 R 是独立的。

（3）若对于属性子集 $Q \subseteq R$，且 Q 是独立的，则有 $\mathrm{IND}(P) = \mathrm{IND}(Q)$，即 Q 是 P 的一个约简。

一个非空属性集合可能存在多个约简，上述集合 R 的所有约简记为 $\mathrm{Red}(R)$，它们之间的交集称为 R 的核，记为 $\mathrm{Core}(R)$，即 $\mathrm{Core}(R) = \bigcap \mathrm{Red}(R)$，核是约简子集中的重要集合，其中任何一个元素都是必要的。

定义 3：指标体系 $A = \{a_i \mid i = 1, 2, \cdots, m\}$，论域 U 有 n 个评价对象，则对应的区分矩阵为

$$d(x, y) = \{a \in A \mid F(x, a) \neq F(y, a)\} \tag{5-4}$$

其中，$d(x, y)$ 表示能区分对象 x 和 y 的指标集合，且 $d_{ij} = d_{ji}, d_{ii} = \varnothing, d_{ij} \neq \varnothing$。

假设 $d(x, y) = (a_1, a_2, \cdots, a_k) \neq \varnothing$，其布尔函数为 $a_1 \vee a_2 \vee \cdots \vee a_k$，可采用 $\sum d(x, y)$ 表示，若 $d(x, y) = \varnothing$，则布尔常量为 1。

由此,指标体系 A 所对应的区分函数为

$$F(A) \prod_{(x,y) \in U^2} d(x,y) \qquad (5\text{-}5)$$

根据以上信息,本章基于粗糙集的属性约简可以表示为如下几步。

（1）确定属性集。整理和总结所有可能涉及的研究成果,创建初始属性集,明确条件属性和决策属性。

（2）收集数据。通过各种途径收集指标数据,如文档搜索、市场调查等。

（3）属性值的语义界定。

（4）构建二维属性约简决策表。

（5）属性约简。根据粗糙集理论中的属性约简原理进行属性约简,剔除冗余指标。

（6）构建区分矩阵。根据约简后的决策表,利用式（5-4）确定区分矩阵每一元素值。

（7）筛选指标。在区分矩阵基础上得到区分函数,根据吸收律将区分函数化简为析取范式,由此实现初始指标的筛选。

根据中国装备制造业特性,将其旗下七大细分行业作为七个研究对象,与前面所列顺序同步,设定 $U = (x_1, x_2, \cdots, x_7)$,对空心化判别指标体系进行约简。首先,以前面初选指标作为条件指标 $C = (a_1, a_2, \cdots, a_{25})$,空心化风险强弱作为决策指标 $D = \{a_{26}\}$,非空属性集 $A = C \cup D$;其次,依据前人研究成果和问卷调查形式对集合 A 中每个属性的属性值进行语义界定,如表 5.2 所示。

表 5.2　指标判别指标属性值语义界定规范

指标		属性值		
		2	1	0
研发经费投入强度	a_1	≥10%	≥5%,<10%	<5%
人均专利项目数	a_2	≥2%	≥1%,<2%	<1%
新产品利润率	a_3	≥50%	≥35%,<50%	<35%
自主创新产品率	a_4	≥85%	≥70%,<85%	<70%
劳动力素质	a_5	优	中等	差
资本效率	a_6	≥53%	≥43%,<53%	<43%
资本成本	a_7	<8%	≥8%,<13%	≥13%
负债率	a_8	<14%	≥14%,<23%	≥23%
国内市场份额	a_9	≥70%	<70%,≥60%	<60%
国际市场份额	a_{10}	≥25%	<25%,≥15%	<15%

指标		属性值		
		2	1	0
TC 指数	a_{11}	≥32%	<32%，≥20%	<20%
显示性比较优势指数	a_{12}	≥23%	<23%，≥15%	<15%
产业集中度	a_{13}	≥37%	<37%，≥28%	<28%
利润率	a_{14}	≥38%	<38%，≥24%	<24%
劳动生产率	a_{15}	≥300	<300，≥150	<150
产品增值率	a_{16}	≥40%	<40%，≥30%	<30%
相关产业竞争力	a_{17}	弱	中性	强
外资市场控制率	a_{18}	<30%	≥30%，<45%	≥45%
外资技术控制率	a_{19}	<13%	≥13%，<20%	≥20%
外资股权控制率	a_{20}	<10%	≥10%，<30%	≥30%
外资经营决策权控制率	a_{21}	<20%	≥20%，<40%	≥40%
进口对外依存度	a_{22}	<30%	≥30%，<40%	≥40%
出口对外依存度	a_{23}	<50%	≥50%，<60%	≥60%
资本对外依存度	a_{24}	<25%	≥25%，<35%	≥35%
技术对外依存度	a_{25}	<9%	≥9%，<20%	≥20%
空心化风险强弱	a_{26}	强	中性	弱

　　由于同时存在定量和定性指标，本章通过资料搜索和专家评议的形式获得指标数据和评价。结合这些重要数据，形成表 5.3 所示的指标约简决策表。

表 5.3　空心化风险指标约简决策表

行业	x_1	x_2	x_3	x_4	x_5	x_6	x_7
a_1	1	0	0	1	1	0	0
a_2	0	0	0	0	1	0	2
a_3	1	1	0	1	0	0	0
a_4	0	0	0	1	1	1	1
a_5	1	0	0	0	1	2	0
a_6	1	0	0	1	0	0	1
a_7	0	1	0	0	0	1	0

行业	x_1	x_2	x_3	x_4	x_5	x_6	x_7
a_8	0	1	0	0	1	0	0
a_9	1	1	0	2	0	1	0
a_{10}	0	0	0	0	0	0	0
a_{11}	0	1	0	1	0	0	1
a_{12}	1	1	1	0	0	1	0
a_{13}	0	0	0	0	0	0	1
a_{14}	0	1	0	1	1	0	1
a_{15}	1	0	0	0	0	1	0
a_{16}	0	0	1	1	2	0	0
a_{17}	0	0	0	1	0	0	1
a_{18}	0	1	0	0	0	1	0
a_{19}	1	0	0	0	1	0	0
a_{20}	0	0	0	1	0	1	0
a_{21}	0	1	0	0	0	0	0
a_{22}	0	0	0	1	1	0	0
a_{23}	0	0	0	0	0	0	0
a_{24}	1	1	0	0	0	1	0
a_{25}	0	0	0	0	0	0	1
a_{26}	0	1	0	1	0	0	0

对论域 U 进行划分，得出如下等价类：

$$U/C = \text{IND}(C) = \{\{x_1\}, \{x_2\}, \{x_3\}, \{x_4\}, \{x_5\}, \{x_6\}, \{x_7\}\}$$

$$U/D = \text{IND}(D) = \{\{x_1, x_3, x_5, x_6, x_7\}, \{x_2, x_4\}\}$$

根据式（5-3），有

$$\text{IND}(C - a_2) = \text{IND}(C)$$

所以指标属性 a_2 是冗余的，在下面研究中可以剔除。以此类推，a_3、a_8、a_9、a_{11}、a_{14}、a_{17} 都是冗余的，可以先行约去。

根据约简后的决策表得出区分矩阵如表 5.4 所示。

表 5.4　区分矩阵

行业	x_1	x_2	x_3
x_1			
x_2	$a_1a_5a_6a_7a_{15}a_{18}a_{19}a_{21}a_{26}$		
x_3	$a_1a_5a_6a_{16}a_{19}a_{24}$	$a_7a_{16}a_{18}a_{21}a_{24}a_{26}$	
x_4	$a_4a_5a_{12}a_{15}a_{16}a_{19}$	$a_1a_4a_5a_{12}a_{15}a_{16}a_{22}a_{24}$	$a_1a_4a_6a_{12}a_{20}a_{24}$
x_5	$a_6a_{12}a_{15}a_{16}a_{22}a_{24}$	$a_1a_5a_7a_{12}a_{16}a_{18}a_{19}a_{21}a_{22}a_{24}a_{26}$	$a_1a_5a_{12}a_{16}a_{19}a_{22}$
x_6	$a_1a_4a_{18}$	$a_4a_5a_6a_7a_{15}a_{19}a_{20}a_{21}a_{26}$	$a_4a_5a_6a_{16}a_{18}a_{19}a_{20}a_{24}$
x_7	$a_2a_5a_{15}a_{24}a_{25}$	$a_1a_2a_6a_7a_{18}a_{19}a_{21}a_{24}a_{25}a_{26}$	$a_1a_2a_6a_{16}a_{19}a_{25}$

行业	x_4	x_5	x_6	x_7
x_1				
x_2				
x_3				
x_4				
x_5	$a_4a_5a_6a_{16}a_{19}a_{20}a_{22}a_{24}$			
x_6	$a_1a_5a_{12}a_{15}a_{16}a_{18}a_{19}$	$a_1a_4a_6a_{12}a_{15}a_{16}a_{18}a_{20}a_{22}a_{24}$		
x_7	$a_2a_4a_{12}a_{16}a_{19}a_{20}a_{24}a_{25}$	$a_2a_5a_6a_{12}a_{16}a_{22}a_{25}$	$a_1a_2a_4a_5a_{15}a_{18}a_{20}a_{24}a_{25}$	

由区分矩阵可得区分函数为

$$F(A) = \wedge(\vee C_{ij}) = (a_1 \vee a_5 \vee a_6 \vee a_7 \vee a_{15} \vee a_{18} \vee a_{19} \vee a_{21} \vee a_{26}) \wedge (a_1 \vee a_5 \vee a_6 \vee a_{16}$$
$$\vee a_{19} \vee a_{24}) \wedge \cdots \wedge (a_1 \vee a_2 \vee a_4 \vee a_5 \vee a_{15} \vee a_{18} \vee a_{20} \vee a_{24} \vee a_{25})$$
$$= a_1 \wedge a_4 \wedge a_5 \wedge a_{10} \wedge a_{13} \wedge a_{15} \wedge a_{16} \wedge a_{18} \wedge a_{22} \wedge a_{24} \wedge (a_6 \vee a_7) \wedge (a_{12} \vee a_{23})$$
$$\wedge (a_{19} \vee a_{25}) \wedge (a_{20} \vee a_{21})$$

$$\text{Core}(A) = \{a_1, a_4, a_5, a_{10}, a_{13}, a_{15}, a_{16}, a_{18}, a_{22}, a_{24}\}$$

指标 a_6 和 a_7 反映的都是产业获得资本所需付出的代价；a_{12} 和 a_{23} 反映的都是产品的出口状况；a_{19} 和 a_{25} 反映的都是产业发展在技术方面依附于或受制于国外企业的问题；a_{20} 和 a_{21} 反映的都是外资对本国市场的控制程度，只是研究的角度不同。因此，在一定程度上这些指标是可以相互替换的。基于此，本章选取 $A = (a_1, a_4, a_5, a_6, a_{10}, a_{12}, a_{13}, a_{15}, a_{16}, a_{18}, a_{19}, a_{20}, a_{22}, a_{24})$ 作为研究空心化风险的判别指标。

5.1.4　最终判别指标体系

根据前面由粗糙集对初始指标体系属性约简的分析结果，得到图 5.1 所示的装备制造业空心化最终判别指标体系。

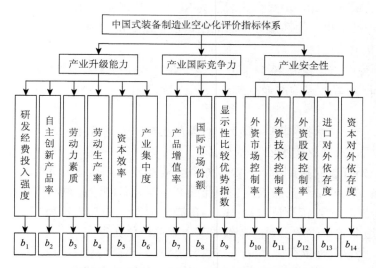

图 5.1　装备制造业空心化最终判别指标体系

（1）研发经费投入强度（b_1）：一定时期内一国某一产业的研发投入费用占这一时期该国 GDP 的比重，体现了一国产业的科技创新实力。

（2）自主创新产品率（b_2）：企业通过一定的技术水平提升，设计与制造创新产品的能力，一般采用一定时期内的新产品数量比重表示。

（3）劳动力素质（b_3）：用来描述劳动者所具有的生产技能、专业知识以及职业道德等，在具体的衡量方法上，一般采用具体行业从业人员的平均工资水平与从属大类行业从业人员的平均工资水平的差额表示。

（4）劳动生产率（b_4）：耗费一定量的劳动资源去生产某种产品所获得的最终成果，是产品成本和价格的重要决定因素，公式为劳动生产率=工业增加值/劳动从业人员人数。

（5）资本效率（b_5）：对某一产业或企业而言所要获取资本的难易程度，可以用企业获得信贷的能力和进入资本市场的难易程度进行表示。

（6）产业集中度（b_6）：行业内规模较大的前几名企业对整个行业的支配程度。一般采用行业集中度 CR_n 表示，公式为 $CR_n = \sum_{i=1}^{n} S_i = \sum_{i=1}^{n} X_i / X$。

（7）产品增值率（b_7）：体现某产业增值能力和国际竞争力的强弱，用该产业出口额/进口额−1 来表示。

（8）国际市场份额（b_8）：开放条件下一国某产业的出口额占国际市场该产业总出口额的比重，描述该产业在国际市场的竞争力强弱。

（9）显示性比较优势指数（b_9）：一国某产业相对出口的表现，是衡量产业国际竞争力的重要指标，一般公式表示为 $RCA = (E_i/E_t)/(W_i/W_t)$，其中 E_i、W_i 分别表示一国产品的出口值和世界产品的出口值，E_t、W_t 分别表示一国产品出口总值和世界产品出口总值。

（10）外资市场控制率（b_{10}）：外资企业对本国市场的控制情况，可以用外资企业销售收入与本国该产业总销售收入之比表示，比值越大，则产业安全性就越低。

（11）外资技术控制率（b_{11}）：外资企业在技术角度上对本国市场的控制情况，用加权外资企业技术控制率表示。

（12）外资股权控制率（b_{12}）：外资企业在股权角度上对本国市场的控制情况，以装备制造业中外资股权控制企业的产值与装备制造业总产值的比重来衡量。

（13）进口对外依存度（b_{13}）：装备制造业对于进口生产资料的依附程度，用装备制造业进口生产要素的金额占其当年总产值比重表示。

（14）资本对外依存度（b_{14}）：装备制造业对于国外资本的依附程度，用装备制造业当年年末国外资本存量占其资本总存量的比重表示。

5.2　演化模型构建

建立一个经济模型，必须要提供相应的经济理论知识，这样才能使得所建模型具有科学性和规范性，适合分析所研究的问题。针对本章研究内容，以及前人在演化问题上的研究和探讨，我们结合耗散结构理论和灰色关联熵理论提出中国式装备制造业空心化演化的判别模型。

5.2.1　模型的理论基础

1. 耗散结构理论

耗散结构理论是由比利时化学家普利高津于 1969 年提出的，该理论同协同论、突变论被称为现代三大论。根据系统科学理论，通常用有序和无序来描述客观事物的状态或者是具有复杂性结构的系统。其中，有序指系统内部的诸多子系统运动的确定性和有规则性，无序主要指系统内部的诸多子系统运动的不确定性和无规则性。而有序又可以细分为两种形态：一种是静态的有序，指系统结构是平衡的；另一种为动态的有序，指系统结构是非平衡的。在自然界和社会生活当中，平衡与非平衡结构的对比，即为静态与动态的对比，静态是死的，动态是活的，微观上系统内部处于不停的运动当中，但这种运动在宏观上却表现为一种稳定的结构。为了说明这种宏观上的动态有序，以及体现这种有序状态下的物质之间的信息或能量的交换情况，普利高津将其称为耗散结构。

判定一个系统处于耗散结构状态，可以通过以下几点辨别：

（1）必须是开放性的系统；

（2）远离平衡状态；

（3）存在非线性相互作用；

（4）存在涨落现象。

由此，可以将耗散结构解释为：一个开放性的系统在远离平衡状态下通过与外界进行物质、信息和能量的交换来达到内部动态有序的目的。根据上述分析，可以判断出中国装备制造业系统是耗散结构的。

（1）中国装备制造业是一个开放性的系统。根据产业特性，中国装备制造企业大多为国有企业，私营企业数较少，造成同一产业内企业数目有限，产品替代率较低，从而与国内其他产业相比，装备制造业与国民经济部门的联系更为紧密，存在不可替代的物质和能量的交换；此外，加之装备制造业的生产和发展处于社会环境与自然环境之中，必然与外界环境之间存在物质、能量以及信息的流入和流出，如人员的流动、生产资料的获取、三废的排放等。

（2）中国装备制造业系统是远离平衡态的。首先，从装备制造业不同行业之间的比较来看，由于在行业规模、市场容量和发展潜力等方面的差异，国家在资金、物质、人员等政策性扶持上会有所偏差；其次，同一个行业内的不同企业之间也会存在不平衡性，企业的外部环境不同，会引起企业的发展状况不同，即使外部环境相同，由于不同企业的内部管理政策不同，企业之间发展状况达不到平衡。

（3）中国装备制造业系统具有非线性相互作用。非线性是造就中国装备制造业复杂性的根本原因，中国装备制造业系统内部的各个子系统之间是相互制约、相互促进、共同发展的，且它们之间存在正负反馈效应，从而不可避免地使子系统之间产生交叉作用，单个子系统的发展必然受到其他子系统的影响。系统的非线性作用是系统演化出有序性的根本原因。

（4）中国装备制造业系统存在涨落现象。由于产业内部各个子系统之间存在不平衡性，且随着外部环境的不断变化，产业内各要素必然处于运动当中，不断地在各个行业或者企业之间流动，以寻求最佳的要素资源配置。这种要素的流动，势必会引起产业的随机涨落，如人员的升降、产业经济波动等。

因此，中国装备制造业系统是耗散结构的，具有耗散结构所体现出来的规律和特征，因此，针对本书的研究内容，可以利用耗散结构中系统熵变与有序度的关系对中国装备制造业的演化方向进行判别。

2. 灰色关联熵理论

熵的概念最早于 20 世纪 60 年代由德国物理学家 Clausius 提出，应用于描述物理学当中能量分布的均匀程度，一般可以理解为是对系统无序程度的描述，即熵的大小与系统无序程度呈正比例关系。Clausius 还认为熵的大小与系统的状态有关，可以通过熵值来判断系统状态情况，系统状态的确定与熵值得确定同时存在。直至 80 年代中期，美国经济学家 Shannon 将熵应用于信息论中，用来描述系统的不确定性、稳定程度和内部信息量，信息度量的是系统的有序程度，而熵度量的是系统的无序程度，两者在数值大小上呈现符号相反但绝对值相等关系。

根据前人的研究成果，假设当某个系统存在多种可能性状态时，每种状态出现的概率为 $p(x_i)$，以 $\log p(x_i)$ 表示状态 x_i 所能够提供的信息量，则系统的熵就可以以下两种形式表示。

离散型信息熵：

$$H(x) = -\sum_{i=1}^{n} p(x_i) \log p(x_i) \tag{5-6}$$

连续型信息熵：

$$H(x) = -\int_{-\infty}^{+\infty} p(x_i) \log p(x_i) \tag{5-7}$$

信息熵的主要性质有如下四点。

（1）非负性：对每一种可能性状态，根据相关数学和概率论知识，可以得出 $0 \leqslant p(x_i) \leqslant 1$，从而有 $-p(x_i) \log p(x_i) > 0$。

（2）可加性：由对数函数性质可得系统整体熵值与各状态熵值之间的关系如式（5-8）所示：

$$\log\left[p(x_1)^{-p(x_1)} p(x_2)^{-p(x_2)} \cdots p(x_n)^{-p(x_n)} \right]$$
$$= -\sum_{i=1}^{n} [p(x_i) \log p(x_i)] \tag{5-8}$$

（3）极值性：当系统各个状态出现的概率为等概率事件时，即 $p(x_i) = 1/n (i = 1, 2, \cdots, n)$，则系统信息熵将达到最大值。

（4）无关性：系统的信息熵大小与其各状态概率的排列次序无关。

对于熵函数 $H(p(x_i)) = -p(x_i) \log p(x_i)$，$0 < p(x_i) \leqslant 1$，其二阶导数有

$$H'' < p(x_i) < 0 \tag{5-9}$$

因此熵函数在区间 $(0, +\infty)$ 上是凹函数，如图 5.2 所示。

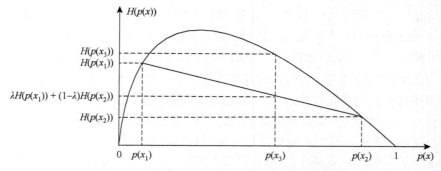

图 5.2　熵函数 $H(p(x_i)) = -p(x_i)\log p(x_i)$ 曲线图

在图 5.2 中的横轴上任意取 3 点 $p(x_1)$、$p(x_2)$、$p(x_3)$，且有

$$0 < p(x_1) < p(x_3) < p(x_2) < 1$$

令

$$[p(x_2) - p(x_3)]/[p(x_2) - p(x_1)] = \lambda, \quad 0 \leqslant \lambda \leqslant 1$$

则

$$p(x_3) = \lambda p(x_1) + (1-\lambda)p(x_2)$$
$$H(p(x_3)) = H(\lambda p(x_1) + (1-\lambda)p(x_2)) \tag{5-10}$$

在 $H(p(x_1))$ 与 $H(p(x_2))$ 两点连线上，对应于 $p(x_3)$ 的值为

$$\lambda H(p(x_1)) + (1-\lambda)H(p(x_2))$$

因此有

$$H(\lambda p(x_1) + (1-\lambda)p(x_2)) \geqslant \lambda H(p(x_1)) + (1-\lambda)H(p(x_2)) \tag{5-11}$$

当且仅当 $p(x_1) = p(x_2) = 1/2$ 时，有

$$H(\lambda p(x_1) + (1-\lambda)p(x_2)) = \lambda H(p(x_1)) + (1-\lambda)H(p(x_2)) \tag{5-12}$$

引理 1：设 $H(p(x))$ 是区间 $[a,b]$ 上的凹函数，且 $p(x_1), p(x_2), \cdots, p(x_n)$ 是 $[a,b]$ 中任意的 n 个点，若 $\lambda_i \geqslant 0$ 且 $\sum_{i=1}^{n}\lambda_i = 1$，则

$$H\left(\sum_{i=1}^{n}\lambda_i p(x_i)\right) \geqslant \sum_{i=1}^{n}\lambda_i H(p(x_i)) \tag{5-13}$$

根据以上分析可得，对于某个特定系统，其熵值与有序度之间必然存在一定的逆向函数关系。由此，本书也凭借这一结论利用熵值变化来描述系统的演化方向。

$$dH/dt = d_i H/dt + d_e H/dt \tag{5-14}$$

$$d_e H/dt = d_c H/dt + d_r H/dt \tag{5-15}$$

其中，dH/dt 表示系统的总熵变；d_iH/dt 表示系统内部自发性的熵变，且 $d_iH/dt > 0$；d_eH/dt 表示系统与外界环境之间进行物质、信息和能量交换时所引发的熵变，且这部分熵变又可由系统的熵流出 d_oH/dt 和系统的熵流入 d_rH/dt 共同决定。

灰色系统理论是指在有限的信息条件下，通过对数据的处理和挖掘，在随机的因素序列中找到其关联性的一种系统性的分析方法。在灰色系统理论中，灰色关联分析法应用较为广泛，但在分析问题时仍存在以下缺陷：一是分析结果具有局部点关联倾向；二是数据处理过程可能存在信息的流失。

灰色关联熵理论就是在克服这样问题的基础上进化而来的，使得计算结果更加准确。灰色关联熵模型计算步骤如下。

（1）对分析序列进行无量纲化处理。

首先需要确定参考序列和比较序列，并将参考序列记为 $Y = \{Y_i(t) \mid i = 1,2,\cdots,m\}$，将比较序列记为 $X = \{X_i(t) \mid i = 1,2,\cdots,n\}$，其中 $t(t = 1,2,\cdots,m)$ 表示时间序号。由于系统中存在较多的影响因素，且各影响因素之间的计量单位不同，在原始数据中不可避免地出现量纲和数量级上的差异，导致在分析时无法进行比较或不能得出有效的结论，针对这一问题，在进行灰色关联分析时首先需要对原始数据进行无量纲化处理。根据现有的学术资料，对数据进行无量纲化处理主要采用初值化、均值化等方法，为方便研究，本书采取均值化方法对原始序列数据作进一步处理，即将序列中每一数据与该序列所有数据的算术平均数作比较，其基本公式如下：

$$\begin{cases} x_i'(t) = X_i(t) \Big/ \dfrac{1}{n}\sum_{i=1}^{n} X_i(t) \\ Y_i'(t) = Y_i(t) \Big/ \dfrac{1}{n}\sum_{i=1}^{n} Y_i(t) \end{cases}, \quad i = 1,2,\cdots,n; t = 1,2,\cdots,m \qquad (5\text{-}16)$$

（2）求序列差和两极差。

令

$$\Delta_i(t) = |Y_i(t) - X_i(t)| \qquad (5\text{-}17)$$

记

$$M = \max_i \max_t \Delta_i(t) \quad m = \min_i \min_t \Delta_i(t) \qquad (5\text{-}18)$$

（3）计算序列之间的灰色关联度。

参考序列和比较序列的灰色关联度系数为

$$\xi_i(t) = \frac{\min_i \min_i |Y_i(t) - X_i(t)| + \rho \max_i \max_t |Y_i(t) - X_i(t)|}{|Y_i(t) - X_i(t)| + \rho \max_i \min_t |Y_i(t) - X_i(t)|} \qquad (5\text{-}19)$$

根据式（5-17）和式（5-18）得

$$\xi_i(t) = \frac{m + \rho M}{\Delta_i(t) + \rho M} \qquad (5\text{-}20)$$

其中，$\rho \in (0,1)$ 为分辨系数，它决定了 M 对 $\xi_i(t)$ 的影响力。ρ 一般取值为 0.5，但这种静态取值方法受到一些学者的否定，因为在序列值获取的过程中，由于受到多方面因素的干扰，可能存在不同程度的序列值偏差，当这种偏差过大时，就会造成计算结果的失信。

据此，本书采用如下取值准则。

对于参考序列 $Y=\{Y_i(t)\,|\,i=1,2,\cdots,n\}$ 和比较序列 $X=\{X_i(t)\,|\,i=1,2,\cdots,n\}$，经过初始化处理后得到序列 $Y'=\{Y_i'(t)\,|\,i=1,2,\cdots,n\}$ 和 $X'=\{X_i'(t)\,|\,i=1,2,\cdots,n\}$，从而得到差值矩阵：

$$\varDelta(t)=\begin{bmatrix} \varDelta_1(1) & \varDelta_1(2) & \cdots & \varDelta_1(m) \\ \varDelta_2(1) & \varDelta_2(2) & \cdots & \varDelta_2(m) \\ \vdots & \vdots & & \vdots \\ \varDelta_n(1) & \varDelta_n(2) & \cdots & \varDelta_n(m) \end{bmatrix}$$

记

$$\varDelta_v(t)=\frac{1}{nm}\sum_{i=1}^{n}\sum_{t=1}^{m}\varDelta_i(t)$$

$$\varepsilon(t)=\frac{\varDelta_v(t)}{M} \tag{5-21}$$

第一，当 $1/\varepsilon(t)>3$ 时，即序列当中出现异常值时，应当对分辨系数 ρ 取较小值以抑制 $\max_i \max_t \varDelta_i(t)$ 对灰色关联系数的影响，一般取值为 $\rho=1.5\varepsilon(t)$。

第二，当 $0<1/\varepsilon(t)\leqslant 3$ 时，即序列值只存在较小偏差时，应当增大对分辨系数 ρ 的取值以增强 $\max_i \max_t \varDelta_i(t)$ 对灰色关联系数的影响，以便体现出系统的整体性，一般取值为 $\rho=2\varepsilon(t)$。

第三，当 $\varepsilon(t)=0$ 时，即 $\varDelta(t)$ 某一列全部是 0 时，这时 $\xi_i(t)$ 的取值与 ρ 没关系，ρ 可取 $(0,1]$ 中的任意数值。

（4）计算灰色关联熵。

定义 4：设数列 $X=(x_1,x_2,\cdots,x_n),x_i\geqslant 0$，且 $\sum_{i=1}^{n}x_i=1$，称函数 $\sum_{i=1}^{n}x_i\log x_i$ 为序列 X 的灰色关联熵，x_i 为属性信息。

定义 5：设 X 为比较序列，Y 为参考序列，$R_i=\left\{\xi_i(t)\,\middle|\,t=1,2,\cdots,m\right\}$，存在如下映射：

$$\mathrm{Map}:R_i \to P_i \; p_i(t)=\xi_i(t)\middle/\sum_{i=1}^{n}\xi_i(t) \tag{5-22}$$

其中，$p_i\in P_i$ 为分布 P_i 的密度值。根据以上分析，可以将灰色关联熵表示为

$$S(t) = -\sum_{i=1}^{n} p(x_i) \log p(x_i), \quad t = 1, 2, \cdots, m \qquad (5\text{-}23)$$

其中，$S(t)$ 为一个状态函数，表示 t 时期系统灰色关联熵的大小，因而可以通过熵值来确定各时期系统的状态。

5.2.2　模型的构建

根据复杂系统理论知识，系统在各时期的运行和发展过程中，总是存在与其他系统或者是与外界环境之间的交流，即物质、信息和能量的交换。期间，由于缺乏针对交流信息的必要性认知，可能存在一些不需要的因素对系统运转产生影响，结果是在由单个子系统被影响而发生崩溃之后，整个系统的无序性程度也将逐渐上升直至崩溃。可以看出，系统在由有序向无序再到崩溃发生时，系统内部的熵值在一直保持增大，因此，为保持系统脆性不被激发的根本方法在于系统向外界引入负熵流来抑制内部的熵增，增强系统内部的稳定性。中国式装备制造业空心化的演化研究侧重于全球价值链视角下复杂系统熵变的演化，负熵意味着空心化风险的降低，熵增则意味着空心化风险的升高。

如前所述，具有耗散结构性质的开放性中国装备制造业系统，在参与全球生产制造过程中避免不了与其他国家或地区企业之间的交流与合作，进行物质、信息和能量的交换，在这种时刻交互联系过程中，引发中国装备制造产业系统内部的熵值在时刻发生变化，结合系统熵与有序度之间的关系，可知该系统的有序度也在时刻发生变化，且这种变化呈现出良性和恶性之分，良性表示系统有序度的增加，无序度的减小，系统运行平稳；恶性表示系统无序度的增加，有序度的减小，系统运行动荡，风险也随之增强。因此，本章将熵理论和熵变关系分别作为本书研究中国式装备制造业空心化演化的理论与方法。

在此需要说明的是，本章对中国式装备制造业空心化演化的研究，不是针对某个特定时间的标的状态，而是动态地去研究一定时期内各个时点上状态的相对变化情况，即本节点上的空心化风险态势相对上一节点是改进还是恶化。因此本章需要从两个或多个时间段的熵值变化来对系统的空心化发展状况进行判断。

如前所述，本章将建立的系统空心化演化模型可以表示为

$$\Delta S(t) = S(t) - S(t-1) \qquad (5\text{-}24)$$

其中，$\Delta S(t)$ 表示系统在 t 时期的熵变大小，若 $\Delta S(t) > 0$，表示相对于 $t-1$ 时期，本期的系统内部熵值增大，系统风险性增强；若 $\Delta S(t) < 0$，表示相对于 $t-1$ 时期，本期的系统内部熵值减小，系统风险性减弱；若 $\Delta S(t) = 0$，表示相对于 $t-1$ 时期，本期的系统内部熵值没有发生变化，系统风险性呈现中性。

5.3　中国式装备制造业空心化演化轨迹

5.3.1　数据来源

根据灰色关联熵模型计算要求，需要比较序列和参考序列两组数据进行研究。为此，本章在参考前人研究成果的基础上，将中国装备制造业整体及其各细分行业空心化判别指标体系中各指标的最优值作为参考序列，指标值作为比较序列。需要重点说明的是，本章采用熵变来判断空心化风险强弱，各评价指标应保持同向性，即同为正向指标或是逆向指标。而在上述所建指标体系中，产业升级能力和产业国际竞争力中的二级指标都是正向的，产业安全性中的二级指标都是逆向的，所以为使研究结果更具有说服力，本章对指标体系中关于产业安全性的五个二级指标数据采用1-相对应指标数据的方法进行变换。

考虑到中国各地区装备制造业发展的不平衡性，在最优值的确定上，本书选取装备制造业发展具有代表性的五大区域，即东北地区、长三角地区、环渤海地区、珠三角地区和中西部地区，其中东北地区包括黑龙江、吉林和辽宁，长三角地区包括上海、江苏和浙江，环渤海地区包括北京、天津、河北和山东，珠三角地区包括广东，而中西部地区包括湖南、湖北、山西、江西、四川和陕西，将这些地区的相关指标数据之和作为其最优值，指标值即为各指标当年的全国值。

鉴于数据的可获得性，在查找数据时，本章主要采用中国装备制造业七个细分行业全部规模以上工业企业的经济指标数值，且这些数值全部来自《中国工业经济统计年鉴》（2005～2014 年）、《中国科技统计年鉴》（2005～2014 年）和《中国统计年鉴》（2005～2014 年），其中 2005 年和 2006 年存在个别指标使用大中型工业企业数据。

需要说明的是，鉴于中国 2003 年在 WTO 签署的合约开始生效，大批外来企业开始进驻中国，导致中国的贸易投资环境发生了巨大变化，而在这之前这种经济效应并未得到充分体现，加之样本数据只更新到 2013 年，所以，本书选取 2004～2013 年作为研究的样本区间。

5.3.2　计算过程

（1）仅对产业安全性中的相关指标数据进行变换，变换方法为 1-相应指标数据。

（2）无量纲化处理。根据式（5-16）对变换后的所有指标数据进行无量纲化处理。

（3）确定分辨系数 ρ。首先由式（5-17）求得差值矩阵；其次由式（5-21）确定 $\varepsilon(t)$；最后根据分辨系数的取值准则确定各年 ρ 值大小。

（4）计算灰色关联矩阵。首先由式（5-18）确定 M 和 m；其次由式（5-23）得到灰色关联矩阵。

（5）计算各年灰色关联熵的大小。由灰色关联矩阵，根据式（5-22）和式（5-23）计算各年灰色关联熵的大小。

（6）计算各年熵变及绘制熵变趋势图。

5.3.3　整体装备制造业空心化演化轨迹

以统计年鉴数据为基础，利用灰色关联熵模型经上述六步计算整体装备制造业系统在 2004～2013 年的熵变大小，以此绘制中国式装备制造业空心化的演化轨迹。通过整理相关数据，在经过数据变换和无量纲化处理后得到表 5.5 所示的数据表。

表 5.5　2004～2013 年装备制造业空心化指标数据无量纲化处理结果

项目	2004 年		2005 年		2006 年		2007 年		2008 年	
	最优值	指标值	最优值	指标值	最优值	指标值	最优值	指标值	最优值	指标值
b_1	0.859	0.871	0.961	0.902	0.880	0.887	0.807	0.808	0.758	0.816
b_2	0.717	0.723	0.948	0.960	0.835	0.820	0.940	0.946	0.925	0.913
b_3	2.139	2.211	1.938	1.988	1.981	2.005	2.052	2.081	2.113	2.155
b_4	1.421	1.471	1.586	1.576	1.673	1.687	1.589	1.619	1.509	1.636
b_5	0.991	1.090	0.977	0.906	0.760	0.846	0.924	0.893	1.206	1.142
b_6	0.307	0.334	0.347	0.325	0.436	0.396	0.443	0.445	0.558	0.566
b_7	0.377	0.295	0.459	0.450	0.622	0.548	0.591	0.580	0.625	0.711
b_8	0.983	0.927	0.818	0.914	0.782	0.926	0.912	0.910	1.051	0.980
b_9	1.429	1.543	1.615	1.749	1.737	1.594	1.612	1.653	1.599	1.569
b_{10}	0.789	1.223	0761	1.368	0.825	0.915	0.844	0.951	0.762	1.044
b_{11}	1.023	0.998	1.338	0.999	1.097	0.891	0.903	0.959	0.934	0.906
b_{12}	0.998	0.534	1.021	0.633	1.003	0.615	1.032	0.562	1.049	0.830
b_{13}	0.478	0.711	0.589	0.971	0.542	0.843	0.614	0.748	0.648	0.621
b_{14}	1.001	0.749	1.013	0.683	0.997	0.755	0.971	0.733	0.945	0.782

续表

项目	2009 年		2010 年		2011 年		2012 年		2013 年	
	最优值	指标值	最优值	指标值	最优值	指标值	最优值	指标值	最优值	指标值
b_1	0.712	0.706	0.728	0.704	0.705	0.753	0.867	0.818	0.800	0.817
b_2	0.969	0.971	1.071	1.070	1.161	1.140	1.319	1.283	1.353	1.364
b_3	1.783	1.889	1.817	1.861	1.837	1.887	1.680	2.002	1.971	2.079
b_4	1.499	1.570	1.239	1.343	1.360	1.442	1.424	1.541	1.519	1.605
b_5	1.138	1.163	1.098	1.146	1.169	1.196	1.353	1.304	1.180	1.367
b_6	0.586	0.555	0.553	0.580	0.597	0.620	0.746	0.700	0.565	0.767
b_7	0.563	0.564	0.652	0.663	0.608	0.638	0.820	0.700	0.821	0.793
b_8	0.881	0.918	0.911	0.922	1.037	0.976	0.920	1.062	1.139	1.162
b_9	1.353	1.378	1.322	1.422	1.467	1.513	1.501	1.609	1.461	1.669
b_{10}	0.514	0.666	0.555	0.659	0.612	0.781	0.599	0.744	0.642	0.836
b_{11}	1.326	0.717	1.099	0.698	1.101	0.761	1.251	0.717	1.044	0.749
b_{12}	0.543	0.676	0.499	0.635	0.563	0.677	0.601	0.722	0.597	0.735
b_{13}	0.999	0.986	1.007	1.443	0.879	0.854	0.988	0.976	1.159	0.677
b_{14}	0.689	0.745	0.708	0.722	0.743	0.779	0.699	0.847	0.702	0.888

数据来源:《中国工业经济统计年鉴》(2005~2014 年)、《中国科技统计年鉴》(2005~2014 年)和《中国统计年鉴》(2005~2014 年)

然后，通过式（5-17）和式（5-21）计算得

$$\varepsilon(t) = \{0.1413, 0.129, 0.1518, 0.101, 0.244, 0.069, 0.126, 0.109, 0.277, 0.239\}$$

根据分辨系数确定准则，可以得出

$$\rho(t) = (0.177, 0.207, 0.346, 0.165, 0.229, 0.177, 0.159, 0.118, 0.374, 0.287)$$

由式（5-17）、式（5-18）和式（5-20）计算得出相应的灰色关联度矩阵如表 5.6 所示。

表 5.6　2004~2013 年装备制造业空心化的灰色关联度矩阵

项目	2004 年	2005 年	2006 年	2007 年	2008 年	2009 年	2010 年	2011 年	2012 年	2013 年
b_1	0.855	0.525	0.911	1.000	0.640	0.867	0.714	0.547	0.751	0.890
b_2	0.927	0.845	0.834	0.880	0.894	0.952	0.985	0.736	0.804	0.921
b_3	0.492	0.565	0.755	0.606	0.709	0.260	0.566	0.537	0.311	0.551
b_4	0.585	0.869	0.840	0.600	0.444	0.345	0.354	0.413	0.553	0.606

项目	2004 年	2005 年	2006 年	2007 年	2008 年	2009 年	2010 年	2011 年	2012 年	2013 年
b_5	0.411	0.477	0.455	0.591	0.614	0.599	0.547	0.690	0.752	0.413
b_6	0.723	0.755	0.643	0.959	0.930	0.552	0.677	0.720	0.760	0.395
b_7	0.461	0.884	0.496	0.801	0.541	0.983	0.837	0.661	0.548	0.829
b_8	0.556	0.403	0.333	0.969	0.589	0.501	0.840	0.484	0.506	0.855
b_9	0.380	0.325	0.333	0.522	0.773	0.607	0.363	0.558	0.574	0.388
b_{10}	0.509	0.666	0.743	0.459	0.589	0.711	0.689	0.407	0.548	0.627
b_{11}	0.509	0.664	0.603	0.621	0.853	0.735	0.699	0.746	0.493	0.871
b_{12}	0.765	0.737	0.705	0.658	0.533	0.728	0.737	0.744	0.751	0.779
b_{13}	0.654	0.544	0.687	0.688	0.701	0.633	0.684	0.747	0.719	0.639
b_{14}	0.588	0.607	0.499	0.701	0.644	0.675	0.601	0.706	0.711	0.699

最后，由式（5-22）～式（5-24）计算出中国装备制造业在 2004～2013 年的灰色关联熵大小以及熵变情况（表 5.7）。

表 5.7　灰色关联熵计算结果

年份	2004 年	2005 年	2006 年	2007 年	2008 年	2009 年	2010 年	2011 年	2012 年	2013 年
S	1.1262	1.1266	1.1235	1.1252	1.1278	1.1259	1.1296	1.1328	1.1353	1.1362
ΔS	—	0.0004	−0.0031	0.0017	0.0026	−0.0019	0.0037	0.0032	0.0025	0.0009

根据表 5.7 绘制装备制造业空心化演化趋势图，如图 5.3 所示。在 2006 年和 2009 年熵值有所减小，即在这两个时间段，中国装备制造业在向着良性方向发展，产业链脆弱性降低；其余时间段熵值都在增加，即产业内部要素向离乱、无序方向发展，产业应对风险的能力减弱，空心化风险增强，尤其是 2010 年风险增加程度极大，之后三年虽空心化风险都在增强，但增强程度在放缓。由此可以得出，中国装备制造业发展正面临着较大的空心化风险制约，产业链脆弱性在逐渐加大，产业运行始终保持低效率状态，因而加大装备制造业空心化风险管制力度，突破空心化发展制约成为确保中国社会经济未来能够稳健发展的一项重要任务。

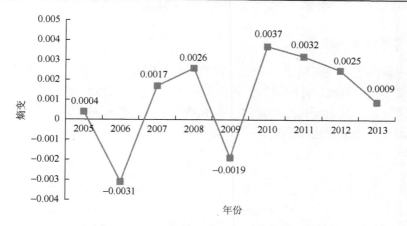

图 5.3　整体装备制造业空心化演化趋势图

5.3.4　分行业装备制造业空心化演化轨迹

同理，根据以上分析，对装备制造业其他子行业原始数据进行统计分析，得出相对应行业 2004～2013 年的灰色关联熵计算结果，并将熵变结果以图形形式表示出来，以此更加清晰地反映熵变趋势，即空心化的演化趋势。

1. 金属制品业

与非金属制造业相对应的金属制品业，囊括了一切金属制品和金属工具的制造，是装备制造业中最为基础性的部分。从其熵值变化情况看，除 2008～2010 年行业空心化风险有所降低之外，其余时间空心化风险都有不同程度的增强，而且近几年风险程度呈现逐年恶化趋势，如图 5.4 所示。

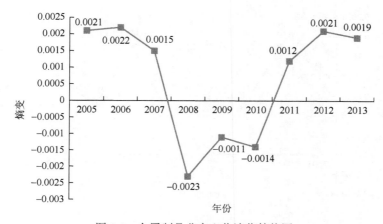

图 5.4　金属制品业空心化演化趋势图

2. 通用设备制造业

通用设备制造业指用于一个以上行业的设备制造,如机床、发动机、压缩机,以及冷却设备、供水设备制造等。从图 5.5 中可以看出,2005 年和 2006 年空心化风险有所降低,其余年份空心化风险都有所增强,近年来风险增长程度虽有所趋缓,但还一直处于恶化状态中。

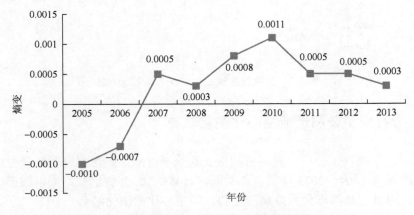

图 5.5　通用设备制造业空心化演化轨迹

3. 专用设备制造业

专用设备制造业指仅用于一个行业的设备制造,如时钟设备制造、注塑设备制造、矿山制造、农机制造和化工制造等。从图 5.6 可以看出,该行业空心化风险较强,仅在 2008 年有所改善,其余年份都存在恶化现象,尤其是 2013 年情况最为严重。

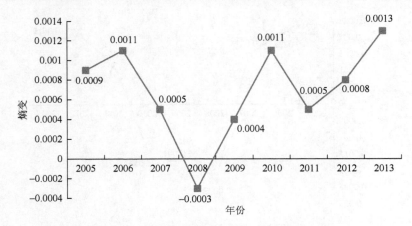

图 5.6　专用设备制造业空心化演化轨迹

4. 交通运输设备制造业

交通运输设备制造业包括对各类交通器材及其配件的制造等，如铁路机车制造、汽车制造、轮船制造以及飞机制造等，其发展的完备程度是衡量国家经济发展的重要标志之一。然而从图 5.7 中可以看出，该行业的空心化风险程度较强，整体呈现上升趋势。

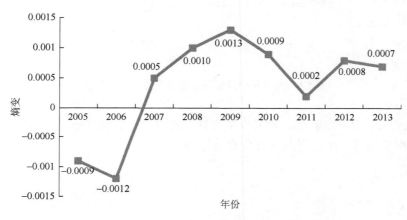

图 5.7　交通运输设备制造业空心化演化轨迹

5. 电气机械及器材制造业

电气机械及器材制造业包括工业及日用家电器材等的制造，由于其产品技术要求相对较高，该产业也被称为技术密集型产业，在中国经济社会发展中起到不可替代的基础性作用。

如今，电气机械及器材制造业已经成为反映一国工业发展水平的重要指标性行业，在伴随国家电力改革措施下，该行业得到较快发展，生产规模和技术水平得到有效提升，但就在这样的发展成就背景下，仍隐藏着一些不可回避的风险。如图 5.8 所示，除 2010 年该行业空心化风险有明显降低外，其他年份都有不同程度的恶化。

6. 通用设备计算机及电子设备制造业

通用设备计算机及电子设备制造业主要包括各类电子设备、电子器材的制造等，属于高技术密集型产业。由于近年来智能化和互联网的快速发展，各类电子设备的需求量不断攀升，而处于技术性劣势的中国电子设备产业，不断受到来自国外的产业冲击，市场逐渐被外来产品侵占，产业发展受制于人、依赖于人的现象较为严重。

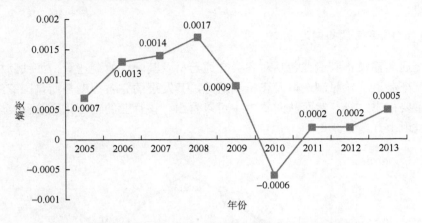

图 5.8　电气机械及器材制造业空心化演化轨迹

从图 5.9 中可以看出，通用设备计算机及电子设备制造业空心化风险一直处于不同程度的恶化中，近几年程度有所加深。

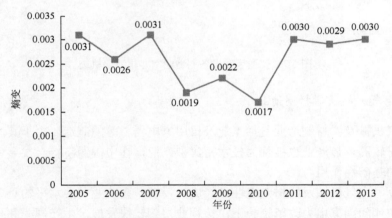

图 5.9　通用设备计算机及电子设备制造业空心化演化轨迹

7. 仪器仪表及文化办公用机械制造业

作为高技术产业之一的仪器仪表及文化办公用机械制造业，在 21 世纪的中国工业化进程中也发挥着一定的促进作用，主要涵盖专用仪器、通用仪器、高精度的电子测量仪器，以及文化、办公用多用仪器等。而由图 5.10 可知，该产业中所体现的空心化风险却不容忽视，风险恶化程度远高于优化程度。

综合以上七个行业的空心化发展趋势可以很明显地了解到中国装备制造业总体的空心化风险现状，总是趋向于风险加强型的方向发展，即产业空心化风险正逐渐增强，产业链脆弱性降低，阻碍了产业的正常运行和发展，干扰其功能的正

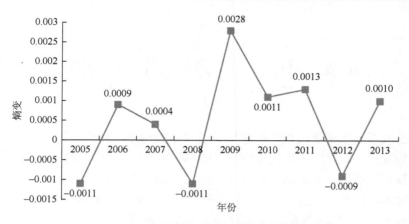

图 5.10　仪器仪表及文化办公用机械制造业空心化演化轨迹

常发挥。为此，加大装备制造业空心化风险管制力度，突破空心化发展制约成为确保中国社会经济未来能够稳健发展的一项重要任务。

5.4　本　章　小　结

本章在明确中国式装备制造业空心化内涵的基础上，构建了包括 25 个指标的中国式装备制造业空心化初始评价指标体系，进而采用粗糙集理论中的属性约简方法，对指标体系中的冗余指标进行删除，最后得到了由 14 个指标组成的中国式装备制造业空心化最终评价指标体系。该指标体系从产业升级能力、产业国际竞争力、产业安全性三个方面评价中国式装备制造业空心化的程度，与本书对于中国式空心化的内涵界定相吻合，可以对空心化的演化趋势进行比较精确的衡量。

构建灰色关联熵模型，从整体和细分行业两个角度对中国装备制造业在 2004～2013 年的系统熵值进行了计算，并绘制熵变趋势图，从而判断中国式装备制造业空心化的演化趋势。结果表明，从整体装备制造业分析结果来看，除个别年份风险程度有所降低之外，其余年份风险程度都有不同程度的增加，近年来虽有所放缓，但仍保持持续风险增强的趋势。由此，可以得出中国装备制造业总体的空心化风险正在向更加恶化的方向演化，正逐步成为制约中国装备制造业良性发展的一大重要障碍；从细分行业分析结果来看，七个细分行业有所差别，但都存在空心化风险增强趋势，尤其是通用设备计算机及电子设备制造业的空心化风险最大，每年的风险性都在增强。

由此可以得出结论，无论从装备制造业整体还是从各细分行业来看，其空心化程度都呈现不断恶化趋势，空心化风险都在不断加强，中国装备制造业的发展态势不容乐观。

第 6 章　中国航空装备制造业案例分析

航空装备是工业制造的"皇冠"，对先进制造设备、先进制造工艺、先进材料有极高的要求，摘取这个"皇冠"是一国占领全球制造业价值链顶端的重要标志，是一国发展战略新兴产业的重要组成部分。日本一项对 500 项技术扩散案例研究表明，60%的技术源于航空工业；如果将民用船舶业对产业拉动以 1 元计算，那么家电为 45 元，汽车为 80 元，而大型客机为 800 元；同时，从投入产出效益来看，每向航空工业投入 1 万美元，10 年后可以产生 50 万～80 万美元的收益。美国兰德公司的一项研究表明，由飞机技术派生的衍生产品的销售额是航空产品本身销售的 15 倍。几乎整个航空装备产业链都是高端装备和新材料范畴，这与其他高端装备制造业对象只是传统产业的高端部分不一样，发展航空装备对一国制造业整体提升有重大意义；而且，航空装备中通用航空可以促进国内消费多元化，推动形成万亿新兴市场，促进国内消费结构提升。因此，航空装备是国家高端装备产业振兴重中之重。我国持续把航空装备作为发展战略性新兴产业的重要内容，"国家科技重大专项"、《国务院关于加快培育和发展战略性新兴产业的决定》中均提到要大力发展航空装备制造。

由于资料数据的可得性，本章主要从民用航空制造业的角度分析中国航空装备制造业在全球价值链中的地位。民用航空制造业属于技术密集型先进制造业，是中国装备制造业中的一部分，产业关联度高，产业拉动效应明显，具有巨大的经济拉动作用和知识扩散效应，对一国实现产业升级，提高制造业整体地位有重大意义，并且航空装备制造业的低端突破模式与中国装备制造业类似。因此对该产业的研究结论在我国技术密集型或资金密集型产业领域具有较大的应用价值。

6.1　中国航空装备制造业整体发展情况

6.1.1　中国航空装备制造业发展历程

1. 自主创新阶段

从 1951 年航空工业管理委员会的正式建立开始国家就对属于高端产业的航空制造业颇为重视。此后，在国家资金重点支持下，航空工业进入了大规模的重点建设阶段，借助苏联的技术支持，航空工业较为迅速地实现了从维修到生产制造的过渡。1959 年，随着中国第一架超声速喷气飞机歼-6 试制成功，中国跨入了同时期世界上为数不多的具备批量生产喷气式战斗机能力的国家行列（户海印，2015）。

20 世纪六七十年代，中国航空制造业进入独立建设和发展时期。1965 年，自行设计的强-5 设计定型；1966 年，试制成功 2 倍于声速的歼击机——歼-7；1969 年，我国第一架自行设计制造的高空高速歼击机——歼-8 首飞成功；1970 年运-10 大型载人客机项目启动；1980 年，最大起飞重量 110 吨的运-10 飞机在上海首飞成功，使中国成为连同美国、西欧各国与苏联为数不多的成功研发大型喷气式客机的国家。运-10 的成功是中国航空工业历史上的里程碑，其研发为中国民用航空制造业打下了基础，为大飞机研制积累了宝贵经验。但是由于种种原因，运-10 在经历短暂的辉煌后匆匆"下马"。运-10 的"下马"标志着国家大飞机项目的自主创新之路受到严重挫折，从此中国民用航空制造业开始走上了一条寻求国际合作、引进技术实现航空技术起步的发展道路。

2. 国际合作阶段

1985 年美国麦道公司与上海航空工业公司签署了装配 25 架 MD82 飞机的协议，从此中国航空业开启了走国际合作化的道路。通过国际技术合作，国内航空企业组装生产大型客机的质量标准和管理水平得到较大的提升。但是由于没有实质性核心的技术引进，中国在整个航空产业链环节中仅仅只是承担产业链低端产品组装的简单环节。随后，1992 年，中国开始与麦道公司合作生产 MD90 型客机，中国企业负责超过 70%的机体以及其他零部件的设计生产工作。其中，西飞、沈飞、成飞分工生产其机身、机翼、机头、机尾，上海航空工业总公司主要承担整机总装任务。MD90 项目的成功启动说明了中国民用航空制造业干线飞机制造的能力初步得到国际航空业的认可。但是，由于我国企业只承担尾翼、尾段等非关键部件的生产制造，其市场地位仅仅局限于跨国寡头的"代工工厂"；并且寡头凭借其市场地位和技术优势恣意妄为，为了保持其竞争力，甚至在获得中国市场后以终止组装项目的方式来阻止核心关键技术的溢出。1996 年底波音收购麦道，随后波音便宣布不再与我国合作生产 MD90 飞机。

3. 突破阶段

2002 年，中国航空工业第一集团公司承担了 ARJ21-700 项目，我国按照国际航空适航管理条例进行研发和生产，于 2007 年首飞成功。其在技术、适航取证以及项目管理等方面积累的成功经验为中国大飞机研发工作提供了借鉴。但是在知识产权和关键核心技术上，中国还是一片空白。2006 年，国家将大飞机研制计划列入《国家中长期科学和技术发展规划纲要》。2008 年空客公司 A320 系列飞机天津总装线正式投产，并交付使用。国内多家航空企业围绕着整条生产线，在原材料供应、零部件研发和制造方面积极参与合作，我国民用航空制造业技术上了一个新台阶，并且它是我国首个以中国制造商为主体，按照现代市场化手段运作的民用客机研制项目。同年，中国商用飞机有限责任公司成立，大飞机研制正式启动。其成立标志着中国正在转变理念，重新走向依赖自主创新求发展的路子。

6.1.2　中国航空装备制造业发展中的优势与问题

1. 中国航空装备制造业的现有优势

数据显示，2014 年，中国航空装备制造业主营业务收入达到 3027.6 亿元，其中飞机制造达到 2100.4 亿元，航天制造达到 221.1 亿元；中国航空装备制造业固定投资额达 701.92 亿元。此外，为应对国内外市场需求的变化，高端装备发展取得明显成效，高端装备制造业产值占装备制造业比重逐步提高，现已接近 20%，尤其是有些重点率先发展的产业，高端化比重已在 40% 以上。

由上述数据可以看出，在经济新常态下，随着工业结构调整和转型升级步伐的进一步加快，中国航空装备制造业呈现快速增长势头，其产业结构和增长动力正在发生深刻变化，中国经济正处于并将持续处于向中高端演化的进程之中，在劳动生产率与能耗指标的"一升一降"间，中国经济正逐步告别高投入、高消耗的粗放式增长模式，向高技术、低消耗的集约型发展方式转变。

此外，航空运输和通用航空服务需求的不断增长为航空装备制造业的发展创造了广阔的市场空间。中国在国民经济快速发展和综合实力不断提高的经济形势下，对航空运输和通用航空服务的需求也在快速增长，航空工业发展的市场空间十分广阔。

2. 中国航空装备制造业发展中的问题

对于中国航空制造业，从 20 世纪 70 年代运-10 的研发到现在的再次起步，期间经历了自主研发到寻求国际合作的曲折而又漫长之路。虽然中国近些年不断加强对航空制造业的资金和人力投入，初步形成一个配套相对齐全的工业体系，为核心技术的研发奠定了良好的资源基础，在航空规模上具有仅次于美国、俄罗斯的产业规模，但相对于发达国家，中国仍存在航空制造业布局过于分散，尚未形成集群力量，且存在结构性矛盾，在很大程度上制约了航空产业的快速发展（严海宁和谢奉军，2010），这也是中国民机产业发展的体制性问题所在。从布局上看，中国民用航空制造业主要分布在航空制造业基础较好或区位优势明显的地区。总体而言，中国民用航空制造业市场集中度偏低，缺乏国家层面的统一规划，并且存在地方政府各自为政、重复建设、盲目跟风的现状，需要国家从战略层面予以引导；创新效率不高是中国航空装备制造业存在的另外一个问题。丁勇和刘婷婷（2011）以天津航空制造业的创新效率为研究对象，认为天津航空制造业处于规模递增阶段，却存在规模效率过低、产出亏空和 R&D 人员投入冗余等问题。尽管中国已经初步形成了航空航天工业体系，但其总体国际竞争实力不强（穆荣平，2003）。

6.1.3　中国航空装备制造业的进出口贸易情况

图 6.1 为中国航空装备制造业 2007～2016 年进口和出口贸易值的直观反映。从图中可以看出中国航空装备制造业进出口贸易值的波动情况：从出口情况来看，虽然整体呈现出上升态势，但在 2009 年、2012 年和 2016 年出现了下滑现象；从进口情况来看，大体可以分为三个阶段，即 2011 年之前的稳步上升阶段，2012～2014 年的快速上升阶段和 2015 年以后的下降阶段；从贸易差额情况来看，中国航空装备制造业在 2007～2016 年一直处于贸易逆差状态，逆差额从 2007 年开始不断扩大，到 2014 年达到最大值 25.80 亿美元，从 2015 年开始有所减少。

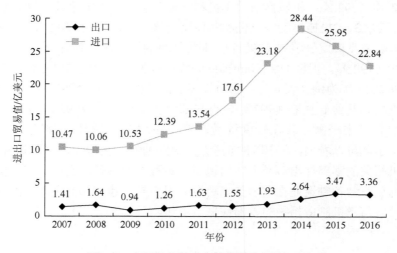

图 6.1　中国航空装备制造业进出口贸易值

数据来源：UN Comtrade

从中国航空装备制造业进出口占世界航空装备制造业进出口的比重（图 6.2）来看，出口所占的比重较小且总体保持平稳，在 2007～2016 年出口所占比重略有上升。进口所占的比重要远远高于出口所占的比重，各年度比重有升有降，2015～2016 年占比约为 10%。

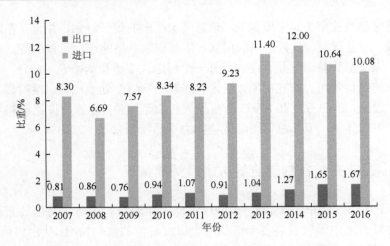

图 6.2　中国航空装备制造业占世界航空装备制造业的比重

数据来源：UN Comtrade

根据联合国的国际贸易标准分类（SITC Rev.4），可以将航空装备制造业分为七大部门，分别包括：直升飞机（792.1）；机械推动的飞机和其他航空器，自重不超过 2 吨（792.2）；机械推动的飞机和其他航空器，自重超过 2 吨，但不超过 15 吨者（792.3）；机械推动的飞机和其他航空器，自重超过 15 吨者（792.4）；航空飞机和航空飞机发射装置（792.5）；未另列明的航天器及有关设备（792.8）；其他零部件（792.9）。根据 UN Comtrade 的统计数据，各部门的进出口额分布极不均衡，以 2015 年为例（表 6.1），出口最多的是其他零部件（792.9），进口最多的是大型飞机和其他航空器（792.4），有些部门有贸易顺差（792.2，792.5），有些部门进出口基本平衡，存在轻度贸易逆差（792.3），有些部门则存在贸易逆差（792.4）。由此可以看出，在中国的航空装备制造业中，大型飞机主要是依赖进口，而与飞机相关的零部件出口额大并出现了一定程度的顺差，也在一定程度上说明了中国的航空装备制造业在发达国家跨国公司引导、建立起的全球生产网络中只是承担一些与飞机制造相关的零部件加工工作。

表 6.1　2015 年航空装备制造业分部门进出口额　　　单位：百万美元

项目	792.1	792.2	792.3	792.4	792.5	792.8	792.9
出口额	9.91	50.19	11.76	71.18	36.25	0.35	166.98
进口额	60.66	10.11	16.56	2273.62	0.01	19.20	214.98
贸易差额	−50.75	40.08	−4.80	−2202.44	36.24	−18.86	−47.99

数据来源：UN Comtrade

6.2　中国航空装备制造业全球价值链嵌入分析

6.2.1　中国航空装备制造业嵌入全球价值链的方式

1. 航空装备制造业全球价值链的价值分布

航空装备制造业价值链是从研发设计、发动机制造等到售后服务的一系列环节组成的价值链条，不同的企业承担不同的生产任务并分配不同的经济租金。处在全球价值链上不同环节的技术能力要求、市场能力要求和资本要求都不尽相同，导致各个环节的进入壁垒高低不等，也致使各个环节的附加值呈现出不均匀分布的特征。在航空装备制造业的全球价值链中，飞机的研发设计、整机制造以及航空发动机等关键部件的技术能力要求最高、投资额最大，因此进入门槛最高，附加值也最高。机体结构件、机载设备和航电系统制造环节的技术能力要求、资本要求仅次于整机研发与制造，相应的进入门槛和附加值也很高。市场营销、品牌运营与售后维修服务环节的市场能力要求最高，而且往往被波音、空客、庞巴迪等整机制造商所控制，因此进入门槛和附加值也非常高。而零部件生产和原材料供应业务环节的技术能力要求、市场能力要求和资本要求相对最低，因此进入门槛和附加值也最低（仲伟周等，2012）。航空装备制造业的价值分布特征大致可以用微笑曲线（图6.3）来表示：位于前端的研发设计、整机制造组装、发动机制造等关键核心环节，具有较高的附加值；位于后端的营销服务环节附加值也较高；中间部分属于一般生产制造环节，具有较低的附加值。欧美发达国家已经基本占据了具有较高附加值的发动机制造、整机制造组装、关键零部件制造以及维修服务环节，而以中国为代表的发展中国家只能参与原材料供应和一些附加值比较低的零部件制造。

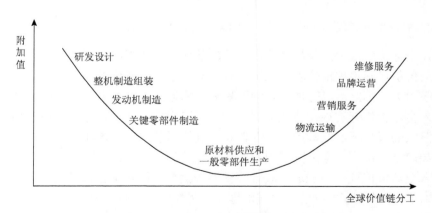

图 6.3　航空装备制造业价值分布的微笑曲线

2. 航空装备制造业全球价值链的驱动机制

根据价值链驱动力的不同，全球价值链可以分为两种类型：生产者驱动和购买者驱动（Gereffi，1999a）。航空制造业是典型的生产者驱动价值链，从研发设计到生产组装需要大量的资金作为投入、高技术作为支撑。大型跨国航空制造企业由于其先进的技术积累和雄厚的资金实力占据了价值链的高端环节，也就是掌握了研发设计、关键和核心部件的生产、销售等高附加值环节，成为航空制造产业的技术领先者和创新驱动者，是价值链的直接驱动力。

3. 航空装备制造业全球价值链的治理模式

根据价值链中主导企业对其他企业管理能力的不同，全球价值链治理模式可以分为三种：俘获型治理模式、关系型治理模式和市场型治理模式。价值链驱动模式不同，占据价值链重要"战略环节"的领导公司凭借其影响力对分散在全球范围的价值链内的经济活动进行组织和协调的能力也不同。一般来说，治理者通常都是技术或品牌领先的跨国公司，凭借其强大的市场领导力决定其链条内的租金分配（Gereffi et al.，2005）。这种领先的生产者与链条内不同层级供应商之间的关系决定了其价值链治理模式的类型。如果生产者主要与高层次的供应商直接联系，那么他们之间的价值链治理模式表现为关系型治理模式；而位于价值链低层级的供应商与高层级的供应商之间的关系主要是市场形式的外包-接包关系，他们之间的价值链治理模式表现为俘获型治理模式（Peter，2008）。国内本土航空企业与大型航空跨国公司之间的关系仅仅是外包-接包关系，处于底层级的国内供应商与高层级供应商没有直接的接触（陈爱贞，2012），因此由大型跨国公司主导的全球航空装备制造业价值链的治理模式是俘获型治理模式。

4. 中国航空装备制造业全球价值链嵌入方式及对地位的影响

在全球价值链中，领导企业占据了链条环节中的高附加值部分，获取了绝大部分的价值，其治理地位和巨大经济效益对位于价值链环节中的其他成员具有很强的吸引力，因此后者有通过知识积累和技术创新实现产业升级的强烈动机，通过嵌入全球价值链实现经济效益更大的发展路径成为在由计划经济向市场经济转型过渡大的背景下产业政策制定者首要考量的因素。在1985年"市场换技术"政策的导向下，国家完全放弃了原有的自主品牌和自主研发平台，开始寻求国际合作嵌入全球价值链，与麦道、波音、空客等世界飞机巨头合作组装大型飞机。然而，由西方发达国家主导的价值链治理模式将影响全球价值链下企业的升级路径，决定了低端嵌入产业升级机会的不同（Humphrey and Schimitz，2002）。在由世界飞机巨头主导的俘获型价值链治理模式中，中国本土制造业几乎没有进行功能升级或价值链升级的机会（陈爱贞，2012）。跨国公司通过把非核心的业务环节外包给发展中国家，跨国公司的技术确实会对发展中国家企业产生外溢效应。但是，跨国公司的技术外溢主要是以非核心的技术外溢为主，虽然使得本土企业的代工能力得到一定的提升，但是知识外溢的效果微乎其微，无法学习到核心的研发制造技术，也就无法分享到高附加值的利润分配（Pack and Saggi，2001）。也就是说，从目前来看，作为中国高端制造业的航空装备制造业在俘获型价值链治理模式下对实现产业升级没有直接的优势，只有寻求自身的技术突破和市场突破，以促进其在全球价值链中地位的整体提升。

6.2.2　中国航空装备制造业在全球价值链中的地位

1. 数据来源和说明

前面已经提到，根据联合国的国际贸易标准分类（SITC Rev.4），可以将航空装备制造业分为七大部门。本节采用此分类方法，数据来源于 UN Comtrade 数据库提供的 2008～2016 年的进出口数据，计算了中国航空装备制造业以及其细分行业的出口复杂度，并且为了比较，对 G20 中的阿根廷、澳大利亚、巴西、加拿大、法国、德国、印度、印度尼西亚、意大利、日本、韩国、墨西哥、俄罗斯、沙特阿拉伯、南非、土耳其、英国、美国的航空装备制造业出口复杂度进行分析。测算中所需的人均 GDP 来自世界银行 WDI 数据库。

在第 2 章中，我们采用显示性比较优势（RCA）指数测度中国装备制造业国际竞争力，采用 GVC 参与率指数和 GVC 地位指数测度中国装备制造业参与全球价值链的程度和在全球价值链中的地位。本节依然采用 RCA 指数测度中国航空装备制造业国际竞争力，但由于数据的可得性，在测度中国航空装备制造业全球价值链地位时，本节采用出口复杂度指数。

2. 国际竞争力测度与分析

经济全球化趋势下，国际竞争力成为决定竞争成败的关键因素。本节依然采用 RCA 指数进行测度。所有数据均来自 UN Comtrade 的原始数据，或根据原始数据计算得到。RCA 指数通过一国某产业在该国出口中所占的份额与世界贸易中该产业占世界贸易总额的份额之比来表示，剔除了国家总量波动和世界总量波动的影响，可以较好地反映一个国家某一产业的出口与世界平均出口水平比较的相对优势。其计算公式为

$$RCA_i = \frac{E_j/E_t}{W_j/W_t}$$ （6-1）

其中，RCA 表示一国 j 产品的显示性比较优势指数；E_j 表示一国对世界市场出口的 j 产品的出口额；E_t 表示一国对世界市场的总出口额；W_j 表示世界市场上 j 产品的总出口额；W_t 表示世界市场的所有产品的总出口额。一般而言，如果 RCA>2.5，则表明该国该产业具有极强的竞争力；如果 1.25<RCA≤2.5，则表明该国该产业具有较强的国际竞争力；如果 0.8≤RCA≤1.25，则表明该国该产业具有中等的国际竞争力；如果 RCA<0.8，则表明该国该产业竞争力较弱。

表 6.2 是 2008～2016 年 G20 的 19 个国家航空装备制造业的 RCA 指数。从中国的情况来看，RCA 指数虽然有所上升，但远远小于 0.8，说明中国航空装备制造业的国际竞争力非常弱。从国际比较来看，中国航空装备制造业的国际竞争力同样非常弱，英国、法国的 RCA 指数远远高于 2.5，属于航空装备制造强国；德国、加拿大、巴西、印度等国的 RCA 指数在 2 左右，也是远远高于中国。括号内的排名值之所以有差异，是因为有些年份有些国家没有统计数据。以 2016 年为例，当年俄罗斯和沙特阿拉伯缺少统计资料，中国航空装备制造业的 RCA 指数仅仅高于印度尼西亚，在 17 个有统计数据的国家中国际竞争力排在了第 16 位，同样也是倒数第 2 位。

表 6.2　各国航空装备制造业国际竞争力指数

国家	2008 年	2009 年	2010 年	2011 年	2012 年	2013 年	2014 年	2015 年	2016 年
阿根廷	0.8035	1.0391	0.9896	1.1822	1.1005	1.5224	0.2834	0.3384	0.3753
澳大利亚	0.3375	0.4120	0.3141	0.4806	0.4744	0.5236	0.5509	0.5496	0.5397
巴西	2.2210	2.5715	2.3642	1.9332	2.2027	1.7820	1.5903	1.7919	1.7799
德国	1.5053	2.6639	2.5495	2.8587	3.1443	2.9904	2.5738	2.4703	2.2764
俄罗斯	—	—	—	—	0.1639	0.2795	0.2061	0.4235	—
法国	4.7571	6.9808	9.6991	9.8146	10.0097	9.8381	8.9927	10.1923	7.4943
韩国	0.1237	0.2077	0.2835	0.1839	0.2185	0.3074	0.2561	—	0.2615
加拿大	1.5502	2.8507	2.6641	2.4771	2.3073	2.2704	2.3195	2.3020	1.8133
美国	4.1064	0.7260	0.6405	0.5660	0.6671	0.6158	0.6579	0.6103	0.6483
墨西哥	0.1828	0.1787	0.2114	0.1887	0.1556	0.2298	0.2344	0.1527	0.1183

续表

国家	2008 年	2009 年	2010 年	2011 年	2012 年	2013 年	2014 年	2015 年	2016 年
南非	0.5361	0.3520	0.4222	0.4012	0.4393	0.3592	0.2062	0.2019	0.4362
日本	0.2511	0.4093	0.3640	0.4692	0.5045	0.6040	0.6931	0.6291	0.5425
沙特阿拉伯	0.0714	0.1584	0.1392	0.1329	0.1431	0.1435	0.1526	0.2540	—
土耳其	0.1182	0.2626	0.2761	0.2905	0.3364	0.4471	0.3341	0.3642	0.3455
意大利	0.7150	1.0798	1.1670	1.1047	1.1596	1.1320	1.0462	0.8697	0.7263
印度	0.0351	0.5779	0.7448	0.9445	0.6386	1.2076	1.8711	1.0886	1.7189
印度尼西亚	0.0081	0.0979	0.0863	0.1330	0.1128	0.0888	0.0478	—	0.0633
英国	0.0038	0.0020	0.0025	0.0070	0.0012	0.0006	2.8742	3.0220	3.3955
中国	0.0848 (14)	0.0732 (17)	0.0855 (17)	0.0976 (17)	0.0775 (18)	0.0864 (18)	0.0997 (18)	0.1160 (17)	0.1100 (16)

注：（）内的值为中国航空装备制造业 RCA 指数在 19 个国家中（除去当年没有统计数据的国家）的排名

从中国航空装备制造业细分行业来看（表 6.3），除了机械推动的飞机和其他航空器，自重不超过 2 吨（792.2）的国际竞争力在 2016 年超过了 2.5，具有极强的国际竞争力以外，细分行业的 RCA 指数都要小于 0.8，国际竞争力非常弱，尤其是直升飞机（792.1），在 2016 年的 RCA 指数仅为 0.0008。

表 6.3　中国航空装备制造业细分行业国际竞争力指数

行业代码	2008 年	2009 年	2010 年	2011 年	2012 年	2013 年	2014 年	2015 年	2016 年
792.1	—	0.0433	0.0252	0.0290	0.1235	0.1959	0.0647	0.1004	0.0008
792.2	0.0044	0.0034	0.1507	0.2952	0.1613	0.0073	0.5026	2.2842	4.3111
792.3	0.0492	0.0129	0.0960	0.1469	0.0909	0.0844	0.0705	0.0735	0.1172
792.4	0.0356	0.0080	0.0237	0.0262	0.0128	0.0253	0.0678	0.0493	0.0226
792.5	—	—	—	—	—	—	—	0.5040	0.4862
792.8	0.0076	0.0193	0.0210	0.0326	0.1049	0.0116	0.0492	0.0109	0.0415
792.9	0.1891	0.1814	0.1877	0.2037	0.1693	0.1689	0.1462	0.1427	0.1271

3. 出口复杂度测度与分析

在全球生产网络体系下，一国在全球价值链中的地位会反映在其生产和出口产品的技术复杂度水平上。在航空装备制造业的全球价值链中，发达国家一般专业化于全球价值链中的研发设计、发动机制造、关键零部件制造等技术复杂度较高的环节，发展中国家则集中于原材料供应和一般零部件生产等技术复杂度较低的工序。事实上，真正关系一国长期经济增长的不是它出口多少，而是它出口的质量和技术结构。依照贸易结果反映生产结果的逻辑，一国或地区的出口复杂度可以反映出该国或地区在全球价值链上所处的地位。出口复杂度最早由 Hausmann 等（2007）提出，某一产品的技术复杂度公式可以表示如下：

$$PRODY_k = \sum_i \frac{x_{ik}/X_i}{\sum_i x_{ik}/X_i} Y_i \tag{6-2}$$

其中，$PRODY_k$ 为产品复杂度；x_{ik} 为国家 i 产品 k 的出口额，i 表示国家，k 表示产品；X_i 为国家 i 的总出口额；Y_i 为国家 i 的人均 GDP；x_{ik}/X_i 为国家 i 产品 k 的出口额占国家 i 的总出口额的比重。

某一行业的出口复杂度可以由式（6-3）衡量：

$$TSY_{il} = \sum_k \frac{x_{ik}}{X_{il}} PRODY_k \tag{6-3}$$

其中，TSY_{il} 为国家 i 行业 l 的出口复杂度指数，l 表示行业。该指数的权重为一国第 k 种产品的出口总额与其行业总出口的比率。

根据以上方法，本节测度了 2008～2016 年中国与代表性国家航空装备制造业出口复杂度指数，如表 6.4 所示。

表 6.4　各国航空装备制造业出口复杂度指数

国家	2008 年	2009 年	2010 年	2011 年	2012 年	2013 年	2014 年	2015 年	2016 年
阿根廷	35 484	32 939	35 644	36 392	36 166	35 766	38 247	37 564	37 564
澳大利亚	39 870	35 651	36 015	37 336	37 205	37 130	38 856	40 135	39 529
巴西	35 462	32 936	34 517	35 928	34 906	35 410	38 042	37 213	36 991
德国	36 850	33 929	35 823	36 835	36 773	36 208	39 036	38 319	38 690
俄罗斯	—	—	—	—	35 751	35 907	38 939	37 771	—
法国	35 284	33 813	34 820	35 935	36 407	34 933	37 777	37 767	38 260
韩国	39 926	36 292	36 195	37 730	37 963	36 716	38 990	—	39 710
加拿大	37 225	34 322	35 244	36 769	36 159	36 208	38 221	37 921	37 963
美国	37 121	35 865	36 375	37 754	37 804	37 459	39 073	40 195	39 658
墨西哥	35 924	35 609	36 010	37 602	37 951	37 255	38 995	40 366	39 791
南非	37 091	35 157	33 639	35 340	32 927	36 408	34 320	34 092	36 666
日本	40 582	36 377	36 302	37 957	37 996	37 390	39 115	40 516	40 185
沙特阿拉伯	40 551	36 003	36 240	38 396	38 794	38 572	37 961	38 209	—
土耳其	40 246	35 966	36 481	37 974	37 287	36 901	38 582	39 691	39 675

续表

国家	2008 年	2009 年	2010 年	2011 年	2012 年	2013 年	2014 年	2015 年	2016 年
意大利	39 090	36 305	36 724	37 747	37 945	37 164	38 824	39 826	39 458
印度	34 120	36 086	36 295	38 279	38 062	36 307	37 701	37 734	38 845
印度尼西亚	34 591	33 606	35 495	35 579	36 940	37 170	38 970	28 081	38 322
英国	41 407	39 232	40 332	40 160	40 225	40 839	38 690	39 836	39 193
中国	39 075 (8)	36 170 (5)	35 772 (12)	37 150 (11)	37 392 (9)	36 840 (10)	38 597 (11)	38 091 (10)	33 978 (17)

注：（）内的值为中国航空装备制造业出口复杂度指数在 19 个国家中（除去当年没有统计数据的国家）的排名

由表 6.4 可知，在 2008～2015 年，各国航空装备制造业的出口复杂度呈现比较稳定的小幅增长态势，日本、美国、澳大利亚等发达国家航空装备制造业出口复杂度仍保持前列；中国航空装备制造业出口复杂度呈现出一定程度的波动性，与美国、日本等发达国家相比仍存在比较大的差距。在 G20 的 19 个国家中，中国航空装备制造业出口复杂度的排名基本保持在 10 名左右。在 2016 年，世界各国航空装备制造业的出口复杂度大多比较稳定或呈小幅上升态势，但中国航空装备制造业的出口复杂度指数却急剧下滑，不仅在中国自身所有的年份中是最低的，在当年 19 个国家中也是最低的。括号里的排名值之所以是 17，是因为 2016 年缺乏俄罗斯和沙特阿拉伯的统计数据，因此，中国航空装备制造业出口复杂度的值实际上在所有国家中是最低的。由此可见，中国航空装备制造业在全球价值链中的地位堪忧，存在低端锁定的风险。

从行业结构上看（表 6.5），中国航空装备制造业各行业出口复杂度指数分布不均衡且总体变化比较大。以 2016 年为例，指数值最高的行业是机械推动的飞机和其他航空器，自重不超过 2 吨（792.2），其次为航空飞机和航空飞机发射装置（792.5），其他零部件（792.9）的出口复杂度指数相对比较稳定。可见，从细分行业结构上看，中国航空装备制造业的出口结构还是主要集中在价值链的中低端。

表 6.5　中国航空装备制造业细分行业的出口复杂度指数

行业代码	2007 年	2008 年	2009 年	2010 年	2011 年	2012 年	2013 年	2014 年	2015 年	2016 年
792.1	0.50	0.01	8.08	4.80	5.35	25.45	43.56	15.89	25.78	0.26
792.2	1.36	1.27	1.01	57.51	78.13	58.23	4.25	336.18	1295.29	3009.27
792.3	4.84	8.60	2.08	13.64	24.43	13.80	19.03	15.36	11.58	24.11
792.4	2.14	7.18	1.42	4.20	4.93	2.52	5.25	16.48	12.40	6.88
792.5	0.00	0.00	0.00	0.00	0.00	0.00	0.00	0.00	96.84	279.26
792.8	7.61	1.43	3.46	3.66	7.12	24.52	2.44	10.82	2.44	10.23
792.9	62.81	53.59	52.07	55.35	66.40	55.60	56.47	43.95	46.32	44.32

6.2.3　中国航空装备制造业全球价值链低端锁定的形成机理

1. 形成机理的定性分析

知识和技术等要素成为经济增长的发动机。知识资本可能是源于自身的知识创造，也可以通过参与国际分工和贸易，获得技术的转移和扩散（祝树金和傅晓岚，2010）。实际上，在知识经济背景下，价值链全球化推动了知识的国际扩散，价值链知识溢出的规模和层次加快提升（陶锋和李诗田，2008），因此通过嵌入价值链获取知识转移实现升级所需的技术是企业的目的之一。本节主要是从学习的视角分析全球价值链下本土企业的升级行为，认为通过学习获得足够的知识积累是实现产业升级的必要条件，因为国内本土企业具有的知识越多，技术创新越复杂，就越能参与更高水平的价值链分工环节（Drucker，1993）。基于此，本节将全球价值链下本土企业的学习定义为通过各种途径学习和获得知识的行为。

全球价值链下的本土企业主要有两种获取知识的途径：一是在自身已有知识基础上产生新知识，也就是内部知识的创新；二是通过与跨国公司的国际合作，本土企业对价值链的知识流动进行外部学习，获取外部知识。但是，价值链下的外部知识溢出不会使本地企业直接受益，代工企业从外部获取的知识必须通过一个由显性和隐性知识互相转化的螺旋式上升的过程才能完成组织的知识创造，才能促进技术创新（Nonaka et al.，2000），而吸收能力被认为是影响知识溢出效应的关键因素（Cohen and Levinthal，1990）。所谓吸收能力，指的是企业认识到新的外部知识的价值，并吸收和利用这些知识的能力。由于企业能力的差异，知识溢出的程度和效果在企业之间的分布是不均衡的，而企业已有的知识存量是导致企业对外部知识吸收能力差异的主要因素（Cohen and Levinthal，1990）。一般而言，自主研发能力较强的企业其吸收能力也较强，因为知识的优势是持续性的，当知识的主体拥有的知识积累越丰富时，越有能力去学习。因此，本土企业只有具备一定的研发能力，才能更有针对性地对跨国公司的知识溢出进行学习和使用，其学习效果也越好。也就是说，企业从外部知识受益的程度取决于企业已有的研发强度，由于企业能力的差异，企业已有的自主创新能力对企业创新绩效的影响可能也是异质的，可能不仅仅是简单的线性关系。由于航空装备制造企业本身研发强度较低，对外部知识的吸收能力不高，很难形成内生知识积累从而产生突破的路径、建立起自主研发平台和自主品牌，从而导致低端锁定现象产生。另外，航空装备制造业的价值链治理模式也影响着知识获取的效率。不同治理模式下价值链的知识扩散和创新活跃程度不同，由大型航空公司主导的俘获型治理模式往往治理能力会更强。为了避免本土企业获得核心技术能力，对其垄断势力和已有利益构成威胁，领导型企业凭借其市场势力阻止本土企业获得价值链升级所需要的新能力，对于那些专有技术和知识只会扩散到高层级的供应商，低层级的供应商所获得技能和学习机会很少（陈爱贞，2012）。因此，本土企业升级的动力更主要依赖于以市场方式所获得的各种知识源。

2. 形成机理的博弈分析

航空装备制造企业嵌入全球价值链后，依赖于外部知识溢出或者扩散实现国内企业升级。由于航空装备制造企业本身研发强度较低，对外部知识的吸收能力不高，很难形成内生知识积累从而产生突破的路径、建立起自主研发平台和自主品牌，从而导致低端锁定现象产生。本节尝试从改进的 Stackelberg 博弈模型分析这种现象。

假设 1：行业中存在两种地位不平等企业，一种为资本密集型企业 A，企业数量为 1，垄断整个市场最终产品的品牌、研发及销售；另一种为劳动密集型企业 B，企业数量为 n，B 企业生产的中间产品最终被 A 企业购买。两种企业分别投入两种生产要素：L 和 K。

假设 2：企业 B 最终的突破是打破企业 A 对最终产品市场的垄断，进行最终产品的自主研发，构建自主品牌。

占据价值链高端的企业 A 购买企业 B 生产的中间品的总效用函数可以用 CES 效用函数表示：

$$U = \left(\sum_{i=1}^{n} q_i^{\rho} \right)^{\frac{1}{\rho}}, \quad 0 < \rho < 1 \qquad (6\text{-}4)$$

其中，q_i 为对劳动密集型企业生产的第 i 个品牌的消费数量；ρ 为消费者的消费指数，替代弹性为 $\sigma = 1/(1-\rho)$。

设企业 A 购买企业 B 生产的产品的支出预算为 Y，在此约束下效用最大化的一阶条件为

$$q_i = \frac{p_i^{-\sigma}}{\sum_{i=1}^{n} p_i^{1-\sigma}} Y \qquad (6\text{-}5)$$

设 $\dfrac{Y}{\sum_{i=1}^{n} p_i^{1-\sigma}} = \alpha$，由于二类企业 B 的数量众多，且对中间品价格的影响可以忽略不计，α 可视为常数。

设企业 C 为二类企业 B 中的一个，其产品固定成本为 c_0，$c_0 = w^\alpha r^{1-\alpha}\left(f + \dfrac{q_c}{A}\right)$，其中 A 为企业生产率，f 为固定成本。这时其利润可以表示为

$$\pi_c = p_c q_c - w^\alpha r^{1-\alpha}\left(f + \frac{q_c}{A}\right) \tag{6-6}$$

利润最大化可得价格为

$$p_c = \frac{w^\alpha r^{1-\alpha}}{A}\frac{\sigma}{\sigma-1} = \frac{w^\alpha r^{1-\alpha}}{A\rho}$$

以此推导出 $\pi_c = \alpha A^{\sigma-1}\left(\dfrac{w^\alpha r^{1-\alpha}}{\rho}\right)^{1-\sigma}(1-\rho) - w^\alpha r^{1-\alpha} f$，令 $\xi = \alpha\left(\dfrac{w^\alpha r^{1-\alpha}}{\rho}\right)^{1-\sigma}(1-\rho)$，代入公式得

$$\pi_c = \xi A^{\sigma-1} - w^\alpha r^{1-\alpha} f \tag{6-7}$$

其中，A 取决于企业的生产效率。尽管高端企业位于价值链的高端，对其核心技术、前沿技术的把控非常严格，但是，其为了维持价值链一定的运行效率，在一开始高端企业通过技术输出的方式向低端企业提供技术知识，对低端企业提升技术水平和提高生产效率具有促进作用。但是，高端企业对低端企业的技术知识输出不可能是无限的，在到达一定程度后，由于高端企业对核心技术知识的严格控制，虽然低端企业获得了一部分的相关技术知识，但是其自身知识存量有限，无法对其进行进一步学习达到自主升级的目的，这时技术水平达到瓶颈，m 会在这个时候达到极大值。

$$A = \begin{cases} (1+\theta k_i)A_0, & 0 < k_i < k_\omega \\ (1+\theta k_\omega)A_0, & k_i \geqslant k_\omega \end{cases} \tag{6-8}$$

其中，A_0 为初始状态的边际生产率；θ 为对外部知识的吸收能力；k 为价值链主导企业对本土企业提供的技术和知识输出。在第一阶段，企业利润会随着外部知识输出的增加而增长，在第二阶段达到最大值 k_ω。

假设企业 C 想创立最终产品的自主品牌升级为高端企业，随后市场将由 A、C 两个企业的两个品牌构成，其价格分别为 p_1、p_2，产量分别为 q_1、q_2。对于最终产品市场上的消费者，其 CES 效用函数为

$$U = (q_1^{\rho'} + q_2^{\rho'})^{\frac{1}{\rho'}} \tag{6-9}$$

假设消费者预算为 Y'，以此为约束条件可以得到企业 C 生产的最终产品的销售数量：

$$q_2 = \frac{p_2^{-\sigma'}}{p_1^{1-\sigma'} + p_2^{1-\sigma'}} Y' \tag{6-10}$$

假设固定成本为 c_0'，边际成本为 c'，$\alpha' = \dfrac{Y'}{p_1^{1-\sigma'} + p_2^{1-\sigma'}}$，这时最终市场有两个品牌，因此 α' 受任何一个品牌价格变动的影响较大。代入利润公式可以推出利润最大化后为

$$\pi_c' = \alpha'(1-\rho')\left(\frac{w'^{\alpha} r'^{1-\alpha}}{\rho'}\right)^{1-\sigma'} A'^{\sigma'-1} - w'^{\alpha} r'^{1-\alpha} f' \tag{6-11}$$

令 $\xi' = \alpha'(1-\rho')\left(\dfrac{w'^{\alpha} r'^{1-\alpha}}{\rho'}\right)^{1-\sigma'}$，利润 $\pi_c' = \xi' A'^{\sigma'-1} - w'^{\alpha} r'^{1-\alpha} f'$。

企业 C 欲打破企业 A 的市场垄断，建立新的品牌，可能的后果是：企业 C 树立最终产品市场的自主品牌，打破了企业 A 的垄断，最终企业 C 与企业 A 之间的中间产品合作被终止。在这种情形下，必须满足 $\pi' > \pi$，企业 C 才有动力开发自主品牌，即

$$\xi'(A')^{\sigma'-1} > \xi A^{\sigma-1} + (w'^{\alpha} r'^{1-\alpha} f' - w^{\alpha} r^{1-\alpha} f) \tag{6-12}$$

其中，$\xi A^{\sigma-1}$ 为因中间产品合约终止丧失的机会成本；$w'^{\alpha} r'^{1-\alpha} f' - w^{\alpha} r^{1-\alpha} f$ 为企业 C 自主开发产品品牌增加的巨额成本。一方面，最终产品自主品牌发展初期的边际产量 A' 很低，而嵌入价值链一段时间后的中间产品边际产量 A 较高。因此，企业 C 嵌入价值链的时间越久，树立新品牌所付出的机会成本越大，企业 C 越没有动力去打破现有的利润格局。另一方面，过高的固定成本投入 $w'^{\alpha} r'^{1-\alpha} f' - w^{\alpha} r^{1-\alpha} f$ 也是影响创建自主品牌的关键因素，包括巨大的人力资本投入和物质资本投入以及技术投入。综合这两个方面的考虑，如果成本不能大量降低，企业很难有创建自主品牌的积极性。

3. 低端锁定的现实困境

前面从数理逻辑上分析了航空装备制造业在嵌入价值链后难以摆脱低端锁定的内生原因。从 20 世纪 80 年代开始，中国在政策上奉行"以市场换技术"，积极引进外国资本和技术，将中国众多产业纳入由发达国家大型跨国公司主导的全球价值链中。按照当初政策制定者的设想，通过国际合作或购买技术可以利用技术输入或知识外溢的方式来获取我们缺乏的先进技术，从而提升我国企业的技术水平和竞争力。然而，在一些航空制造业领域，中国企业始终无法获得本产业的核心技术和前沿技术，被锁定在一些技术含量低、附加值少的机翼、尾翼、舱门、起落架、飞机内饰等非关键生产制造上，难以进入自主品牌、研发设计和服务等高附加值环节，如表 6.6 所示。

表 6.6　中国航空装备制造企业在全球价值链中所处的环节

中国企业	所处价值链环节	价值链领导企业	领导企业所占价值链环节
西安飞机工业（集团）有限责任公司	机翼生产制造	波音、空客等GE、惠普、罗尔斯克、Alenia、川崎重工等	研发设计、整机制造组装、营销服务和维修服务发动机制造和关键零部件制造
中国航天科工集团有限公司	尾翼生产制造		
上海飞机制造有限公司	尾翼生产制造		
哈尔滨飞机工业集团有限责任公司	舱门生产制造		
中国商用飞机有限责任公司	舱门生产制造		
沈阳飞机工业（集团）有限公司	舱门生产制造		
中航飞机起落架有限责任公司	起落架生产制造		
中航工业湘陵机械厂	起落架生产制造		
江苏幸运宝贝安全装置制造有限公司	航空座椅生产制造		
江苏恒盛航空座椅有限公司	航空座椅生产制造		

6.3　中国航空装备制造业空心化程度测算

6.3.1　测算依据和方法

在第 4 章中，提出了中国式装备制造业空心化程度的判定方法，即用全球价值链产业价值和全球价值链嵌入深度的综合关系来衡量中国式装备制造业空心化程度，同样，嵌入深度所获得的产业价值越低，空心化程度越大，同样产业价值所需要的嵌入深度越大，空心化程度越大。其中，全球价值链产业价值基于 WIOD 数据库中的数据，采用投入产出法测算得到。在世界投入产出表中，通用设备制造业 Machinery, Nec（c29）、电子和光学设备制造业 Electrical and Optical Equipment（c30t33）、交通运输设备制造业 Transport Equipment（c34t35）归为装备制造业，但其中并没有对航空装备制造业的统计，因此也无法采用第 4 章的方法来对中国航空装备制造业空心化程度进行测算。

在 5.1 节中，我们最初构建了包括 25 个指标的中国式装备制造业空心化初始评价指标体系，进而采用粗糙集理论中的属性约简方法，对指标体系中的冗余指标进行删除，得到了由 14 个指标组成的中国式装备制造业空心化最终评价指标体系，并且采用灰色关联熵模型对中国式装备制造业空心化的演化趋势进行了判定。

实证分析中所用的数据主要采用中国装备制造业七个细分行业全部规模以上工业企业的经济指标数值,且这些数值全部来自《中国工业经济统计年鉴》(2005～2014 年)、《中国科技统计年鉴》(2005～2014 年)和《中国统计年鉴》(2005～2014 年),其中 2005 年和 2006 年存在个别指标使用大中型工业企业数据。但由于其中缺乏中国航空装备制造业的统计数据,也无法采用这一方法进行研究。

　　按照本书对中国式装备制造业空心化的定义,航空装备制造业空心化是中国航空装备制造业嵌入全球价值链低端所形成的产业链脆弱性,表现为中国以资源能源的大量消耗和廉价劳动力的压榨掠夺为代价,主要通过加工贸易和吸收 FDI 方式嵌入全球价值链低端所造成的低下的产业安全性和产业升级能力,如图 6.4 所示。

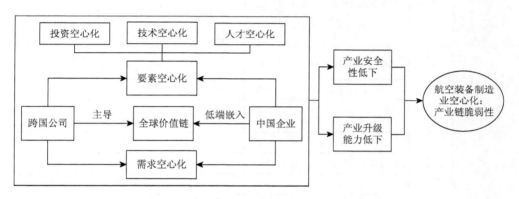

图 6.4　中国航空装备制造业空心化的内涵

　　从图 6.4 中可以看出,中国航空装备制造业空心化包含了一系列空心化因子,这些因子或为投资层面,或为技术层面,或为人才层面,或为需求层面,对整体中国航空装备制造业的空心化都有重要的影响。本章将以此为依据,构建航空装备制造业空心化测度指标体系,进而采用改进熵值法确定不同空心化因子的权重,并对空心化程度进行测算。改进熵值法的计算步骤在第 2 章已经说明,此处不再赘述。

6.3.2　指标体系构建

　　根据图 6.4,本节将投资空心化、技术空心化、人才空心化、需求空心化作为一级指标,并遵循系统性与独立性相统一、理论性与实用性相统一、科学性与可行性相统一、现实性与前瞻性相统一的原则,构建了由 15 个二级指标构成的航空装备制造业空心化评价指标体系,如表 6.7 所示。

表 6.7　中国航空装备制造业空心化评价指标体系

评价目标	一级指标	二级指标	指标代码	指标说明
航空装备制造业空心化	投资空心化	固定资产投资占比	X1	航空装备制造业固定资产投资额占制造业固定资产投资额比重
		外资企业固定资产投资占比	X2	航空装备制造业固定资产投资中外资企业占比
		引进技术经费支出占比	X3	航空装备制造业研发经费支出中引进技术经费占比
		外资企业研发经费支出占比	X4	航空装备制造业研发经费支出中外资企业占比
	技术空心化	专利申请数占比	X5	航空装备制造业专利申请数占全部专利申请数的比重
		外资企业专利申请数占比	X6	航空装备制造业专利申请数中外资企业占比
		外资企业新产品销售收入比重	X7	航空装备制造业新产品销售收入中外资企业占比
		出口复杂度	X8	用航空装备制造业出口复杂度指数表示，见表 6.4
	人才空心化	研发人员全时当量占比	X9	航空装备制造业研发人员全时当量占全体研发人员全时当量的比重
		从业人员比重	X10	航空装备制造业从业人员占制造业从业人员比重
		外资企业研发人员占比	X11	航空装备制造业研发人员全时当量中外资企业占比
	需求空心化	外资企业收入占比	X12	航空装备制造业主营业务收入中外资企业占比
		外资企业出口交货值占比	X13	航空装备制造业出口交货值中外资企业占比
		外贸依存度	X14	航空装备制造业进出口额占 GDP 比重
		国际竞争力	X15	用航空装备制造业 RCA 指数表示，见表 6.2

各指标说明如下。

（1）投资空心化。中国航空工业目前正处于转型升级发展的关键时期，为了保持航空产业的持续健康发展，需要加大对航空产业的扶持力度，加大航空研发和基础设施的投资力度。对航空装备制造业的投资水平可以体现在投资力度和投资布局上，具体用固定资产投资占比、外资企业固定资产投资占比、引进技术经费支出占比、外资企业研发经费支出占比四个指标加以表示。其中，固定资产投资占比为负向指标，航空装备制造业固定资产投资额占制造业固定资产投资额比重越高，说明航空装备制造业的投资越多，产业升级能力越强，空心化程度越小；其余指标为正向指标，值越大，说明航空装备制造业的投资越集中在外资企业手中，产业安全性越小，空心化程度越大。

（2）技术空心化。航空装备制造业是高端装备制造业战略性新兴产业的一个重要领域，不同于传统意义上的机械制造业，它是当今各种先进技术的综合利用，集机械、电子、光学、信息科学、材料科学、生物科学、激光学、管理学等最新成果为一体，是多学科交叉、技术密集的高科技领域，具有技术密集、高增值、发展空间大等突出特点，其发展水平标志着国家的顶尖制造技术水平，对整个装备制造业的发展起着引领作用。航空装备制造业的技术发展水平用专利申请数占比、外资企业专利申请数占比、外资企业新产品销售收入比重、出口复杂度表示。其中，专利申请数占比和出口复杂度体现了航空装备制造业技术发展水平的整体情况，这两个指标为负向指标，指标值越大，说明航空装备制造业技术水平越高，产业升级能力越强，空心化程度越小；外资企业专利申请数占比和外资企业新产品销售收入比重则体现了航空装备制造业技术能力的内外布局，这两个指标为正向指标，指标值越大，说明外资企业的技术水平相对越强，产业安全性越小，空心化程度越大。

（3）人才空心化。科技创新，人才为本。航空工业属于知识和技术密集型产业，高素质人才队伍对于航空工业的发展影响巨大。发展航空装备制造业，关键要靠技术创新，根本上是要依靠各级各类的航空专业技术人才。随着航空装备制造业的发展力度不断加大，航空装备制造人才的需求也逐渐增加，并向高端迈进。航空装备制造业人才情况用研发人员全时当量占比、从业人员比重、外资企业研发人员占比三个指标加以表示。其中，研发人员全时当量占比和从业人员比重两个指标衡量航空装备制造业人才投入的整体情况，这两个指标为负向指标，指标值越大，说明航空装备制造业人才投入力度和人才储备力度越高，产业升级能力越强，空心化程度越小；外资企业研发人员占比为正向指标，指标值越大，说明外资企业的人才水平相对越高，产业安全性越小，空心化程度越大。

（4）需求空心化。巨大的市场需求为航空装备发展提出了更高要求并带来了巨大商机。《〈中国制造 2025〉重点领域技术路线图（2015 年版）》提出，围绕经济社会发展和国家安全重大需求，选择十大战略产业实现重点突破，力争到 2025 年处于国际领先地位或国际先进水平。其中，航空装备包括 3 个方向，分别是飞机、航空发动机、航空机载设备与系统。预计未来 10 年，全球将需要干线飞机 1.2 万架、支线飞机 0.27 万架、通用飞机 1.83 万架、直升机 1.2 万架，总价值约 2 万亿美元；国内仅干、支线客机所配套的机载设备与系统产值规模就将达到 8000 亿元；国内干线客机对大型涡扇发动机的市场累计需求总量超 6000 台，总价值超 500 亿美元。但能否抓住这一巨大商机，关键还是要看中国航空装备的国际竞争力。航空装备制造业的需求用外资企业收入占比、外资企业出口交货值占比、外贸依存度、国际竞争力四个指标衡量。其中，国际竞争力是负向指标，指标值越大，说明航空装备制造业满足国内外需求的能力越强，在价值链中的升级能力越强，空心化程度越小；其余三个指标为正向指标，指标值越大，说明外资企业满足国内外需求的能力相对越强，产业安全性越小，空心化程度越大。

6.3.3 测算过程和结果

本节对 2010~2015 年中国航空装备制造业的空心化程度进行评价,评价所用的原始数据如表 6.8 所示,表中 X8、X14 和 X15 根据 UN Comtrade 和 IMF 中的数据计算得到,其余数据根据各年度《中国高技术产业统计年鉴》中的数据计算得到。

表 6.8 中国航空装备制造业空心化评价原始数据

指标代码	2010 年	2011 年	2012 年	2013 年	2014 年	2015 年
X1	0.0026	0.0019	0.0031	0.0039	0.0041	0.0040
X2	0.1391	0.1147	0.0932	0.0724	0.0448	0.0560
X3	0.0761	0.0168	0.0072	0.0112	0.0086	0.0063
X4	0.0062	0.0107	0.0105	0.0272	0.0357	0.0360
X5	0.0025	0.0022	0.0024	0.0025	0.0033	0.0027
X6	0.0084	0.0259	0.0307	0.0302	0.1171	0.0221
X7	0.0021	0.0029	0.0115	0.0146	0.2859	0.3354
X8	35772	37150	37392	36840	38597	38091
X9	0.0101	0.0088	0.0103	0.0115	0.0086	0.0099
X10	0.0086	0.0079	0.0078	0.0059	0.0065	0.0071
X11	0.0078	0.0567	0.0360	0.0394	0.0400	0.0334
X12	0.1596	0.1727	0.1761	0.1828	0.2083	0.2309
X13	0.3869	0.3766	0.4686	0.5119	0.5196	0.5399
X14	0.0023	0.0020	0.0022	0.0026	0.0030	0.0026
X15	0.0855	0.0976	0.0775	0.0864	0.0997	0.1160

根据改进熵值法的原理,中国航空装备制造业空心化程度评价有 m 个待评价方案($m = 2010, \cdots, 2015$),n 个评价指标($n = \text{X1}, \cdots, \text{X15}$)。其中,X1、X5、X8、X9、X10、X15 为负向指标,先用倒数法进行处理,形成原始指标数据矩阵 $X = (x_{ij})_{m \times n}$。

对原始数据进行标准化处理得到 $y_{ij} = (x_{ij} - \overline{x_j}) / \sigma_j$,其中 $\overline{x_j}$ 为第 j 项指标值的均值,σ_j 为第 j 项指标值的标准差,并进行坐标平移,得到 $z_{ij} = y_{ij} + d$,其中,$d = -\text{int}(\min(y_{ij})) = 2$。

进一步地,将各指标 z_{ij} 同度量化:$p_{ij} = z_{ij} \left/ \sum_{i=1}^{m} z_{ij} \right.$,并计算得到第 j 项指标的信息熵:

$$e_j = -\left(\sum_{i=1}^{m} p_{ij} \cdot \ln p_{ij}\right)\Bigg/\ln m$$

根据 $w_j = (1-e_j)\Big/\sum_{j=1}^{n}(1-e_j)$，可以计算出各指标的权重：

$$w_j = \left\{\begin{array}{l} 0.0590, 0.0657, 0.0536, 0.0665, 0.0834, 0.0546, 0.0601, 0.0664, \\ 0.0695, 0.0642, 0.0847, 0.0621, 0.0733, 0.0663, 0.0722 \end{array}\right\}$$

其中，权重最大的四个指标依次为 X11、X5、X13 和 X15，说明对航空装备制造业空心化影响程度比较大的是研发人员投入、专利申请、出口交货值和国际竞争力，由此可见，当航空装备制造业的研发人员和出口交货值更多地集中在内资企业手中，有稳定上升的专利发明数，生产出来的产品在国际上具有竞争力时，中国航空装备制造业的空心化风险便可以减小。

根据 $v_i = \sum_{j=1}^{n} z_{ij} w_j$ 计算出中国航空装备制造业 2010～2015 年的空心化指数，如图 6.5 所示。

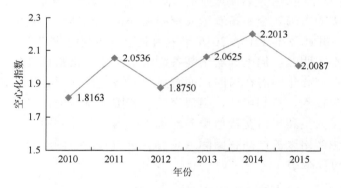

图 6.5　中国航空装备制造业空心化指数

因为在计算过程中已经对所有的负向数据作了正向处理，所以计算出来的值越大，空心化程度越高。从图 6.5 可以看出，2010～2015 年，虽然不太明显，但中国航空装备制造业空心化指数还是存在一个上升趋势，说明存在空心化的潜在风险，需要从高级要素和需求方面进一步提升中国航空装备制造业在全球价值链中的升级能力，以降低可能出现的空心化制约。

6.4　本　章　小　结

本章以航空装备制造业为例，首先概述了中国航空装备制造业的发展历程、优势与问题，以及进出口贸易情况，发现在中国航空装备制造业中，大型飞机主要是依赖进口，而与飞机相关的零部件出口额大并出现了一定程度的顺差，在一定程度上侧面说明了中国的航空装备制造业在发达国家跨国公司引导、建立起的全球生产网络中只是承担一些与飞机制造相关的零部件加工工作。

其次重点分析了中国航空装备制造业嵌入全球价值链的方式，绘制出航空装备制造业全球价值链分布的微笑曲线，指出中国航空装备制造业在全球价值链中主要参与了原材料供应和一些附加值比较低的零部件制造，这一点在中国航空装备制造业全球价值链地位测度中也得到了印证。从国际竞争力指数来看，中国航空装备制造业的国际竞争力非常弱，上升趋势不明显，并且和代表性国家相比差距非常大；从出口复杂度指数来看，中国航空装备制造业的出口复杂度波动很大，且与发达国家相比存在很大的差距。由此可见，中国航空装备制造业在全球价值链中的地位堪忧，存在低端锁定的风险。进一步地，对中国航空装备制造业全球价值链低端锁定的形成机理进行了分析，对于中国航空装备制造企业在全球价值链中所处的环节的梳理也指出了低端锁定的现实困境。

最后，基于中国航空装备制造业空心化的内涵，构建了由 4 个一级指标、15 个二级指标组成的中国航空装备制造业空心化评价指标体系，采用改进熵值法确定指标权重，并计算出 2010～2015 年中国航空装备制造业的空心化指数。结果表明，虽然不太明显，但中国航空装备制造业空心化指数还是存在一个上升趋势，说明存在空心化的潜在风险，而对航空装备制造业空心化影响程度比较大的是研发人员投入、专利申请、出口交货值和国际竞争力，可见，当航空装备制造业的研发人员和出口交货值更多地集中在内资企业手中，有稳定上升的专利发明数，生产出来的产品在国际上具有竞争力时，中国航空装备制造业的空心化风险便可以减小。

第 7 章　中国式装备制造业空心化的突破路径

7.1　基于 GMCR 的冲突分析与突破路径

中国装备制造业，作为立国之本、强国之基，其发展一直备受重视。"十二五"期间，高端装备制造业被提到国家战略推动层面，"十三五"进一步强调了通过发展高端装备制造业实施制造强国战略，《中国制造 2025》也为装备制造业十年的发展奠定了高端、智能、绿色、创新等基调，立志将中国从工业大国转型为工业强国。随着高端装备制造业国家战略地位的确定，中国装备制造业的研发制造实力不断增强，但同欧美发达国家相比，仍然有很大的差距。由于认识上的偏差和能力上的不足，中国装备制造业自主创新能力薄弱、缺乏核心技术，在很多重要产品上受制于人，从而使得中国装备制造业整体竞争力不强。更需要注意的是，中国装备制造业的发展是在经济全球化和全球价值链分工不断深化的环境下进行的。在以发达国家为主导的全球价值链分工体系中，和其他制造业一样，中国装备制造业也可能面临低端锁定的危险。以价值链升级为导向实现中国装备制造业的长足发展，便成为重要的战略选择。

随着经济全球化进程的推进，通过价值链全球性空间布局实现国际协作分工生产日益成为主流生产形式（Kogut，1985）。全球价值链分工主要有产业间分工、产业内分工和产品内分工三种形式，当前的国际分工更多的是产业内分工，或者说是产业链中不同环节在全球范围的分解和布局。但并非全球价值链的每一个环节都能创造价值，只有控制战略价值环节，才能控制产业的全球价值链（Kaplinsky and Morris，2001）。国际分工地位的不同直接带来利润分配的不同，因此提高国际分工地位，实现价值链升级便成为全球价值链研究的核心问题之一。Humphrey 和 Schmitz（2002）认为全球价值链一般有网络型、准层级型和层级型三种典型治理模式，在此基础上 Gereffi 等（2003b）又提出了市场型、模块型、关系型、领导型和层级型五种治理模式。Humphrey 和 Schmitz（2000）提出了全球价值链升级的四种方式：工艺流程升级、产品升级、功能升级和链条升级。其中，功能升级表现为获取价值链上新的价值功能、从低附加值环节攀升到高附加值环节。对发展中国家的制造商而言，进入准层级全球价值链可以从发达国家国际购买商和跨国公司习得工艺改进、产品提升等，但会在功能升级上受到阻碍（张向阳和朱有为，2005）。资源限制会使发展中国家企业在估计了升级所需的人才和资金状况后又重新回到原来接包的生产状态（Gibbon，2000）；在产品销售上严重依赖于主要购买商的代工企业也不敢轻易涉足其主要客户的研发设计和市场销售等核心领域（Bazan and Lizbeth，2004）。在嵌入全球价值链初期，中国制造业通过不断地满足发达国家价值链治理的参数、接受发达国家的技术指导与培训或通过"干中学"效应，对价值链升级带来了促进作用，但是随着垂直专业化水平的不断加深，其生产环节受到了发达国家价值链治理的"锁定"（马红旗和陈仲常，2012）；这种价值链分工模式使得包括中国在内的发展中国家被锁定在组装加工等价值链的低端环节，从而不利于经济的可持续发展和产业结构的优化升级（杜宇玮和周长富，2012）。

在外资驱动主导的代工模式和国际生产分割条件下，存在许多影响中国实现全球价值链升级的障碍因素，例如，微观层面的企业技术能力和生产规模（于明超等，2006），劳动力素质、产业基础生产能力、服务配套设施（高越和杨明，2011），以及政策制定和市场需求（张慧明和蔡银寅，2015）等。在这样存在多种阻碍和冲突的背景下，应当如何实现价值链升级呢？基于冲突分析图模型（the graph model for conflict resolution，GMCR）对装备制造业价值链升级过程中的冲突问题进行分析和求解，可以为之提供思路。

7.1.1　模型构建

冲突分析是一个系统的研究战略冲突及其重要特征的结构体系，能够描述不同决策者（decision maker，DM）之间可能的战略互动，进而来探知可能的均衡解。冲突分析属于博弈论中亚对策论的一种，根据决策者的相对偏好信息，将难以定量描述的问题模型化，很好地解决了多人多目标的决策问题（Fang et al.，1993）。

GMCR 包含以下四个基本元素：决策者（N）、可行状态（S）、偏好（P）和状态转移图（G）（吴雨珊等，2015）。在 GMCR 中，每一位决策者都会进行策略的选择，当所有决策者都完成了选择时，就形成了一个冲突的结局，称为一个状态。其中，不违背逻辑推理的状态被称为可行状态，即在现实生活中可能存在的状态。决策者在状态之间是可以转移的，面临不同环境和对手的反击时，为了满足自身利益最大化，需要进行状态转移，用公式表示为 $\Delta_i(t) = |Y_i(t) - X_i(t)|$，即可达集合。若存在这样一种可达集合，转移后的状态均是偏优的，称为改良可达集，即 $R_i(s) = \{q \in S : (s, q) \in G_i, q \succ s_i\}$。得到可行状态集之后，分析每个决策者的偏好选择。冲突分析理论假设决策者都是理性的，并且决策行为都是相互独立的，每一位决策者根据目前的形势来判断自己下一步的选择。依据这一研究假设和我们设定的偏好可以预测最终均衡的结果，也就是稳定性分析。Fang 等（1993）将简单偏好下的稳定性根据不同的决策风格和背景分为四种基本类型，即 Nash 稳定、

GMR（general metarationality，一般超理性）稳定、SMR（symmetric metarationality，对称超理性）稳定和 SEQ（sequential，序列）稳定。在 Nash 稳定下，决策者认为他选择的状态就是最后的状态；在 GMR 稳定下，决策者认为自己的选择可以引起对手进行反击时就是稳定状态；SMR 稳定和 GMR 稳定相似，只是决策者认为自己也有反击的机会，并且冲突会在自己反击后结束；SEQ 稳定认为对手的反击要给自身带来好处，而不是不惜一切地反击。如果所有的决策者都在某个状态点达到稳定，那么就认为该状态对所有决策者都是稳定的，它是冲突分析决策的一个均衡解；满足四种稳定的状态称为强均衡解。

7.1.2　冲突识别

从驱动力类型来分，全球价值链分为生产者驱动（producer-driven）和购买者驱动（buyer-driven），还有一些行业二者兼而有之，属于混合驱动型（张辉，2006）。生产者驱动价值链由生产者的投资推动市场，其核心是研发生产能力；购买者驱动价值链由品牌营销优势来推动市场，其核心能力是设计营销。因此，本章选取了研发强度（研发经费投入比生产总值）和出口依存度（出口总额比生产总值）两个指标，以研发强度为横轴，大于制造业平均研发强度的视为生产者驱动，在全球价值链中更注重资本和技术的投入；以出口依存度为纵轴，大于制造业平均出口水平的视为购买者驱动，在价值链中应更加注重市场推广和品牌营销。而二者兼具的行业视为混合驱动型价值链，要兼顾两方面的强化。根据《中国工业统计年鉴》的数据，计算了 2014 年中国装备制造业七个子行业和制造业整体的研发强度和出口依存度。中国制造业整体的研发强度为 0.0874，出口依存度为 0.1084，以此作为原点，装备制造业七个子行业的分布如图 7.1 所示。

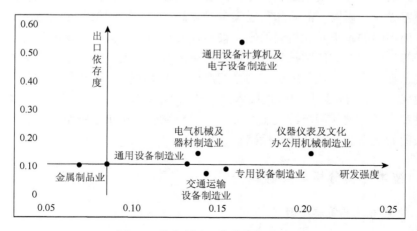

图 7.1　装备制造业价值链驱动分布

由图 7.1 可见，中国装备制造业无论研发强度还是出口依存度大体上都高于制造业的整体水平，其中交通运输设备制造业、专用设备制造业的研发投入高于制造业平均值，但是出口较低，应属于生产者驱动型价值链；而通用设备制造业、电气机械及器材制造业、通用设备计算机及电子设备制造业、仪器仪表及文化办公用机械制造业都位于第一象限，研发强度和出口依存度均高于制造业平均水平，属于混合驱动型价值链。

中国装备制造业在全球价值链升级的过程中，受到了发达国家在技术、市场、价值链治理等方面的制约，与发达国家有着一系列的利益冲突，进而阻碍了升级过程的正常进行。从生产者驱动的供给侧考虑，中国装备制造业全球价值链升级的一大制约因素就是技术创新；从购买者驱动的需求侧考虑，市场是中国装备制造业升级面临的一大冲突点，具体冲突分析如下。

（1）技术冲突。发达国家装备制造业的技术研发基础雄厚，掌握了高端核心技术，尤其在一些高端装备制造业领域，一些核心零部件中国几乎没有自主研发能力。发达国家技术垄断和中国核心技术创新能力缺乏之间的冲突，导致中国装备制造业的研发设计能力远远落后于西方发达国家，使得中国装备制造业被锁定在全球价值链的低端。而对于国内企业，具有自主研发意愿和能力的数量和程度，以及为技术创新提供的政策环境都是这一冲突的影响因素。

（2）市场冲突。近年来中国已有一些高端产品通过自主研发取得了一定的成果，但在装备制造业的全球价值链中，发达国家控制着品牌运作、市场营销和服务体验等高附加值环节，与市场中的买方有着密切的联系，垄断着高端装备制造业的市场。在市场需求既定的情况下，中国装备制造业试图通过拓展销售渠道、强化品牌运作与售后服务以实现全球价值链的升级，势必会引发装备制造业的市场冲突。

（3）治理冲突。发达国家往往充当装备制造业全球价值链的治理者角色，因而掌握着设计、研发、品牌和市场渠道等以高门槛和高回报为主要特征的无形竞争力；而中国的本土企业扮演的则是被治理者的角色，大都从事治理者规定的生产加工等以低门槛和低回报为主要特征的有形事务。这种俘获型的全球价值链治理模式，使得本土企业与跨国公司之间产生了治理冲突。而要摆脱这种俘获型的治理模式，归根结底还是要解决技术冲突和市场冲突。因此本章基于 GMCR 对技术冲突和市场冲突这两个冲突进行分析，以求突破这种价值链治理，提出不同驱动力类型的装备制造业企业升级路径。

7.1.3 技术冲突分析与突破路径

1. 决策者及其策略选择

技术冲突中有三个决策者，即国外装备制造业企业（DM1）、本土企业（DM2）

和政府（DM3）。其中主要冲突有两个：一是国外装备制造业企业与本土企业之间，无论国外企业通过 FDI 或是其他合作方式，其主要目的仍是获得利益，如国内劳动力、资源或是市场，而国内企业选择合作的目的主要是通过技术溢出等方式获得先进技术，但往往核心技术不可得；二是国内在面临技术创新这一话题时，在国家政府号召下，行业内领头大企业为保持自身的竞争优势会投入研发，而一些小企业和不具有开拓精神的老牌大企业或因为资金问题或因为风险问题，不愿加入自主创新的行列，一味追求模仿，亦步亦趋，安于现状。

在技术冲突分析中，国外装备制造业企业（DM1）面临的策略是：是否提供先进技术（A）。本土企业（DM2）面临的策略选择有两种：①依靠 FDI 技术溢出效应、人才流动效应等渠道，通过模仿提升创新能力（B）；②面临竞争压力和利润最大化的动力驱使，进行自主创新提升技术水平（C）。政府（DM3）面临两个选择：①是否号召和宣传自主创新（D）；②是否提供优惠政策支持或补偿机制等实质性措施来鼓励创新（E）。

2. 可行状态及其转移

从理论上讲，应该存在 $2^5=32$ 种状态，但本书假定每一个决策者必须做且只能做一个选择，加之考虑到部分状态逻辑上的不可行，例如，政府不可能不支持自主创新（D 为 N）却提供政策优惠和保障机制（E 为 Y），因而将其中的不可行状态予以剔除，最后得到 12 种可行状态，如表 7.1 所示。S_1 的含义是，跨国公司不提供先进技术，本土企业选择自主创新，政府不支持，也不提供补偿机制。

表 7.1　技术冲突的可行状态

决策者	策略	S_1	S_2	S_3	S_4	S_5	S_6	S_7	S_8	S_9	S_{10}	S_{11}	S_{12}
DM1	A	N	N	N	N	N	N	Y	Y	Y	Y	Y	Y
DM2	B	N	N	N	Y	Y	Y	N	N	N	Y	Y	Y
	C	Y	Y	Y	N	N	N	Y	Y	Y	N	N	N
DM3	D	N	N	Y	N	N	Y	N	N	Y	N	N	Y
	E	N	N	Y	N	Y	N	N	N	Y	N	N	Y

注：N 表示 No；Y 表示 Yes

图 7.2 体现了技术冲突中 DM1、DM2、DM3 的状态转移。其中圆圈及圆圈中的数字表示可行状态，有向弧表示相应决策者控制下的状态转移，弧的箭尾表示初始状态，箭头表示转移到的状态，分别用不同的线型表示三个决策者 DM1、DM2、DM3。

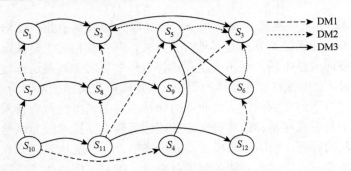

图 7.2　技术冲突的状态转移图

3. 偏好信息

前面已经提到，国外装备制造业企业（DM1）面临一个策略选择，即是否提供先进技术。在中国装备制造业价值链升级过程中，国外企业倾向于通过 FDI 的方式以最大化利用中国丰富的物产资源、廉价的劳动力、巨大的市场潜力和良好的投资环境，由于外资企业的逐利本性，一般采取对本土企业的技术锁定战略，即更加偏好于不提供先进技术。并且，国外装备制造业企业为了保持其对价值链地位和利益分配的掌控，不希望本土企业有突破性的技术创新，也不希望政府对本土企业有过多的支持从而削弱其在中国的优势。综上所述，可得国外企业的偏好向量为

$$DM1: \quad S_4 \succ S_5 \succ S_6 \succ S_1 \succ S_2 \succ S_3 \succ S_{10} \succ S_{11} \succ S_{12} \succ S_7 \succ S_8 \succ S_9$$

对于本土企业，在装备制造业价值链升级过程中，能够获得国外的先进技术、通过 FDI 技术溢出来提升自身的技术水平，是最为快捷和公平的。但对于具有企业精神的本土企业（DM2a），更为看重自主创新能力的获得，以求长期的可持续发展能力。而相对来讲，小富即安型的本土企业（DM2b）只有在没有技术溢出或者政府补偿机制足够的情况下，才开始倾向于获得自主创新能力。因此，本土企业的偏好向量为

$$DM2a: \quad S_9 \succ S_3 \succ S_8 \succ S_2 \succ S_7 \succ S_1 \succ S_{12} \succ S_6 \succ S_{11} \succ S_5 \succ S_{10} \succ S_4$$

$$DM2b: \quad S_9 \succ S_3 \succ S_{12} \succ S_{11} \succ S_{10} \succ S_6 \succ S_5 \succ S_4 \succ S_8 \succ S_7 \succ S_2 \succ S_1$$

政府作为全球价值链升级的主导者和支持者，最希望看到的结果就是企业为了在竞争中生存能形成自主创新的环境，为了实现这一结果政府也愿意出台相关的支持政策；为了激励企业创新也会考虑提供研发的补偿机制，但不希望企业依靠于此。所以，政府的偏好向量为

$$DM3: \quad S_8 \succ S_2 \succ S_9 \succ S_3 \succ S_7 \succ S_1 \succ S_{10} \succ S_{11} \succ S_{12} \succ S_4 \succ S_5 \succ S_6$$

4. 稳定性分析及路径选择

本章利用冲突分析软件对"技术创新促进全球价值链升级"GMCR 进行求解，得到了简单偏好下的四种稳定解。按照不同性质的企业对均衡解进行分析，所得到的结果如表 7.2 所示。其中，E_q 列有 1 表示 DM1、DM2、DM3 在该状态下达到了均衡解。

表 7.2　DM2a 价值链升级技术冲突分析的均衡解

状态	Nash 稳定				GMR 稳定				SMR 稳定				SEQ 稳定			
	DM1	DM2	DM3	E_q	DM1	DM2	DM3	E_q	DM1	DM2	DM3	E_q	DM1	DM2	DM3	E_q
S_1	1	1			1	1	1	1	1	1	1	1	1	1		
S_2	1	1	1	1	1	1	1	1	1	1	1	1	1	1	1	1
S_3	1	1			1	1	1	1	1	1	1	1	1	1		
S_4	1		1		1		1		1		1		1		1	
S_5	1		1		1		1		1		1		1		1	
S_6	1		1		1		1		1		1		1		1	
S_7		1				1				1				1		
S_8		1	1			1	1			1	1			1	1	
S_9		1				1				1				1		
S_{10}		1								1					1	
S_{11}		1								1					1	
S_{12}		1								1					1	

从表 7.2 可以看出，对于具有企业精神的大企业，S_2 是所有条件下的均衡解，即政府鼓励自主创新，本土企业能够独立自主创新而不是依靠外资企业的技术转移或者政府的补偿机制。从表 7.3 可以看出，对于追求安逸的小企业，$S_3 \sim S_5$ 是所有条件下的均衡解，S_4 和 S_5 均为本土企业模仿创新，而由于技术差距的减小或者国外企业对核心技术的封锁已经不能为其提供足够的技术溢出，在这种情况下，即使政府大力号召自主创新依然改变不了本土小企业对模仿创新的选择（S_5），而只有在政府提供了补偿机制的情况下，为小企业的技术研发提供了一定的风险补偿和保障，才可能达到本土小企业选择自主创新的均衡解。

表 7.3　DM2b 价值链升级技术冲突分析的均衡解

状态	Nash 稳定				GMR 稳定				SMR 稳定				SEQ 稳定			
	DM1	DM2	DM3	E_q	DM1	DM2	DM3	E_q	DM1	DM2	DM3	E_q	DM1	DM2	DM3	E_q
S_1	1				1		1		1		1		1			
S_2	1				1		1		1		1		1			

状态	Nash 稳定				GMR 稳定				SMR 稳定				SEQ 稳定			
	DM1	DM2	DM3	E_q	DM1	DM2	DM3	E_q	DM1	DM2	DM3	E_q	DM1	DM2	DM3	E_q
S_3	1	1	1	1	1	1	1	1	1	1	1	1	1	1	1	1
S_4	1	1	1	1	1	1	1	1	1	1	1	1	1	1	1	1
S_5	1	1	1	1	1	1	1	1	1	1	1	1	1	1	1	1
S_6	1		1		1	1	1	1	1	1	1	1	1	1	1	1
S_7							1				1					
S_8															1	
S_9		1	1			1				1				1	1	
S_{10}		1	1			1				1						
S_{11}		1	1			1				1						
S_{12}			1			1	1			1	1				1	

结合均衡解（表 7.2、表 7.3）和状态转移图（图 7.2）可以归纳出装备制造业企业突破技术冲突分析的主要路径，如表 7.4 所示。

表 7.4　突破技术冲突的主要路径

决策者	策略	S_{10}	S_4	S_5	S_2	S_3
DM1	A	Y	N	N	N	N
DM2	B	Y	Y	Y	N	N
	C	N	N	N	Y	Y
DM3	D	N	N	Y	Y	Y
	E	N	N	N	N	Y

DM2a 路径的含义是，由于本土企业的不断学习和跨国公司对核心技术的保护，技术溢出效应不复存在，中国装备制造业企业由初始的 S_{10}（跨国公司提供技术溢出，本土企业模仿创新）变为 S_4；政府和企业为了装备制造业的持续发展，逐渐意识到自主创新的重要性，开始大力宣传和支持自主创新，变为 S_5；由于前期模仿创新的大量积累，加之人力、物力、财力的不断投入，最终转变为 S_2，即政府支持自主创新，企业也加大研发投入进行技术研发。而针对小企业 DM2b，其最后一步是 $S_5 \sim S_3$，即在政府提供补偿机制的情况下，由模仿创新转变为自主创新。$S_5 \sim S_2$ 是技术创新促进中国装备制造业价值链升级的关键步骤，只有真正地达到自主创新，才能不在技术上受制于人，满足更高要求的市场需求，提高我国出口产品的附加值，实现装备制造业在价值链上游地位的提升。而这一路径的主要承担者是国内领先的具有开创精神的大企业，同时，可以通过构建国内价值

链的方式，先由大企业承担研发设计的重任，取得成果后通过技术转移的方式将新技术溢出给中小企业，实现装备制造业整体国际地位的提升。

7.1.4　市场冲突分析与突破路径

1. 决策者及其策略选择

在中国装备制造业技术水平日益提升的同时，国内市场和原本的国际市场将不能再满足中国装备制造业的产能，同时为了获取更多的附加值收益，中国本土装备制造业企业也会积极"走出去"开拓更高水平的市场，这样，就和之前为中国装备制造业企业提供技术转移的发达国家装备制造业企业形成了市场竞争上的冲突。市场冲突中决策者很多，为了简化成 GMCR，本节将提取主要的三个决策者，即发达国家装备制造业企业（DM1）、第三方（买方）政府和消费者（DM2）以及中国本土装备制造业企业（DM3）。

在市场冲突分析中，发达国家装备制造业企业（DM1）面临的策略有两种：①是否共享高收益的市场（A）；②是否通过技术、服务升级完善等方式进一步加强其垄断地位（B）。第三方（买方）政府和消费者（DM2）面临的策略选择是：是否接纳或支持中国装备制造业产品（C）。中国本土装备制造业企业（DM3）面临三个选择：①是否把市场重心放在国内（D）；②是否选择低定价、高性价比的策略以争夺市场占有率，即让利换市场（E）；③是否进一步提升产品品质争夺高端高收益的市场（F）。

2. 可行状态及其转移

市场冲突模型的分析与前面类似，从理论上讲，应该存在 $2^6 = 64$ 种状态，但遵循前面的原则，并将其中的不可行状态予以剔除；同时考虑到若中国本土企业选择本土市场，那 DM1、DM2 作何选择将没有区别，将其作为同类状态合并，最后得到 9 种可行状态，如表 7.5 所示。

表 7.5　市场冲突的可行状态

决策者	策略	S_1	S_2	S_3	S_4	S_5	S_6	S_7	S_8	S_9
DM1	A	N	N	N	N	Y	Y	Y	Y	
	B	Y	Y	Y	Y	N	N	N	N	
DM2	C	N	N	Y	Y	N	N	Y	Y	
DM3	D	N	N	N	N	N	N	N	N	Y
	E	N	Y	N	Y	N	Y	N	Y	—
	F	Y	N	Y	N	Y	N	Y	N	—

市场冲突中 DM1、DM2、DM3 的状态转移如图 7.3 所示。

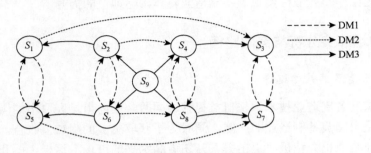

图 7.3　市场冲突的状态转移图

3. 偏好信息

发达国家装备制造业企业（DM1）面临 A、B 两种策略，在中国装备制造业价值链升级过程中，国外企业为防止全球市场被瓜分，更倾向于提升技术水平降低成本，完善品牌运营和服务等方式继续统治全球装备市场。当然，它们也不希望中国企业通过低价方式抢占市场，不希望买方国家政府支持中国企业，甚至会利用一些政治手段影响如军用装备制造业的国际市场。综上所述，可得 DM1 的偏好向量为

$$DM1: \quad S_2 \succ S_1 \succ S_3 \succ S_4 \succ S_9 \succ S_6 \succ S_5 \succ S_8 \succ S_7$$

对于第三方（买方）政府和消费者（DM2），如果中国装备制造业企业能够提供优质且价格低廉的产品无疑是最有益的，而且有望打破一些行业被发达国家大企业寡头垄断的现状，加剧市场的竞争程度，促使让利消费者的情形产生。尤其是对于一些中立的发展中国家，中国装备制造业产品能够提升品质的同时保持高性价比将受到欢迎。因此，DM2 的偏好向量为

$$DM2: \quad S_8 \succ S_4 \succ S_6 \succ S_2 \succ S_9 \succ S_3 \succ S_1 \succ S_7 \succ S_5$$

中国本土装备制造业企业（DM3）追求的最终目标当然是希望可以实现全球价值链市场的升级，能够一定程度上和发达国家企业共享高端高利润的市场，但现实是许多高端装备制造业企业仍在起步阶段，短时间内无法做到与行业巨头平起平坐，因而也会选择低定价的方式，瞄准亚洲、非洲、南美洲等欠发达的市场，以"让利换市场"的方式跨出"走出去"的第一步；并且需要买方国家政府和消费者的支持，减少政治、文化等阻碍因素。如果"走出去"的成本太大或阻力太强，一些企业便会将重心放在国内广阔的市场，一些大型新型装备难以迅速获得国外认可，需要本土市场的支持，如中国的 C919 大型客机的前期订单多来自国内几大航空公司。所以，DM3 的偏好向量为

$$DM3: \quad S_7 \succ S_8 \succ S_3 \succ S_4 \succ S_5 \succ S_6 \succ S_9 \succ S_1 \succ S_2$$

4. 稳定性分析及路径选择

对"价值链升级中的市场冲突"进行求解，得到了简单偏好下的四种稳定解，所得到的结果如表 7.6 所示。

表 7.6　市场冲突分析的均衡解

状态	Nash 稳定				GMR 稳定				SMR 稳定				SEQ 稳定			
	DM1	DM2	DM3	E_q	DM1	DM2	DM3	E_q	DM1	DM2	DM3	E_q	DM1	DM2	DM3	E_q
S_1	1	1			1	1			1	1			1	1		
S_2	1	1			1	1			1	1			1	1		
S_3	1	1			1	1			1	1			1	1		
S_4	1	1	1	1	1	1	1	1	1	1	1	1	1	1	1	1
S_5		1	1			1	1			1	1			1	1	
S_6		1				1	1			1	1			1	1	
S_7		1	1			1	1			1	1			1	1	
S_8		1				1	1			1	1			1	1	
S_9	1	1			1	1	1	1	1	1	1	1	1	1		

从表 7.6 可以看出，S_4 是所有条件下的均衡解，即国外装备制造业领先的企业继续通过技术创新和服务提升来提高自己的价值链地位，统治高端市场；中国本土装备制造业企业选择高性价比路线先以打开市场为主要目的，获取市场认同度，同时买方国家愿意购买物美价廉的产品。这也是现行状态下对中国本土装备制造业企业而言相对切实可行的路线。例如，中国高铁技术虽然有自主知识产权，且已经处于世界领先行列，但面对日本新干线、法国阿尔斯通等公司的激烈竞争，在很多项目招标时只能以低利润来扩大市场；在经过一段时间的积累获得市场的普遍认可之后，开始逐渐建立起品牌效应，积累了一定口碑，进一步开拓市场。

结合均衡解（表 7.6）和状态转移图（图 7.3）可以归纳出装备制造业企业突破市场冲突的主要路径，如表 7.7 所示。

表 7.7　突破市场冲突的主要路径

决策者	策略	S_9	S_2	S_4	S_3	S_7
DM1	A	—	N	N	N	Y
	B	—	Y	Y	Y	N
DM2	C	—	N	Y	Y	Y
DM3	D	Y	N	N	N	N
	E	—	Y	Y	N	N
	F	—	N	N	Y	Y

　　此路径表示了中国技术创新后的装备制造业产品由国内市场走向国际市场的路径，由初始的 S_9（国内市场为主）开始，以低利润的方式打开国际市场（S_2），受到买方消费者的认可和支持（S_4），在有了一定品牌效应之后继续提高技术创新水平，完善售后服务等价值链高端环节，逐渐走向高端市场（S_3），最终和发达国家大企业相比有一定的竞争力，共享全球市场（S_7）。$S_9 \sim S_2$ 是中国企业目前的主要途径，$S_2 \sim S_4$ 受许多因素的影响，如产品品质、文化习俗、政治环境等，要获得国外市场的更多认可，除了产品本身质量过硬、价格有优势之外，还应对买方的市场和消费习惯进行足够的了解，在运营和品牌宣传上下功夫；同时需要中国政府的政策支持及外交手段的运用。$S_4 \sim S_3$ 是中国装备制造业价值链升级的关键步骤，从而扭转"Made in China"的国际形象，争取更高附加值的市场，以实现装备制造业全球价值链营销服务环节地位的提升。

7.2　基于灰色博弈模型的空心化突破路径选择

　　由 7.1 节的分析可以看出，中国装备制造业面临技术冲突、市场冲突以及自主创新能力较低的问题。结合中国产业多年发展的经验教训，市场换不来核心技术，虽然在很多产业领域我们通过国际合作或外资引进的方式提升了产值和规模，但是往往仅是"量"的增长，而产业的"质"却难以得到较大提升，大批企业被锁定在技术含量低、附加值少的低端环节，没有自己的核心技术，也没有自己的优势品牌。如何突破中国装备制造业在全球价值链中的低端锁定成为产业升级中不得不面对的重大问题。

　　如前所述，本节考虑不同的装备制造产业类型，消费者对中国本土装备制造企业和跨国装备制造企业产品的偏好程度不同，以及现实中技术水平和生产要素依赖度的不确定性，在 Stackelberg 博弈模型中引入区间灰数，从不同产业类型层面上对两竞争企业市场份额以及消费者对其的偏好进行分析。从消费市场与技术创新两个角度分析中国式装备制造业空心化的突破路径。

　　很多经济学家认为：中国的劳动力资源具有"无限供给"的特性，企业可采用大量廉价劳动力替代昂贵的技术，不仅可以提升企业的国际竞争优势，同时可以促进本国的劳动力充分就业，因而提出中国要奉行劳动密集型战略。例如，杨俊青提出非国有企业应选择和实施"新的劳动密集型"发展战略。然而，俞宪忠主张中国应采取科技密集和创新主导的集约式经济发展战略。胡振华等构建了区域战略性新兴产业的选择与评价指标体系，并提出了基于 AHP-IE-PCA 组合赋权的产业选择模型。李逢春利用灰色关联法实证分析了中国 OFDI 中的产业选择问题，认为劳动密集型产业对产业升级的推动效应最弱。陈爱贞指出必须通过自主创新来提升中国装备制造业的市场竞争能力。提高开放条件下中国制造业的自主创新能力，提升制造业技术水平，是近年来备受关注的话题。Lee 等认为在初期，发展中国家可以依赖廉价的劳动力来增加市场份额，但随着技术的发展和劳动力成本的提升，企业需要进行自主创新。Pavitt 认为技术密集型产业更倾向于进行产品创新活动，更能带动经济的发展。陈爱贞和刘志彪指出要充分发挥技术密集型产业的技术溢出效应，通过各种途径提升制造业的国际竞争力。

近年来，很多学者利用博弈模型来分析国际企业间的竞争。Matsumura 对含有国外企业的混合寡头采用 Stackelberg 模型进行分析，并得出社会福利最大的均衡结果。Tomaru 研究了在国内外企业进行 Cournot 竞争时，分析国内企业如何通过研发降低边际成本，国外企业如何对社会福利产生影响。张伟等考虑到国外企业进入，建立了生产差异化产品企业的混合寡头博弈模型。郭常义以本土企业面临跨国企业竞争为背景，分析了成本异质性视角下的市场竞争两阶段博弈均衡。本节在消费者偏好视角下分析中国装备制造业应该选择何种产业类型，如何突破空心化的约束。

由于消费者偏好很难改变，企业只能通过不断创新来满足尚不确定的消费者偏好变化。吴飞飞和邱斌指出实施产品创新更能匹配目标市场的消费者偏好。杜威剑和李梦洁分析了出口目的国市场的消费者偏好对本国企业最终产品与中间投入品质量的影响，得出中国应增加对于高收入国家的出口，以此带动企业的技术升级。Zakic 等指出企业提供匹配消费者偏好的产品来实现其利润最大化，是企业进行产品创新的主要动机。

但到目前为止，在国际竞争背景以及消费者偏好视角下，产业选择的研究比较少见，并且没有考虑技术水平和生产要素依赖度不确定性带来的影响。因此，本节考虑消费者偏好，分析各种不同产业类型的技术水平和生产要素依赖度对消费者偏好的影响，结合刘思峰等提出的区间灰色，采用改进的灰色博弈模型分析两竞争企业技术水平和生产要素依赖度的不确定性对企业市场份额的影响。在考虑消费者偏好的情况下，本节得出中国本土装备制造业企业的发展方向及突破路径，为装备制造业企业管理者的战略决策提供帮助。

7.2.1　模型构建

1. 参数设定与问题描述

传统的 Stackelberg 博弈模型假设行业中存在两个地位不平等的且生产相互替代的产品的企业，两个企业面临着一个共同的产品市场，它们在完全信息的条件下通过对各自产品产量的决策来决定自己的市场份额和利润。产品市场的逆需求函数为

$$p_1(Q) = \rho a - bQ = \rho a - b(q_1 + q_2) \qquad (7\text{-}1)$$

$$p_2(Q) = (1-\rho)a - bQ = (1-\rho)a - b(q_1 + q_2) \qquad (7\text{-}2)$$

其中，a，$b > 0$；p_1、p_2 为表示跨国企业与本土企业共同面临的产品市场价格；q_1 为跨国企业的产品数量决策；q_2 为本土企业的产品数量决策；ρ 为消费者对跨国企业产品的偏好；$1-\rho$ 为消费者对本土企业产品的偏好。本书假设两企业产品的边际成本固定不变。然而，本书考虑技术水平和生产要素成本差异对两企业边际成本的影响。因此，本书在该模型原有其他假设的基础上对两企业的边际成本假设进行修改。假设影响跨国企业与中国本土企业产品单位成本的主要因素有两个方面。

第一，技术水平方面。本书认为拥有先进技术的企业能够有效地降低其产品的单位生产成本，而在技术水平上存在比较劣势的企业，产品的单位成本相对较高，即技术水平与产品单位成本呈负相关关系。

该因素对产品成本的影响具有不确定性，只知道大概范围而不知其确切数值，因此本书将技术水平变量设为区间灰数 $\alpha_m(\otimes)(1 > \alpha_m(\otimes) > 0)$，则两企业的博弈矩阵是灰色矩阵，双方的博弈为灰色博弈。设跨国企业产品的技术水平为区间灰数 $\alpha_{1m}(\otimes)$，$\alpha_{2m}(\otimes)$ 为本土企业产品的技术水平。$\alpha_{1L}(\otimes)$ 为跨国企业产品的技术水平最低值，$\alpha_{1H}(\otimes)$ 为跨国企业产品的技术水平最高值。$\alpha_{2L}(\otimes)$ 为本土企业产品的技术水平最低值，$\alpha_{2H}(\otimes)$ 为本土企业产品的技术水平最高值。则

$$\alpha_m(\otimes) \begin{cases} \alpha_{1m}(\otimes) \in [\alpha_{1L}, \alpha_{1H}], & \text{跨国企业技术水平} \\ \alpha_{2m}(\otimes) \in [\alpha_{2L}, \alpha_{2H}], & \text{本土企业技术水平} \end{cases}$$

第二，生产要素依赖度方面。跨国企业和中国本土企业在生产要素禀赋上的不同决定了两企业产品单位成本的不同，拥有比较优势的中国本土企业能够有效降低产品的生产成本，而存在比较劣势的跨国企业的产品单位成本就相对较高，即生产要素成本与产品单位成本呈正相关关系。

本书将生产要素依赖度设为区间灰数 $\beta_m(\otimes)(1 > \beta_m(\otimes) > 0)$，跨国企业产品的生产要素依赖度为区间灰数 $\beta_{1m}(\otimes)$，$\beta_{2m}(\otimes)$ 为本土企业产品的生产要素依赖度。$\beta_{1L}(\otimes)$ 为跨国企业产品的生产要素依赖度最低值，$\beta_{1H}(\otimes)$ 为跨国企业产品的生产要素依赖度最高值。$\beta_{2L}(\otimes)$ 为本土企业产品的生产要素依赖度最低值，$\beta_{2H}(\otimes)$ 为本土企业产品的生产要素依赖度最高值。则

$$\beta_m(\otimes) \begin{cases} \beta_{1m}(\otimes) \in [\beta_{1L}, \beta_{1H}], & \text{跨国企业生产要素水平} \\ \beta_{2m}(\otimes) \in [\beta_{2L}, \beta_{2H}], & \text{本土企业生产要素水平} \end{cases}$$

2. 模型构建步骤

在上述模型假设的基础上，引入不变的产品单位成本 $c(a > c > 0)$，对跨国企业

而言，在技术上处于比较优势，在要素成本上处于比较劣势；对中国本土企业而言，在技术上处于比较劣势，在要素成本上处于比较优势。由于技术水平和生产要素依赖度为区间灰数，设跨国企业产品的单位成本为 $C_1(\otimes) = [(1 - \alpha_{1H} + \beta_{1L})c,$ $(1 - \alpha_{1L} + \beta_{1H})c]$，中国本土企业产品的单位成本为 $C_2(\otimes) = [(1 + \alpha_{2L} - \beta_{2H})c,$ $(1 + \alpha_{2H} - \beta_{2L})c]$。

因此，两企业的支付函数为

$$\Pi_1(\otimes) = [q_1(\rho a - b(q_1 + q_2) - (1 - \alpha_{1L} + \beta_{1H})c), \qquad (7\text{-}3)$$
$$q_1(\rho a - b(q_1 + q_2) - (1 - \alpha_{1H} + \beta_{1L})c)]$$

$$\Pi_2(\otimes) = [q_2((1 - \rho)a - b(q_1 + q_2) - (1 + \alpha_{2H} - \beta_{2L})c), \qquad (7\text{-}4)$$
$$q_2((1 - \rho)a - b(q_1 + q_2) - (1 + \alpha_{2L} - \beta_{2H})c)]$$

区别于传统的 Stackelberg 博弈模型，本书主要假设两企业产品的边际成本为区间灰数，且随着两个相关变量灰色系数 $p_i \in P_i$ 数值的相对变化而变化。灰色变量 $\alpha(\otimes)$ 取决于技术水平对产品单位生产成本的影响程度，灰色变量 $\beta(\otimes)$ 取决于生产要素成本对产品单位成本的影响程度，当从不同的产业类型层面上研究时，$\alpha(\otimes)$、$\beta(\otimes)$ 的区间数值也会发生变化。

7.2.2 模型求解与分析

1. 模型求解

本书采用逆推归纳法来求解其子博弈完美纳什均衡解。对式（7-3）、式（7-4）进行一阶最优化得

$$q_1(\otimes) = [\min(q_1^*, q_1^{**}), \max(q_1^*, q_1^{**})] \qquad (7\text{-}5)$$

$$q_2(\otimes) = [\min(q_2^*, q_2^{**}), \max(q_2^*, q_2^{**})] \qquad (7\text{-}6)$$

其中

$$q_1^* = \frac{(3\rho - 1)a - c}{2b} + \frac{c}{2b}(\alpha_{2H} - \beta_{2L}) + \frac{c}{b}(\alpha_{1H} - \beta_{1L}) \qquad (7\text{-}7)$$

$$q_1^{**} = \frac{(3\rho - 1)a - c}{2b} + \frac{c}{2b}(\alpha_{2L} - \beta_{2H}) + \frac{c}{b}(\alpha_{1L} - \beta_{1H}) \qquad (7\text{-}8)$$

$$q_2^* = \frac{(3 - 5\rho)a - c}{4b} - \frac{c}{4b}(\alpha_{2L} - \beta_{2H}) - \frac{c}{2b}(\alpha_{1L} - \beta_{1H}) - \frac{c}{2b}(\alpha_{2H} - \beta_{2L}) \qquad (7\text{-}9)$$

$$q_2^{**} = \frac{(3 - 5\rho)a - c}{4b} - \frac{c}{4b}(\alpha_{2H} - \beta_{2L}) - \frac{c}{2b}(\alpha_{1H} - \beta_{1L}) - \frac{c}{2b}(\alpha_{2L} - \beta_{2H}) \qquad (7\text{-}10)$$

在进行模型分析前，本书模型需要满足两个条件才可得最优解，两个企业产量都为非负数，两个企业的利润为非负数，即满足

$$q_1(\otimes), q_2(\otimes) \geqslant 0 \text{ 且 } \Pi_1(\otimes), \Pi_2(\otimes) \geqslant 0$$

满足该约束条件，可得命题 1。

命题 1：消费者对跨国企业产品的偏好 ρ 满足以下条件，本书模型有最优解：

$$\frac{1}{a}(1-\alpha_{1L}+\beta_{1H})c+\frac{b}{a}(\max(q_1^*,q_1^{**})+\max(q_2^*,q_2^{**})) \leqslant \rho$$

$$\leqslant 1-\frac{1}{a}(1+\alpha_{2H}-\beta_{2L})c-\frac{b}{a}(\max(q_1^*,q_1^{**})+\max(q_2^*,q_2^{**}))$$

$$\cdot(\min(q_1^*,q_1^{**}) \geqslant 0, \min(q_2^*,q_2^{**})) \geqslant 0$$

2. 模型分析

在不同的产业类型层面上，由于 $\alpha(\otimes)$、$\beta(\otimes)$ 区间数值的相对大小发生改变，两企业的均衡产量也将发生改变。本书从技术密集型、技术密集和劳动密集结合型以及劳动密集型三种产业类型上展开研究，分析技术水平和企业对生产要素的依赖度两者对消费者偏好的影响，以及对市场份额的影响。

（1）技术密集型产业。该类型产业对技术依存度较高，对生产要素的依存度较低。技术的改进和革新能够大大降低产品的单位成本，而生产要素成本对产品单位成本的影响度较低，即 $1>\alpha_m(\otimes)>\beta_m(\otimes)>0$。当跨国企业与中国本土企业同时处在该类型行业中时，两企业的 Stackelberg 博弈模型均衡解如下：

$$q_1(\otimes)=[q_1^{**},q_1^*], \quad q_2(\otimes)=[q_2^{**},q_2^*]$$

命题 2：当 $1>\alpha_m(\otimes)>\beta_m(\otimes)>0$ 时，两个企业产品的产量满足以下条件：

$$q_1^*>q_1^{**}>\frac{(3\rho-1)a-c}{2b}>0, \quad 0<q_2^{**}<q_2^*<\frac{(3-5\rho)a-c}{4b}$$

消费者对跨国企业产品的偏好 ρ 满足

$$\frac{1}{3}+\frac{2c}{3a}\left[\frac{1}{2}+\frac{1}{2}(\alpha_{2L}-\beta_{2H})-(\alpha_{1L}-\beta_{1H})-(\alpha_{2H}-\beta_{2L})\right] \leqslant \rho_1$$

$$\leqslant \frac{3}{5}-\frac{2c}{5a}\left[\frac{1}{2}+\frac{1}{2}(\alpha_{2L}-\beta_{2H})+(\alpha_{1L}-\beta_{1H})+(\alpha_{2H}-\beta_{2L})\right]$$

证明：由于 $1>\alpha_m(\otimes)>\beta_m(\otimes)>0$，$\alpha_m(\otimes)-\beta_m(\otimes)>0$，对比式（7-7）～式（7-10）与 $\frac{(3\rho-1)a-c}{2b}$，$\frac{(3-5\rho)a-c}{4b}$，得出命题 2 的产量不等式。根据命题 1 中的不等式，以及命题 2 中 $q_1^*>q_1^{**}$，$q_2^{**}<q_2^*$，可得 $\frac{1}{3}+\frac{2c}{3a}\left[\frac{1}{2}-(\alpha_{1H}-\beta_{1L})-\frac{1}{2}(\alpha_{2H}-\beta_{2L})\right] \leqslant \rho_1$

$$\leqslant \frac{3}{5}-\frac{2c}{5a}\left[\frac{1}{2}+(\alpha_{2L}-\beta_{2H})+(\alpha_{1H}-\beta_{1L})+\frac{1}{2}(\alpha_{2H}-\beta_{2L})\right]，由于 \frac{1}{2}+\frac{1}{2}(\alpha_{2L}-\beta_{2H})-(\alpha_{1L}$$

$$-\beta_{1H})-(\alpha_{2H}-\beta_{2L})>\frac{1}{2}-(\alpha_{1H}-\beta_{1L})-\frac{1}{2}(\alpha_{2H}-\beta_{2L})，且 \frac{1}{2}(\alpha_{2L}-\beta_{2H})+(\alpha_{1L}-\beta_{1H})$$

$+(\alpha_{2H}-\beta_{2L})<(\alpha_{2L}-\beta_{2H})+(\alpha_{1H}-\beta_{1L})+\dfrac{1}{2}(\alpha_{2H}-\beta_{2L})$，因此得出命题 2 中消费者偏好的范围。证毕。

命题 2 表明，当跨国企业与中国本土企业同处于技术密集型产业上时，跨国企业将存在先动优势，其产品市场占有率将达到 $\dfrac{(6\rho-2)a-2c}{(1+\rho)a-3c}$ 以上，而中国本土企业的产品市场占有率仅在 $\dfrac{(3-5\rho)a-c}{(1+\rho)a-3c}$ 以下，市场空间逐渐被跨国企业所挤占。随着消费者对跨国企业偏好 ρ 的提升，本土企业的产品市场占有率会越来越低。当行业对技术水平要求上升，即区间灰色变量 $\alpha_m(\otimes)-\beta_m(\otimes)$ 的值变大时，两企业市场份额 $q_1(\otimes)$ 和 $q_2(\otimes)$ 的差距先减小后增大，即跨国企业市场份额逐渐减小，中国本土企业的市场份额逐渐增加。这种情况下，消费者对跨国企业偏好 ρ 逐渐降低。这说明两企业都从事研发设计时，随着本土企业技术水平的提升，本土消费者会更倾向于购买本土企业产品。

（2）劳动密集型产业。该类型产业对技术依存度较低，生产要素成本对产品单位成本的影响度较高，即 $1>\beta_m(\otimes)>\alpha_m(\otimes)>0$。当跨国企业与中国本土企业同时处在该类型行业中时，两企业的 Stackelberg 博弈模型均衡解如下：

$$q_1(\otimes)=[q_1^{**},q_1^{*}],\quad q_2(\otimes)=[q_2^{*},q_2^{**}]$$

命题 3：当 $1>\beta_m(\otimes)-\alpha_m(\otimes)>0$ 时，两个企业产品的产量满足以下条件：

$$0<q_1^{**}<q_1^{*}<\dfrac{(3\rho-1)a-c}{2b},\quad q_2^{*}>q_2^{**}>\dfrac{(3-5\rho)a-c}{4b}>0$$

消费者对跨国企业产品的偏好 ρ 满足

$$\dfrac{1}{3}+\dfrac{c}{3a}[1+(\alpha_{2H}-\beta_{2L})+2(\alpha_{1H}-\beta_{1L})-2(\alpha_{2L}-\beta_{2H})-4(\alpha_{1L}-\beta_{1H})]\leqslant\rho_2$$
$$\leqslant\dfrac{3}{5}-\dfrac{c}{10a}[1+5(\alpha_{2H}-\beta_{2L})+4(\alpha_{1H}-\beta_{1L})+4(\alpha_{2L}-\beta_{2H})]$$

证明：由于 $1>\beta_m(\otimes)-\alpha_m(\otimes)>0$，对比式（7-7）～式（7-10）与 $\dfrac{(3\rho-1)a-c}{2b}$，$\dfrac{(3-5\rho)a-c}{4b}$，可得出命题 3 中的产量不等式。根据命题 1 中的不等式，以及命题 3 中 $q_1^{**}<q_1^{*}$，$q_2^{**}>q_2^{*}$，可得出 $\dfrac{1}{3}+\dfrac{c}{3a}[1-(\alpha_{2L}-\beta_{2H})-2(\alpha_{1L}-\beta_{1H})]\leqslant\rho_2\leqslant\dfrac{3}{5}$ $-\dfrac{c}{10a}[2+2(\alpha_{2L}-\beta_{2H})+4(\alpha_{1L}-\beta_{1H})+4(\alpha_{2H}-\beta_{2L})]$。由于 $1+(\alpha_{2H}-\beta_{2L})+2(\alpha_{1H}$

$-\beta_{1L})-2(\alpha_{2L}-\beta_{2H})-4(\alpha_{1L}-\beta_{1H})>1-(\alpha_{2L}-\beta_{2H})-2(\alpha_{1L}-\beta_{1H})$，且 $1+5(\alpha_{2H}-\beta_{2L})+$
$4(\alpha_{1H}-\beta_{1L})+4(\alpha_{2L}-\beta_{2H})<2+2(\alpha_{2L}-\beta_{2H})+4(\alpha_{1L}-\beta_{1H})+4(\alpha_{2H}-\beta_{2L})$，因此得出
命题 3 中消费者偏好 ρ 的范围。证毕。

　　命题 3 表明，当跨国企业与中国本土企业同处于劳动密集型产业上时，此时
生产要素成本对产品单位成本影响较大，技术较低，区间灰色变量 $\beta_m(\otimes)-\alpha_m(\otimes)$
的值变大。因此，中国本土企业发挥其先动优势，市场份额增加，且达到
$\dfrac{(3-5\rho)a-c}{(1+\rho)a-3c}$ 以上；跨国企业失去先动优势，市场份额逐渐减少，下降到
$\dfrac{(6\rho-2)a-2c}{(1+\rho)a-3c}$ 以下。这种情况下，随着两类装备制造业对生产要素的依赖性增强，
即 $\beta_m(\otimes)$ 变大，消费者对跨国企业产品的偏好 ρ 逐渐增强。这说明当两企业都从
事生产制造活动时，消费者对跨国企业产品的偏好较高。由于两企业对生产要素
的高依赖性，跨国企业与本土企业的市场份额差距减小。

　　（3）技术密集和劳动密集结合型产业。生产和工作过程既需要先进的科学技
术，又需要大量的生产要素。技术和生产要素成本对产品单位成本的影响度相当，
即 $1>\beta_m(\otimes)\approx\alpha_m(\otimes)>0$。

　　命题 4：当区间灰色变量 $\alpha_m(\otimes)$、$\beta_m(\otimes)$ 满足关系式 $\beta_m(\otimes)-\alpha_m(\otimes)\approx0$ 时，两
个企业产品的产量满足以下条件：

$$q_1^{**}\approx q_1^*\approx\frac{(3\rho-1)a-c}{2b}>0，\quad q_2^{**}\approx q_2^*\approx\frac{(3-5\rho)a-c}{4b}>0$$

消费者对跨国企业产品的偏好满足

$$\frac{1}{3}+\frac{c}{3a}\leqslant\rho\leqslant\frac{3}{5}-\frac{c}{5a}$$

证明：由于 $1>\beta_m(\otimes)\approx\alpha_m(\otimes)>0$，对比式（7-7）～式（7-10）与 $\dfrac{(3\rho-1)a-c}{2b}$，
$\dfrac{(3-5\rho)a-c}{4b}$，可得出命题 4 中的产量等式。根据命题 1 中的不等式以及命题 3 中
$q_1^{**}\approx q_1^*$，$q_2^{**}\approx q_2^*$，可得出 $\dfrac{1}{3}+\dfrac{c}{3a}\leqslant\rho_3\leqslant\dfrac{3}{5}-\dfrac{c}{5a}$。证毕。

　　命题 4 表明，当跨国企业与中国本土企业同处于技术密集和劳动密集结合型
产业上时，此时技术和生产要素成本对产品单位成本的影响度相当，跨国企业和
中国本土企业的市场份额比例为 $\dfrac{(6\rho-2)a-2c}{(3-5\rho)\rho-c}$。这种情况下，消费者对跨国企业
产品的偏好 ρ 与装备制造业的技术水平和生产要素依赖度关系不大。

　　通过对上述三种不同产业类型进行分析可以得出，对跨国企业而言，在技术

密集型产业上的市场份额最大，技术密集和劳动密集结合型产业次之，劳动密集型产业最小；对中国本土企业而言，在劳动密集型产业上的市场份额最大，技术密集和劳动密集结合型产业次之，技术密集型产业最小，所以两企业对三种不同产业类型的偏好存在对立性。

7.2.3　算例分析

结合 Stackelberg 博弈模型均衡解的分析结果，在研发设计环节，由于对技术水平要求较高，跨国装备制造企业占据着技术优势使得其产品市场占有率较大，中国本土装备制造企业由于技术上的比较劣势其市场占有率较小。在加工制造环节，对要素需求量较大，中国本土装备制造企业由于占据着要素成本上的比较优势其市场占有率相对在研发设计环节有所增加，跨国装备制造企业由于在要素成本上的比较劣势其市场占有率相对在研发设计环节有所减小。结合目前跨国装备制造企业与中国本土装备制造企业的现状对比，本书给出了技术水平和生产要素依赖度的灰色区间值，见表 7.8。进而得出消费者偏好于两竞争企业的灰色市场份额，见表 7.9 和表 7.10。

表 7.8　中国本土与跨国装备制造企业技术水平与生产要素依赖度的灰色区间值

产业类型	变量	跨国企业	中国本土企业
技术密集型	$\alpha_m(\otimes)$	(0.6, 0.7)	(0.5, 0.6)
	$\beta_m(\otimes)$	(0.1, 0.2)	(0.2, 0.3)
劳动密集型	$\alpha_m(\otimes)$	(0.3, 0.4)	(0.2, 0.3)
	$\beta_m(\otimes)$	(0.5, 0.6)	(0.6, 0.7)
结合型	$\alpha_m(\otimes)$	(0.4, 0.4)	(0.4, 0.4)
	$\beta_m(\otimes)$	(0.4, 0.4)	(0.4, 0.4)

表 7.9　不同产业类型下的消费者对跨国企业产品的偏好 ρ

		本土装备制造企业		
	产业类型	技术密集型	劳动密集型	结合型
跨国装备制造企业	技术密集型	[0.313, 0.51]	[0.368, 0.591]	—
	劳动密集型	[0.292, 0.483]	[0.418, 0.621]	—
	结合型	—	—	[0.383, 0.57]

表 7.10　跨国与中国本土装备制造企业的灰色市场份额

		本土装备制造企业		
	产业类型	技术密集型	劳动密集型	结合型
跨国装备制造企业	技术密集型	[(0, 15.5), (0, 11.42)]	[(0, 18.95), (0, 13.17)]	—
	劳动密集型	[(0, 10.85), (0, 18.07)]	[(0, 15.95), (0, 12.69)]	—
	结合型	—	—	[(0, 11.87), (0, 14)]

从表 7.9 和表 7.10 可以看出，在两企业都进行研发设计的情形下，双方的技术水平相同，消费者对本土企业产品的偏好更高，但本土企业的市场份额低于跨国企业，这可能是由于中国本土企业进行研发设计的成本较高，产品价格较高，市场份额降低。在两企业都进行生产制造的情形下，双方对生产要素的依赖度相同，消费者对跨国企业产品的偏好更高，跨国企业的市场份额高于本土企业。当两企业都选择结合型的产业时，消费者对两企业产品的偏好类似，两企业的市场份额也大体相同，但本土企业的市场份额稍高。因此，从消费者偏好角度来看，中国本土装备制造企业应该选择技术密集型或者结合型。

从图 7.4 和图 7.5 可以看出，当两竞争企业都从事研发设计时，随着技术水平的提升，本土装备制造企业的市场份额逐渐提升；当两竞争企业都从事生产制造时，随着企业对生产要素依赖度的提升，跨国装备制造企业的市场份额会提高。

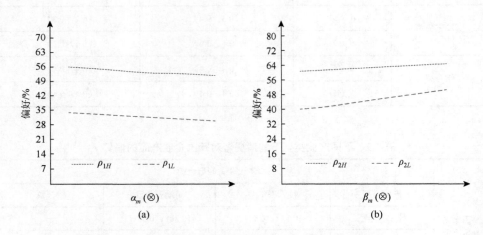

图 7.4　技术水平与生产要素依赖度变化对消费者偏好的影响

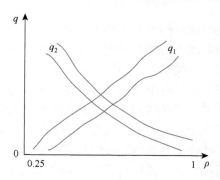

图 7.5 消费者偏好对两企业市场份额的影响趋势图

7.3 本 章 小 结

中国式装备制造业空心化问题可以简单归结为：在国际竞争领域，跨国装备制造企业凭借着技术上的优势，在新产品的研发设计上占据领导地位，并不断地通过对外直接投资等方式将产品的生产制造等输入中国，以谋求低廉的生产要素；而中国本土装备制造企业由于在技术水平上的限制，只能凭借自身在要素成本上的优势，被迫选择生产制造，市场份额遭到跨国企业的挤压。鉴于此，本章从两个角度分析突破中国式装备制造业空心化的路径：一是通过全球价值链升级突破空心化；二是结合不同的产业类型、消费者偏好和竞争类型选择合适的突破口。

首先构建 GMCR，对中国装备制造业全球价值链升级中的冲突问题进行识别与分析，并从中得到突破冲突的关键路径。结合 GMCR 的稳定性分析结果，得到以下结论：①在发达国家主导的全球价值链中，中国装备制造业全球价值链升级主要面临技术冲突和市场冲突。②交通运输设备制造业、专用设备制造业偏向于生产者驱动价值链，应致力于解决技术冲突，提高技术水平和研发能力；通用设备制造业、电气机械及器材制造业、通用设备计算机及电子设备制造业、仪器仪表及文化办公用机械制造业属于混合驱动型价值链，除了要注重技术研发，同时要关注市场冲突的破解，提升品牌营销能力。③自主创新是解决技术冲突的核心，尤其是富有创新精神的大企业对整个产业技术研发能力的提升有重要作用；"让利换市场"是目前本土企业走出去的有效路径，但不是长久之计；技术创新和品牌营销能力是突破价值链治理的关键。

其次考虑到装备制造业的产业类型不同，消费者对中国本土装备制造企业和跨国装备制造企业产品的偏好程度不同，以及现实中技术水平和生产要素依赖度的不确定性，在 Stackelberg 博弈模型中引入区间灰数，从消费者偏好角度构建灰色博弈模型，分析两竞争企业技术水平和生产要素依赖度的不确定性对企业市场份额的影响，从中得到突破中国式装备制造业空心化的路径。研究发现，如果两企业都属于技术密集型，且技术水平相同，则随着技术水平的提升，本土消费者对本国企业的偏好更高，如果两个企业都属于劳动密集型，且对生产要素的依赖度相同，则随着企业对生产要素依赖度的提高，消费者对跨国企业的偏好更高。因此，基于消费者偏好角度，中国装备制造企业应从技术创新方面寻求突破，积极发展新产品的研发设计，提升本国企业的技术发展水平，在研发设计领域占据领导地位，提升中国装备制造业的国际竞争力，并通过不同渠道的宣传，提升消费者对中国装备制造业的偏好度，提高本土企业的市场份额。同时提升消费市场对中国装备制造业的偏好与技术创新度，突破中国装备制造业在全球价值链中的低端锁定状态。

第8章 对策建议

中国装备制造业在全球价值链上处于低端地位，并且存在一定程度的空心化现象，中国本土装备制造企业与强势跨国企业之间存在较为明显的利润差距，且在升级过程中受到发达国家的影响和阻碍。如果中国装备制造业不在技术、人力素质等方面加强投入，不打开市场提升需求，其空心化程度会进一步加剧。中国装备制造业正处于转型期，需要合理规划外资的引入、核心技术的研发、人力素质的提高和市场需求的稳健增长。因此，根据研究的结果，本书从外资层面、技术层面、人力层面、需求层面及产业结构和政策导向层面多个角度出发提出相关的对策建议，以期促进中国装备制造业的发展，实现中国装备制造业全球价值链的升级，突破中国式装备制造业空心化。

8.1 合理引进装备制造业外资项目

当前中国正处于产业演进的中后期，仍需要引进大量外资来促进本国经济发展，装备制造业亦是如此。然而在引资过程中，由于缺乏合理的引进方法和模式，在全球价值链垂直竞争体系的限制下，本土企业自主创新的积极性受到抑制，缺失自主品牌，加上产品所面临的需求层次较低，只能依附于跨国企业进行代工生产，造成跨国企业对中国本土装备制造企业的进一步压榨，产业发展受到更大的限制。因此，合理引进外资，加大自主创新投入，促使企业不断进行产品和技术的创新，创造属于自己的高价值品牌，才能够获得价值链的攀升，摆脱跨国企业的限制，实现产业的升级。

8.1.1 注重引进外资质量

在过去以往的项目输入中，政府往往追求一时的利益，一味地接受外资的进入，缺乏引导性的项目输入，导致中国装备制造业引进外资时出现质量不足而数量充足的情况。因此政府在一系列的产业结构调整之后，需要密切注重引进技术密集型方面的产业资本和项目，加强与发达国家先进项目的合作，为中国本土企业和装备制造业整体产业的发展牵线搭桥。同时政府在引进外资的过程中要重视外资控股，严格把关。

对于跨国企业的项目需要严格把关，政府需进行引导加强项目在国内市场中的输入和融合，不能一味地利用本土成本优势吸引项目，而对本土装备制造业市场份额产生负面影响。同时需要大力支持技术合作型项目，加强跨国企业先进技术与本土企业的联系和学习，从而在项目输入时推动中国本土装备制造业核心竞争力的提升。

8.1.2 改进外资引进方式

引进外资有利于企业发展混合所有制经济，完善现代企业制度，提高企业资本配置和运行效率。但需要改进外资引进方式，提升中国装备制造业在股权控制、市场控制、技术控制上的能力，解决产业受控制程度问题。

首先，需要在吸引外资时确保本土企业的控制权，本土产品对市场的主导权不能丧失，改变过去长期存在的内外资管理体制上的两套系统，以及由此而来的内外差别政策导致许多地方、许多领域在处理外资与内资的关系上常常是厚此薄彼。其次，要关注外资对内资企业的技术外溢作用。外资对经济发展的影响程度关键取决于外资企业对内资企业技术进步的外溢效应。结合内资企业的技术吸收能力或潜力，对外商投资的技术水平进行评估，有选择地引进项目或制定外资优惠政策才更具有意义。最后，要避免在技术上对国外装备制造业的依赖，增强自身技术支持，鼓励装备制造业走向国际市场，进行国际竞争，锻炼企业实力，促进技术的消化吸收。

8.1.3 保护本土企业发展

吸引外资的同时，要避免外资压缩内资企业的发展空间。外资企业凭借各种优势，对同行业内资企业产生了巨大的"挤出效应"。不能让内资企业让出了市场、品牌，成为外资企业全球产业链中的一个个加工厂。同时政府需要保护本土企业，一些重大核心、具有较好发展前景的项目需要更积极地面向中国本土企业，政府需要建设好相关的项目培育机制，创造一个有利于中国企业发展的项目合作平台。鼓励下游企业使用国产先进机械设备，使用巧妙的项目合作方式，促进跨国企业资金的技术外溢，帮助中国企业消化吸收国际先进技术。

8.2 提升中国装备制造业技术研发能力

目前中国发展装备制造业的关键是如何提高核心竞争力，而核心竞争力的基础和重要表现形式之一便是先进技术的研发能力。因此中国装备制造业对国外先进技术的消化转化效率要有突破性的提高，减少由技术消化吸收滞后而导致的一系列资源浪费和成本的提高。同时应当更关注创新能力和自主研发能力，积极引导中国装备制造企业注重不同区域、不同行业、不同企业性质的合作，刺激行业活力，鼓励生产要素往利润率高、附加值高的行业流动，加强装备制造业产业发展的基础建设，完善产业配套，促进装备制造业往高端装备制造业的方向持续发展。

8.2.1　提高技术消化吸收能力

对国外引进技术需要及时消化吸收，提高先进技术与本土市场的融合程度。国外高端装备制造业的技术水平往往明显高于中国国内水平，因此在消化吸收时存在滞后的现象。为了加快结构优化和调整，需要对先进技术的引进和消化加强投入，提高消化能力和速度，不能只引进、慢消化，需要及时跟上发达国家和跨国企业的技术研发水平。同时要加快新旧技术的更新换代速度，加快新技术的研发，不能止步于已有技术的完善，要把新技术的研发速度同时跟上发达国家高端装备制造业的水平。在经济全球化的进程中积极与他国进行分工合作，在分工合作中寻求契机，把握机会，学习并创新世界先进技术与知识，形成中国装备制造企业独有的技术壁垒，从而掌握一系列知识产权，从根本上提高中国装备制造业的核心竞争力。

8.2.2　加大自主创新力度

发达国家在研发费用上只有增加没有减少，逐年增加"基础科学基金"等专项基金的金额，更新大学的科研设施。长期以来，中国企业研发经费投入不足，研发经费人均支出仅为美国的 1.2%、日本的 1.1%。大中型工业企业研发经费支出占其销售收入的比例多年来一直不到 1%，而主要发达国家已达 2.5%～4%。这些摆脱了中等收入陷阱，进入先进国家行列的国家在对高端技术依赖的过程中都有一个共同的特点，即对高端技术是依靠而不是依赖，都能够在较短的时间内实现本土自主创新能力的大幅提升，能够在装备制造业的高端领域走上独立自助的发展道路。与它们相比，中国装备制造业研发投入方面与发达国家差距很大，对高端技术的依赖情况依旧很明显。于是我们需要增加研发投入，投入的多少直接关乎成果的多少。目前，国家科技政策鼓励企业加大自主创新投入，国有企业在这方面应该起到带头作用。企业应积极建立研发专项资金制度和研发投入持续稳定增长的长效机制，确保企业研发创新投入水平随企业发展不断提高。进一步拓宽研发投入资金来源渠道，除了自身资金积累外，要广泛吸收来自政府补贴、资本市场、银行和风险基金等多种渠道的科技研发扶持资金，为企业自主创新科研经费的筹集提供更为广阔的资金渠道。同时，继续推进与金融领域的合作，通过加强国际自主创新技术合作，企业可从国际合作中取得自主创新的资金，建立和完善多元化、多形式、多层次的技术创新投入机制。在加大资金数量上的投入时，不能忽视资金运用效率的提高。为此，一是要提高企业科研开发的软实力，提高企业及时识别风险和发现市场机会的能力；二是要提高科技成果产业化率，加强科技成果向现实生产力的转化，如加强科研与市场的结合、加大资金投入力度、提高产业化管理能力等。

8.2.3　国有企业和民营企业协同创新

国内的装备制造业中小企业和民营企业的发展环境恶劣，得到的政策支持很有限。在产业发展中有观点认为中小企业相对而言没有那么重要，对整个产业竞争力的提高没有帮助，将希望寄托于大企业。而创新既来源于大企业也来源于中小企业。与国有企业相比，民营企业的创新活力和动力更大。但是在中国存在对于国企的体制依赖，只要遇到经济困难就通过扩大国企权利渡过难关，经济危机之后，国企权利收缩，民企发展壮大，如此循环往复，没有形成国有企业和民营企业的协同创新。因此，需要打破民营企业和国有企业之间的隔阂和壁垒，相互协调运作，充分发挥各自潜力和优势。

第一，国有企业发挥排头兵的作用，完善选拔任用与激励考核机制。改革和完善国有企业经营者的考核评价制度，激发他们的创新热情。相关部门可以把企业科技创新投入和产出绩效纳入经营者的考核评价指标体系，并把经营管理者和研发人员对企业、行业、国家的自主创新贡献与其长远利益和荣誉相挂钩，建立奖优罚劣的长效机制，同时将合理的科技研发投入在考核时视同利润处理，让企业经营者消除后顾之忧。创新选人用人机制。建立"能上能下、竞争上岗"的动态用人机制，为打造出一支高素质的经营者队伍提供制度保障。

第二，营造公平竞争的市场经济体制。一方面要营造公平竞争的市场环境，另一方面要打破国有企业不合理、不必要的垄断地位，引入竞争机制，让国有企业之间、国有企业和民营企业之间有机会展开充分的竞争，使自主创新成为国有企业的必然选择。强化市场制度建设，强调市场竞争的作用，加强国有企业技术创新资源的优化配置，可以实现消耗最小而效率最高、效益最大的目标。

第三，整合国内外创新资源，促进国有企业与民营企业之间协同创新。国有企业可以采取参与国际合作研究、设立海外研发机构、并购国外科技企业、购买国外先进技术、聘请国外专家等多种方式整合、利用国际创新资源，弥补自身不足。国有企业要主动通过协同创新进行共性技术研发和重大攻关。协同创新可以在同一产业内的上下游企业之间进行，也可以在不同产业之间进行。可以通过建立企业技术创新联盟、搭建企业技术创新研发平台等各种方式，使创新资源能够实现对接共享。

8.3 加强高素质专业人才培养

产业发展的核心问题在于人才，知识经济时代关键在于对人才的利用，培养一批具有高素质的管理人才和技术人才是企业生存和发展的动力所在。装备制造业作为一个技术含量高和创新性强的行业，对人才的要求较高，所以企业应当加大对高层次人才的关注，落实科学发展观对人才素质所提出的要求，将人才培养战略放到首位，为企业未来发展建立强大后盾。

8.3.1 建立吸引人才环境

首先要懂得实施人才引进战略，逐步完善人才引进和流动政策；装备制造业往高精尖方向发展时，高素质的专业人才培育便越发重要。因此，需要关注高素质人才培养，建立吸引人才和挽留人才的制度环境，为装备制造业和现代服务业提供专业技能过硬的高素质人才。政府和企业需要共同合作，在人力资源引进时做好宏观环境和微观环境的建设，从而吸引具有国际项目背景的核心研发人员和管理人员。按照有利于留住人才、引进人才、培养人才的要求，全面系统地制定和实施创造高尖端人才环境的政策规定，为他们在装备制造业的发展提供宽松的政策环境。完备人才流动和人才引进方面的法制环境，保护用人主体和人才的合法权益。在涉及人才促进、培养和使用方面，如科技立项、成果鉴定、专利认定等方面需要提高办事效率，简化办事程序，优化相关流程。

8.3.2 注重人才培养教育

人才的根本是教育，然而目前中国对于专业人才的培养上远远没有跟上经济的发展。虽然中国装备制造业的产量逐年提高，但自主创新能力较差，缺乏一系列专业型技术工人和研发型领军人才，这一现象容易加剧中国式装备制造业空心化的现象。要注重人才培养，首先，企业应当加大与大学、科研院所之间的合作，利用产学研的模式联合培养出具备高素质的管理人才、科技人才和高级技工等，为企业未来发展储备人才；其次，企业内部应加强在职培训，地方政府也可以主导一些在职培训项目，以不断学习的方式提高在职人员的知识技术水平，与时俱进；最后，要重视高级蓝领在工业生产中的地位，社会舆论媒体要予以正确的引导，在某些重要的严峻领域，需要加快专业型、技术型工人的培育，鼓励实践操作性强的人才培养。因此需要政府、企业和学校共同努力，完善当前中国教育结构，挖掘更多满足中国装备制造业发展的人力资源以服务社会。

8.3.3 制定人才激励机制

最后是要制定出合理的人才激励机制，充分发挥人才的积极性、主动性和创造性，对优秀的科技和管理人才，企业要懂得珍惜并提供良好的再学习和培养机制，挖掘他们的潜力来开发新产品和新技术。调整收入分配政策，激励人才流向高端装备制造业，创造引进留住高尖端人才的环境和条件，为人才提供优越的生活条件，制定特殊的人才政策，为引进人才提供良好的工作环境。而对于那些主要依靠劳动力数量的行业和企业需要及时引导，不能局限于低端装备制造业的发展。低端装备制造业往往呈现出劳动力数量大、劳动力素质低和行业利润低等特点，这样的人力资源格局需要及时调整，不要仅着眼于劳动生产率，而需要将行业利润与高素质人才联系起来共同考量。

8.4 扩大中国装备制造业市场需求

中国装备制造业对外依存度较高，全球经济复苏缓慢使得外需对装备制造业出口的带动作用有限。同时，进口额的下降反映了内需不足，装备制造业的经济下行压力进一步显现。因而，刺激装备制造业内需，调整装备制造业外需和出口结构也是中国装备制造业突破产业空心化的出口。

8.4.1 积极开拓国内外市场

中国装备制造业突破空心化的关键步骤，是如何扭转"Made in China"的国际形象，争取更高附加值的市场，以实现装备制造业全球价值链地位的提升。我国制造业一直以来以低利润的方式打开国际市场，要获得国外市场的更多认可，除了产品本身质量过硬，价格有优势之外，还应对买方的市场和消费习惯进行足够的了解，在运营和品牌宣传上下功夫。要积极吸取跨国企业中的优秀管理模式和市场开拓策略，政府要主动积极采购中国装备制造业的产品，并搭建良好的销售平台，创办各类产品交流平台，帮助国内外下游客户了解中国装备制造业的产品。同时需要中国政府的政策支持及外交手段的运用，积极借助"一带一路"的桥梁加强国际合作，打开国际市场。

在国内市场方面，中国装备制造业仍有很大空间可以施展，中国装备制造企业在着眼海外市场的同时，也应积极扩展国内市场，实现装备制造业产能的国内市场内部消化，降低其出口依赖程度，增强产业安全。提升产业产品质量和自主创新，提升本土企业产品竞争力，促使下游产业在选择中间品时选用国内产品。同时，政府也应引导企业放眼国内市场，引导消费者选择国货，增强其产业竞争力，进而提升其在全球价值链中的地位。

8.4.2　提高高端装备制造业市场需求

中国装备制造业中，电子和光学设备制造业出口获利能力最低，但是在全部出口额中占比却是最高。如此这样的出口结构，自然会对装备制造业整体的全球价值链地位产生不利影响。要想提高中国装备制造业在全球价值链中的地位，避免空心化加剧，首先需要优化出口结构，对于获利能力较强的产品进行出口，对于获利能力较弱的产品，应提升其在贸易中的获利能力后再出口，而非一味地从量上追求出口总额。

在出口总额方面，如果总是大量出口获利能力较弱的产品，容易陷入低端锁定的困境。一方面，我们需要调整出口结构，减少获利能力较弱的产品的出口；另一方面，我们也需要对获利能力较弱的产品进行调整升级，提升其出口获利能力。目前中国装备制造业发展主要存在的问题之一是目标市场为附加值低的低端市场，因此促进高端装备制造业市场的发展是需要政府进行政策引导和扶持的。中国装备制造业的发展不能单单从某一层面来考虑，要加强不同产业、不同行业之间的合作，以提升国际地位为目的，需要调整整体产业结构，为装备制造业提供更有活力的市场环境，刺激装备制造业尤其是高精尖环节的市场需求。

8.5　促进中国装备制造业产业结构升级

世界工厂是中国装备制造业所冠上的标签，这种生产方式的定位会让中国装备制造业形成一种模式依赖，长期停滞于低端装备制造业的生产和组装，形成低端锁定。优化中国装备制造业的产业结构，促进产业结构升级，使中国装备制造业产业结构整体素质向更高一级的方向演化，以此带动整体产业良性发展，打开国际市场，升级市场需求，向价值链更高一级迈进。

8.5.1　加大供给侧改革优化资源配置

政府要充分实施引导装备制造产业发展的措施。在国家大力进行工业化改革，引导中国工业转型升级的同时，各地政府要积极采取有效的措施，结合本地装备制造企业和经济发展状况制定有效的促进装备制造业发展的产业政策，进行适时的宏观把控。

在供给侧改革的大环境中，从提高装备制造业供给质量出发，用改革的办法推进结构调整，矫正要素配置扭曲，扩大有效供给，提高供给结构对需求变化的适应性和灵活性，提高全要素生产率。在资源配置过程中，要学会合理地引导，实现资源最高优化配置。同时建立供给需求有效连接机制，畅通装备制造业市场信息交流渠道，避免由信息的延后或者错漏导致供需不平衡的现象发生。

8.5.2　坚持以自主创新为中心的产业结构升级

要解决产业结构不合理问题，需要将产业结构优化，提高产品附加值相结合，实现产业升级，占据产业链的高端位置，避免陷入"世界工厂"的尴尬地位不能自拔。在这一过程中，需要明确不同阶段产业升级的目标，不断提高制造能力和经验以及研发实力，向装备制造强国看齐。就中国装备制造业目前发展形势来看，只有切实地掌握产业发展的核心技术，加强技术方面的自主研发，以此提高劳动生产率，以及人力资本的规模和结构，才能够实现产业的结构性升级，这是战略性产业结构调整的核心。

时代的进步和产品要求的提高，都需要科学技术作为发展的基础，产业结构调整同样需要科学技术作为主要推动力，中国装备制造业产业结构不合理的一个重要的原因就是缺乏核心技术，没有自主知识品牌，在参与国际竞争中没有一定的技术支撑。中国装备制造业进行自主创新，不一定要封闭性地自我创新，可以采用先引进再消化再创新的模式，坚持产业创新和品牌创新并举的方式，要实现装备制造业的高技术发展、高品牌发展。

8.5.3　坚持走中国特色新型工业化道路

信息化时代高速发展的今天，互联网＋及大数据网络将成为未来经济改革的先驱者，中国装备制造业可以在工业化改革的进程中，充分结合上述两点来推动产业升级发展，以信息化促进工业化，更有效地解决当前社会和经济发展对环境与资源的要求等问题，努力促进中国装备制造业更好地发展。

一是借助先进信息技术，加速智能化生产。促进信息技术与装备制造业融合，在制造业的设计、研发、制造等环节广泛应用信息技术以加强装备制造业产品设计，扩展产品性能，加速产品更新换代；发展智能化数控机床设备、高端精密仪器、智能工业机器人、3D 打印技术等，提升装备制造业生产技术水平和生产效率。

二是进行信息化管理，提高企业运行效率。通过物联网、大数据、企业信息管理系统等加强企业信息管理在市场调研、生产设计、产品管控、组织管理、供应链管理等各方面的应用，以提高企业的管理效率。创造推广信息化的大环境，提供信息集成共享平台，加强企业与高校、科研机构、信息服务机构的联系，以渐渐提高整个行业和社会的信息化水平。

三是打造互联网＋装备制造业，实现产业链融合。信息化、智能化的发展不仅可以带动装备制造业技术升级、降低成本，互联网也贯穿于装备制造业产品设计研发、生产制造、运营维护、售后体验等各个环节。互联网＋装备制造业可促进装备制造业产业链延伸，向服务型制造、高端化制造、个性化定制、智能化制造转变，从而实现装备制造业产业结构优化升级，向微笑曲线两端攀升。

参 考 文 献

白清. 2015. 生产性服务业促进制造业升级的机制分析——基于全球价值链视角. 财经问题研究，（4）：17-23.

波特 M. 2002. 国家竞争优势. 李明轩，邱如美，译. 北京：华夏出版社.

卜伟，谢敏华，蔡慧芬. 2011. 基于产业控制力分析的中国装备制造业产业安全问题研究. 中央财经大学学报，（3）：62-66.

陈爱贞. 2008. 中国装备制造业自主创新的制约与突破——基于全球价值链的竞争视角分析. 南京大学学报（哲学·人文科学·社会科学），45（1）：36-45.

陈爱贞. 2012. 全球竞争下中国装备制造业升级制约与突破——基于价值链与产业链双重视角分析. 北京：经济科学出版社：70.

陈爱贞，钟国强. 2014. 中国装备制造业国际贸易是否促进了其技术发展. 经济学家，（5）：43-53.

陈爱贞，刘志彪. 2011. 决定中国装备制造业在全球价值链中地位的因素. 国际贸易问题，（4）：115-125.

陈爱贞，刘志彪，吴福象. 2008. 下游动态技术引进对装备制造业升级的市场约束. 管理世界，（2）：72-81.

陈超凡，王赟. 2015. 垂直专业化与中国装备制造业产业升级困境. 科学学研究，（8）：1183-1192.

陈晓华，黄先海，刘慧. 2011. 中国出口技术结构演进的机理与实证研究. 管理世界，（3）：44-57.

陈旭升，岳文俊. 2013. 产业组织对装备制造业产业创新能力的影响. 技术经济，32（3）：13-17.

陈元朝. 2007. 国际代工模式下的本地产业空心化危机研究——基于长三角的实践. 现代经济探讨，（10）：68-71.

程大中. 2015. 中国参与全球价值链分工的程度及演变趋势——基于跨国投入-产出分析. 经济研究，（9）：4-16.

崔万田. 2004. 中国装备制造业发展研究. 北京：经济管理出版社.

丁勇，刘婷婷. 2011. 基于 DEA 模型的航空制造业创新效率研究. 经济问题，（6）：57-61.

杜威剑，李梦洁. 2015. 目的国市场对出口企业产品质量升级的影响. 经济与管理研究，36（1）：18-24.

杜宇玮，周长富. 2012. 锁定效应与中国代工产业升级——基于制造业分行业面板数据的经验研究. 财贸经济，（12）：78-86.

段一群. 2012. 国内装备制造业产业安全评价指标与实证测度. 科技管理研究，12：47-52.

段一群，李东. 2008. 进出口影响装备制造业产业安全的实证分析. 经济经纬，25（5）：43-45.

高秀艳，蒋存虎，吴永恒. 2009. 装备制造业产业安全状况实证分析. 企业经济，（3）：114-116.

高越，杨明. 2011. 生产分割体系下山东制造业价值链升级的经验分析. 华东经济管理，（3）：9-11.

郭长义，安玉兴. 2012. 企业非合作 R&D、溢出效应与竞争国际化分析. 财经问题研究，（6）：17-20.

郭显光. 1998. 改进的熵值法及其在经济效益评价中的应用. 系统工程理论与实践, (12):
    98-102.

何维达. 2007. 中国若干重要产业安全的评价与估算. 北京: 知识产权出版社.

何维达, 潘玉璋, 李冬梅. 2007. 产业安全理论评价与展望. 科技进步与对策, 24 (4): 92-97.

何武. 2015. 中国装备制造业产业政策与全球价值链研究. 北京: 对外经济贸易大学博士学位论文.

赫连志巍, 宋晓明. 2013. 基于突变级数法的高技术产业升级能力评价研究. 科学学与科学技术
    管理, 34 (4): 98-103.

胡静寅, 姚莉, 万永坤. 2011. FDI 对中国装备制造业自主创新的影响分析. 经济问题探索,
    32 (1): 76-82.

胡振华, 黎春秋, 熊勇清. 2011. 基于 "AHP-IE-PCA" 组合赋权法的战略性新兴产业选择模型
    研究. 科学学与科学技术管理, 32 (7): 104-110.

户海印. 2015. 中国民用航空制造业目标定位及发展路径研究. 北京: 北京交通大学博士学位论文.

江静, 刘志彪. 2007. 全球化进程中的收益分配不均与中国产业升级. 经济理论与经济管理,
    (7): 26-32.

金鸿章, 林德明, 韦琦, 等. 2004. 基于复杂系统脆性的传染病扩散脆性研究. 系统工程, 22 (10):
    5-8.

康志勇. 2010. 经济全球化对本土装备制造企业自主创新的影响. 财贸研究, (1): 100-108.

柯飞帆, 宁宣熙. 2006. 装备制造业在利用外资过程中的技术创新问题研究. 世界经济与政治论
    坛, (2): 43-47.

赖磊. 2012. 全球价值链治理、知识转移与代工企业升级: 以珠三角地区为例. 国际经贸探索,
    26 (4): 42-51.

李逢春. 2013. 中国对外直接投资推动产业升级的区位和产业选择. 国际经贸探索, 29 (2):
    95-102.

李建华, 傅立. 2006. 现代系统科学与管理. 北京: 科学技术文献出版社.

李毅学, 汪寿阳. 2010. 基于全球价值链的中国产业升级风险管理战略. 中国科学基金, (2):
    78-82.

刘斌, 王杰, 魏倩. 2015. 对外直接投资与价值链参与: 分工地位与升级模式. 数量经济技术经
    济研究, 32 (12): 39-56.

刘林青, 谭力文. 2006. 产业国际竞争力的二维评价——全球价值链背景下的思考. 中国工业经
    济, (12): 37-44.

刘强. 2011. 跨国公司并购在华投资对我国产业安全影响机理分析. 科学学与科学技术管理, 32
    (12): 86-93.

刘思峰, 方志耕, 谢乃明. 2010. 基于核和灰度的区间灰数运算法. 系统工程与电子技术, 32(2):
    313-316.

刘思峰, 杨英杰, 吴利丰, 等. 2014. 灰色系统理论及其应用. 7 版. 北京: 科学出版社.

刘晓红. 2008. 从全球价值链不同环节间的利益分配看我国的产业升级. 经济管理, 30 (10):
    79-83.

刘志彪. 2005. 全球化背景下中国制造业升级的路径与品牌战略. 财经问题研究, 27 (5): 25-31.

刘志彪, 张杰. 2009. 从融入全球价值链到构建国家价值链: 中国产业升级的战略思考. 学
    术月刊, 41 (9): 59-68.

卢福财, 罗瑞荣. 2010. 全球价值链分工条件下产业高度与人力资源的关系——以中国第二产业为例. 中国工业经济, (8): 76-86.

卢洋, 梅阳. 2007. 全球价值链中的产业集群发展研究. 当代财经, (4): 95-97.

马红旗, 陈仲常. 2012. 我国制造业垂直专业化生产与全球价值链升级的关系——基于全球价值链治理视角. 南方经济, (9): 83-91.

马述忠, 吕淼. 2012. 外商直接投资与农业产业安全. 国际贸易问题, (4): 125-136.

孟祺. 2010. 产业集聚与技术进步——基于中国装备制造业的实证分析. 科技与经济, 23 (1): 67-70.

苗志葆. 2005. 论我国面临外资流失型产业空洞化危机的可能性. 世界经济情况, (14): 6-9.

穆荣平. 2003. 中国航空航天器制造业国际竞争力评价. 科研管理, 24 (6): 60-65.

彭中文, 黄玉妃, 李海海. 2014. 技术主导型产业链纵向关系治理模式研究. 科技进步与对策, (13): 29-33.

蔡良群, 李兴杰. 2010. 区域装备制造业产业结构升级机理及影响因素研究. 中国软科学, (5): 138-147.

钱方明. 2013. 基于 NVC 的长三角传统制造业升级机理研究. 科研管理, (4): 74-78.

邱斌, 叶龙凤, 孙少勤. 2012. 参与全球生产网络对我国制造业价值链提升影响的实证研究——基于出口复杂度的分析. 中国工业经济, (1): 57-67.

苏庆义, 高凌云. 2015. 全球价值链分工位置及其演进规律. 统计研究, (12): 38-45.

孙晓华, 李传杰. 2010. 有效需求规模、双重需求结构与产业创新能力: 来自中国装备制造业的证据. 科研管理, 31 (1): 93-103.

孙晓华, 杨彬, 张国峰. 2009. "市场换技术" 与产业空心化: 一个研究述评. 科学学与科学技术管理, (1): 125-130.

唐海燕, 张会清. 2009. 产品内国际分工与发展中国家的价值链提升. 经济研究, (9): 81-93.

陶锋. 2011. 吸收能力、价值链类型与创新绩效——基于国际代工联盟知识溢出的视角. 中国工业经济, (1): 140-150.

陶锋, 李诗田. 2008. 全球价值链代工过程中的产品开发知识溢出和学习效应——基于东莞电子信息制造业的实证研究. 管理世界, (1): 115-122.

王岚, 李宏艳. 2015. 中国制造业融入全球价值链路径研究——嵌入位置和增值能力的视角. 中国工业经济, (2): 76-88.

王苏生, 孔昭昆, 黄建宏, 等. 2008. 跨国公司并购对我国制造业产业安全的影响. 中国软科学, (7): 55-61.

王益民, 宋琰纹. 2007. 全球生产网络效应、集群封闭性及其 "升级悖论". 中国工业经济, (4): 46-53.

王子龙. 2007. 中国装备制造业系统演化与评价研究. 南京: 南京航空航天大学博士学位论文.

巫强, 刘志彪. 2012. 本土装备制造业市场空间障碍分析. 中国工业经济, (3): 43-55.

吴飞飞, 邱斌. 2015. 产品创新、生产率与企业出口决策. 软科学, 29 (11): 11-25.

吴雨珊, 江驹, 韩雪山. 2015. 基于冲突分析图模型强度偏好下的结盟稳定性分析. 系统工程, (2): 58-67.

向一波, 郑春芳. 2013. 提高中国装备制造业国际竞争力的对策. 经济纵横, (4): 74-76.

严海宁, 谢奉军. 2010. 我国航空工业区域布局的现状及成因分析. 太原理工大学学报（社会科学版），28（4）：11-15.

杨俊青. 2007. 非国有企业战略选择与我国二元编结构转化. 经济管理，29（19）：29-36.

杨秀云，袁晓燕. 2012. 产业结构升级和产业转移中的产业空洞化问题. 西安交通大学学报（社会科学版），（3）：1-6.

于明超，刘志彪，江静. 2006. 外来资本主导代工生产模式下当地企业升级困境与突破——以中国台湾笔记本电脑内地封闭式生产网络为例. 中国工业经济，（11）：108-116.

俞宪忠. 2010. 对劳动密集型战略的理论质疑. 财经科学，（4）：58-65.

曾蓓，崔焕金. 2011. 中国产业结构演进缘何偏离国际经验. 财贸研究，（5）：18-27.

张二震，马野青. 2004. 贸易投资一体化与中国的战略. 北京：人民出版社.

张辉. 2006. 全球价值链动力机制与产业发展策略. 中国工业经济，（1）：40-48.

张慧明，蔡银寅. 2015. 中国制造业如何走出“低端锁定”——基于面板数据的实证研究. 国际经贸探索，31（1）：52-65.

张少军，刘志彪. 2009. 全球价值链模式的产业转移——动力、影响与对中国产业升级和区域协调发展的启示. 中国工业经济，（11）：5-15.

张松林，武鹏. 2012. 全球价值链的“空间逻辑”及其区域政策含义. 中国工业经济，（7）：109-121.

张威. 2002. 中国装备制造业的产业集聚. 中国工业经济，20（3）：55-63.

张伟，仲伟俊，梅姝娥. 2016. 伯川德竞争下的混合寡头研发投入. 系统管理学报，25（4）：705-800.

张向阳，朱有为. 2005. 基于全球价值链视角的产业升级研究. 外国经济与管理，（5）：21-27.

张晔. 2006. 论买方垄断势力下跨国公司对当地配套企业的纵向压榨. 中国工业经济，（12）：29-36.

张振刚，郑少贤. 2013. 技术能力与产业链整合能力的相互关系研究——以金发科技为例. 中国科技论坛，（9）：64-69.

郑亮. 2013. 中国装备制造业竞争力研究. 福州：福建师范大学硕士学位论文.

仲伟周，蔺建武，郭大为，等. 2012. 基于全球价值链视角的我国航空制造业升级路径研究//中国产业国际竞争力评论（第3辑）. 北京：中国商务出版社.

周升起，兰珍先，付华. 2014. 中国制造业在全球价值链国际分工地位再考察. 国际贸易问题，（2）：3-12.

祝树金，傅晓岚. 2010. 出口品技术水平的决定性因素：来自跨国面板数据的证据. 世界经济，（4）：28-46.

Altenburg T. 2006. Governance patterns in value chains and their development impact. The European Journal of Development Research，（18）：498-521.

Arash A，Stephan W. 2011. Industrial upgrading, exploitative innovations and explorative innovation. International Journal of Production Economics，130（1）：54-65.

Barden J Q. 2007. Disentangling the influences of leaders relational embeddedness on inter-organizational exchange. Academy of Management Journal，50（6）：1440-1451.

Bazan L，Lizbeth N A. 2004. The Underground Revolution in the Sinos Valley：Upgrading in Global and National Value Chains. Cheltenham：Elgar：110-139.

Bazan L，Navas A L. 2004. The underground revolution in the Sinos Valley：A comparison of upgrading in global and national value chains//Local Enterprises in the Global Economy：

Issues of Governance and Upgrading. Cheltenham: Elgar.

Branstetter L. 2000. Is foreign direct investments a channel of knowledge spillovers: Evidence form Japan's FDI in the United States. NBER Working Paper: 8015.

Chen A Z. 2008. Restriction on and breakthrough in innovation of China's machinery industry: A study based on the competition in GVCs. Journal of Nanjing University (Philosophy: Humanities and Social Sciences), 45 (1): 36-45.

Chen A Z. 2011. The Restriction and Breakthrough of the Upgrading of China's Machinery Industries on the Context of Global Competition: Based on the Dual Vision of both Value Chain and Industrial Chain. Beijing: Economic Science Press.

Chen A Z, Liu D B. 2011. Determinants of Chinese machinery industries' position in GVCs: Based on input-output empirical analysis of divided industries. Journal of International Trade, 37 (4): 115-125.

Cohen W, Levinthal D. 1990. Absorptive capacity: A new perspective on learning and innovation. Administrative Science Quarterly, 1990, 35 (1): 128-152.

Cowling K, Tomlinson R P. 2004. The Japanese crisis—A case of strategic failure. The Economic Journal, (110): 358-381.

Crespo N, Fontoura M P. 2007. Determinant factors of FDI spillovers—What do we really know? . World Development, (3): 410-425.

Drucker P F. 1993. Post-capitalist Society. London: Oxford, Butterworth Heineann, Harper Business.

Duan Y Q, Li D. 2008. An empirical analysis of the impact of import and export on the industry security of equipment manufacturing industry . Economic Survey, 25 (5): 43-45.

Dunning J H. 1981. Explaining the international direct investment position of countries: Toward a dynamic and development approach. Weltwirtschaftliches Archiv., 117 (5): 30-64.

Ernst D. 2003. How sustainable are benefits from global production networks? Malaysia's upgrading prospects in the electronics industry. East-west Center Working Papers: 209-230.

Fang L P, Hipel K W, Kilgour D M. 1993. A Decision Support System for Interactive Decision Making: The Graph Model for Conflict Resolution. New York: Wiley.

Fang Y, Gu G D, Li H Y. 2015. The impact of financial development on the upgrading of China's export technical sophistication. International Economics and Economic Policy, 2(12): 257-280.

Fonseca M. 2005. Global value chains and technological upgrading in peripheral regions: The footwear industry in north portugal. Lisbon: Regional Studies Association International Conference.

Fosfuri A, Motta M, Ronde T. 2001. Foreign direct investment and spillovers through workers mobility. Journal of International Economics, 53 (1): 205-222.

Gereffi G. 1994. The organization of buyer-driven global commodity chains: How US retailers shape overseas production networks//Commodity Chains and Global Capitalism. Westport: Praeger.

Gereffi G. 1999a. A commodity chains framework for analyzing global industries. Working Paper for IDS.

Gereffi G. 1999b. International trade and industrial upgrading in the apparel commodity chains . Journal of International Economics, 48: 37-70.

Gereffi G, Humphrey J, Sturgeon T. 2003a. The governance of global value chains: An analytic framework. http://www. ids.ac.uk/global value chains/[2014-05-06].

Gereffi G, Humphrey J, Sturgeon T. 2003b. The governance of global value chains. Review of International Political Economy, 11 (4): 5-11.

Gereffi G, Humphrey J, Sturgeon T. 2005. The governance of global value chains. Review of International Political Economy, (12): 1345-1369.

Gibbon P. 2000. Global commodity chains and economic upgrading in less development countries [R]. CDR Working Paper.

Giuliani E, Pietrobelli C, Rabellotti R. 2005. Upgrading in global value chains: Lessons from Latin American clusters. World Development, 33 (4): 549-573.

Hatani F. 2009. The logic of spillover interception: The impact of global supply chains in China. Journal of World Business, (44): 158-166.

Hausmann D, Hwang J, Rodrik D. 2007. What you export matters. Journal of Economic Growth, 12 (1): 1-25.

Henderson J. 1998. Change and opportunity in the Asia-Pacific//Economic Dynamism in the Asia Pacific. London: Routledge.

Hewings G, Sonis M, Guo J. 1998. The hollowing out process in the Chicago ecocomy. Geographical Analysis, 30 (3): 217-233.

Hewings G, Sonis M, Guo J, et al. 2011. The hollowing-out process in the Chicago economy: 1975-2011. Geographical Analysis, (3): 217-223.

Hobday M, Rush H. 2007. Upgrading the technological capabilities of foreign transnational subsidiaries in developing countries: The case of electronics in Thailand. Research Policy, 36 (9): 1335-1356.

Hsu C M, Liu W C. 2004. The role of Taiwanese foreign direct investment in China: Economic integration or hollowing-out? . Journal of the Korean Economy, 5 (2): 207-231.

Hsu P, Hsu M. 2008. Optimizing the information outsourcing practices of primary care medical organizations using entropy and TOPSIS. Quality & Quantity, 42: 181-201.

Hu J, Yao L, Wan Y K. 2011. The analysis about influence of FDI on China's equipment manufacturing industry independent innovation . Inquiry into Economic Issues, 32 (1): 76-82.

Hummels D, Ishii J, Yi K M. 2000. The nature and growth of vertical specialization in world trade . Journal of International Economics, (54): 75-96.

Humphrey J, Schmitz H. 2000. Governance and upgrading: Linking industrial cluster and global value chain research. IDS Working Paper.

Humphrey J, Schmitz H. 2002. How does insertion in global value chains affect upgrading in industrial clusters. Regional Studies, 36 (9): 1017-1027.

Humphrey J, Schmitz H. 2004. Chain Governance and Upgrading: Taking Stock. Cheltenham: Elgar: 349-381.

Kaplinsky R, Morris M. 2001. Handbook for value chain research. Institute of Development Studies, University of Natal.

Kogut B. 1985. Designing global strategies: Comparative and competitive value added chains. Sloan

Management Review，26（4）：15-28.

Lee J R，Chen J S. 2000. Dynamic synergy creation with multiple business activities：Toward a competence-based business model for contract manufacturers. Research in Competence based Management. Advances in Applied Business strategy Series：587-596.

Lee K，Lim C. 2001. Technological regimes，catching-up and leap frogging：Findings from the Korean Industries. Research Policy，30：459-483.

Liu B J. 2005. Outward direct investment，reverse import，and domestic production：Evidence from Taiwanese manufacturing firms . Hitotsubashi Journal of Economics，（46）：65-84.

Liu Z B. 2005. The upgrade path and brand strategy of China's manufacturing industry：Under the background of globalization. Research On Financial and Economic Issues，27（5）：25-31.

Mamalis A G，Spentzas K N，Mamali A A. 2013. The impact of automotive industry and its supply chain to climate change：Somme techno-economic aspects. European Transport Research Review，5（1）：1-10.

Mancusi M L. 2008. International spillovers and absorptive capacity：A cross-country cross-sector analysis based on patents and citations. Journal of International Economics，（76）：155-165.

Marel E. 2015. Positioning on the global value chain map：Where do you want to be?. Journal of World Trade，49（6）：915-949.

Matsumura T，Matsushima N，Ishibashi I. 2009. Privatization and entries of foreign enterprises in a differentiated industry. Journal of Economics，98：203-219.

Mayer J A. 2002. The fallacy of composition：A review of the literature . The World Economy，25（6）：875-894.

Meng Q. 2010. Industrial agglomeration and technology advance-the empirical analysis based on the China's equipment manufacturing industry. Science & Technology and Economy，23（1）：67-70.

Nonaka I，Toyama R，Konno N. 2000. SECI Ba and leadership：A unified model of dynamic knowledge creation. Long Range Planning，33（1）：5-34.

Orhan B. 2014. GVCs participation as development strategy. Social and Behavioral Sciences，（150）：1287-1296.

Pack H，Saggi K. 2001. Vertical technology transfer via international outsourcin. Journal of Development Economics，（65）：389-415.

Pavitt K. 1984. Sectoral patterns of technical change：Towards a taxonomy and a theory. Research Policy，13：343-373.

Peter W A D. 2008. The development of automotive parts suppliers in Korea and Malaysia：A global value chain perspective. Asia Pacific Business Review，（14）：47-64.

Porter M E. 1985. Competitive Advantage：Creating and Sustaining Superior Performance. New York：The Free Press.

Porter M E. 1990. The Competitive Advantage of Nation. New York：The Free Press.

Reeve T A. 2006. Factor endowments and industrial structure. Review of International Economics，14（1）：30-53.

Schmitz H. 2002. How does insertion in global value chains affect upgrading in industrial clusters? . Regional Studies，（36）：1017-1027.

Schmitz H. 2004. Local Upgrading in Global Chains: Recent Findings. Brighton: Institute of Development Studies Sussex.

Sturgeon T J, Lee J R. 2001. Industry co-evolution and the rise of a shared supply-base for electronics manufacturing. Aalgborg: Paper Presented at Nelson and Winter Conference.

Sun X H, Li C J. 2010. Effective demand scale, double demand structure, and industrial innovation ability: The evidence from Chinese equipment manufacturing industry. Science Research Management, 31 (1): 93-103.

Tebaldi E, Elmslie B. 2013. Does institutional quality impact innovation? Evidence from cross-country patent grant data. Applied Economics, 45 (7): 887-900.

Tomaru Y. 2007. Privatization, productive efficiency and social welfare with a foreign competitor. Research in Economics, 61 (4): 224-232.

Tuijl E V. 2014. Car makers and upgrading: Renault in Romania. Journal of Business Strategy, 35 (2): 13-18.

UNCTAD. 2013. World investment report 2013: Global value-chains: Investment and trade for development. Geneva: UNCTAD.

UNIDO. 2003. Industrial development report 2002/2003: Competing through innovation and learning. Vienna: United Nations Industrial Development Organization.

van Grunsven L, Smakman F. 2005. Industrial restructuring and early industry pathways in the Asian 1st generation NICs: The Singapore garment industry. Evolutionary Economic Geography, 37 (4): 657-680.

Xu B, Lu J. 2009. Foreign direct investment, processing trade, and the sophistication of China's export. China Economic Review, 20 (3): 425-439.

Yong J K. 2007. A model of industrial hollowing-out of neighboring countries by the economic growth of China . China Economic Review, (18): 122-138.

Zakic N, Javonovic A, Stamatovic M. 2008. External and internal factors affecting the product and business process innovation. Economics and Organization, 5 (1): 17-29.

Zhang W. 2002. Industrial concentration of equipment manufacturing in China. China Industrial Economics, 20 (3): 55-63.

后　记

　　装备制造业是中国经济持续发展的重要基础和引擎，改革开放以来，中国装备制造业通过融入全球价值链获得快速发展，形成了门类齐全、具有相当规模和技术水平的产业体系。2008 年金融危机以后，发达国家回归实体经济，提出了"再工业化战略"，中国装备制造业的发展面临挑战，其低端嵌入全球价值链粗放发展模式的弊端也不断显现，使中国装备制造业面临另类空心化的风险隐忧。对这种另类空心化风险进行揭示，并探讨其形成机理和突破路径，是我近年来研究工作的一个重要方面。2013 年，我在对此进行深入思考的基础上，牵头申报了国家自然科学基金面上项目"全球价值链视角下中国式装备制造业空心化的形成机理与突破路径研究"（批准号：71373121）。在之后的四年中，我组织课题组成员对相关问题进行了大量的资料收集与调查工作，通过理论和实证研究的有机结合，对空心化的形成机理、演化轨迹、突破空心化的路径设计等进行了深入系统的研究，得出了一些有意义的结论，提出了一些有启发性的观点，并于 2017 年 8 月完成了本书的写作，作为国家自然科学基金面上项目的最终成果之一。

　　本书是课题组成员集体研究的成果，由我负责全书的整体框架设计和统筹，张玉行、陶静、吕慧文、李兰协助我对文字和图表进行了完善。各章具体分工如下：第 1 章，王英；第 2 章，齐阳、余昀霞、陈佳茜；第 3 章，王英、毕然；第 4 章，王英、李兰、吕慧文；第 5 章，王英、刘琦；第 6 章，张玉行、吕慧文；第 7 章，陶静、王荣、卢丹；第 8 章，王玲俊、杨赟、许莉、刘启欣。

　　本书的出版得到了科学出版社的大力支持，同时得到了南京航空航天大学经济与管理学院出版基金的资助，在此表示衷心的感谢！

　　在本书的撰写过程中，参阅了大量的中外文献。已有的研究成果给本书的完成提供了基础和借鉴，作者也尽可能在脚注和参考文献中一一列出，但难免会有疏漏，在此谨向所有给本书提供参考和灵感的各位文献作者表示衷心的感谢！

王　英

2017 年 8 月

于南京航空航天大学